보이지
않는 것을
보는 법

THE CONFIDENCE MAP
Copyright © 2023 by Peter Atwater
Korean translation copyright © 2025 by Wisdom House, Inc.
All rights reserved including the right of reproduction in whole or in part in any form.
This edition published by arrangement with Portfolio, an imprint of Penguin Publishing Group, a division of Penguin Random House LLC

이 책의 한국어판 저작권은 알렉스리 에이전시 ALA를 통해서
Portfolio, an imprint of Penguin Publishing Group, a division of Penguin Random House LLC사와 독점계약한 위즈덤하우스에 있습니다.
저작권법에 의하여 한국 내에서 보호를 받는 저작물이므로 무단전재와 복제를 금합니다.

불확실한 시대,
최고의 결정을 이끄는
확신의 프레임

보이지 않는 것을 보는 법

피터 애트워터 지음

송이루 옮김

The Confidence Map

Peter Atwater

위즈덤하우스

◆ 추천의 글 ◆

"나는 몹시 회의적인 태도로 이 책을 읽기 시작했다. 처음에는 의문이 들었다. 어떻게 자신감이라는 변수 하나로 주식, 채권, 상품, 통화의 미래 움직임을 예측할 수 있을까? 이미 예측에 실패한 사람들이 너무도 많은 상황에서 저자는 어떻게 성공할 수 있었을까? 나는 금융업계에 오랫동안 종사해왔지만, 이 책을 읽고 나서 그동안 알지 못했던 큰 깨달음을 얻었다. 저자는 투자자, 기업, 비정부기구NGO, 정부, 사회에 새로운 사고방식을 제시한다."

• 윌리엄 볼린저 | 에저턴 캐피털 공동 설립자

"인간의 심리가 경제에 영향을 미친다는 사실은 누구나 알고 있다. 하지만 그것은 이전에는 입증되지 않은 설명에 그쳤다. 이제 저자가 그 근거를 제시한다. 이 책은 매우 독창적이고 훌륭하다."

• 나시르 가에미 | 터프츠 대학교 의과대학 정신과 교수

"저자는 놀랍게도 자신감의 정의와 측정 방법, 활용 방법을 꼼꼼하게 설명한다. 이처럼 심오한 통찰이 오랜 시간 드러나지 않았다는 사실이 믿기지 않는다."

• 리디아 사드 | 갤럽 미국 사회 조사부 이사

"저자는 자신감이 확신과 통제감의 결합물이라는 단순한 개념을 바탕으로 비즈니스에 관한 직관을 정교하게 다듬어 측량해냈다. 이러한 역량 덕분에 저자는 금융업계에서 큰 성공을 거두고 학계에서 제2의 직업에 뛰어들 기회를 거머쥐었다. 그의 비즈니스 경험과 사회과학 연구는 자신감이 인생에서 얼마나 중요하고 사람들을 어떻게 움직이는지 더 잘 이해할 수 있도록 안내한다."

• 벤저민 호 | 배서 칼리지 경제학 교수, 《트러스트》 저자

"나는 저자를 오랫동안 알고 지냈다. 그가 사회생활을 하면서 겪은 우여곡절도 전부 지켜봤다. 자신감에 관한 견해와 자신감 사분면에 대한 설명을 읽고 나서야 그가 지나온 모든 발자취를 이해하게 되었다. 평생에 걸쳐 이 분야를 연구한 애트워터의 책을 읽다 보면 자신의 선택과 타인의 선택을 완전히 새로운 시각으로 바라보게 된다."

• 로드 우드 | 디트로이트 라이언스 사장 겸 CEO

"이 책은 확신과 통제에 대한 우리의 감정이 우리가 내리는 모든 선택과 우리가 감수하는 모든 위험에 어떤 영향을 미치는지 분석한다. 저자는 의사결정에 영향을 주지만 과소평가된 요소들을 이해하는 데 크게 기여했다. 독자들은 불확실한 상황에서도 이 새로운 관점을 바탕으로 더욱 탄력적으로 대처할 수 있을 것이다."

• 미셸 부커 | 《리스크 프레임》 저자

| 일러두기 |

단행본은 《》로, 신문, 잡지, TV 프로그램 등의 이름은 〈〉로 표기했습니다.
고딕 표기는 원서에서 저자가 이탤릭으로 강조한 부분을 그대로 따랐습니다.

아내 재닛,
딸 몰리와 아들 베넷에게

봐, 내가 모자를 만들었어. 모자가 없던 곳에 말이야.
—스티븐 손드하임, 《모자를 완성하며 Finishing the Hat》

차례

| 추천의 글 | ··· 4
| 들어가며 | 확신과 통제에 대한 감정이 모든 걸 좌우한다 ··· 10

1부 | 보이지 않는 것을 보는 프레임, 자신감 사분면

- ◆ 01 ◆ 자신감 시각화 ··· 26
- ◆ 02 ◆ 일에 적용하는 자신감 사분면 ··· 56
- ◆ 03 ◆ 자신감 스펙트럼: 승리와 패배 ··· 78

2부 | 충동과 감정의 영역, 긴장의 중심

- ◆ 04 ◆ 자신감이 낮은 환경 ··· 98
- ◆ 05 ◆ 시야 선호 ··· 118
- ◆ 06 ◆ 긴장의 중심에서 더 잘 대처하는 방법 ··· 140

3부 | 성장 아니면 퇴출, 안전지대

- ◆ 07 ◆ 자신감이 높은 환경 ··· 164
- ◆ 08 ◆ 자신감과 인지적 편안함 ··· 183
- ◆ 09 ◆ 안전지대에서 더 잘 대처하는 방법 ··· 203

4부 | 일관되지 않은 경험, 승객석

- ◆ 10 ◆ 확신이 높고 통제가 낮은 환경 ··· 224
- ◆ 11 ◆ 자신감 탄력성 ··· 241
- ◆ 12 ◆ 승객석에서 더 잘 대처하는 방법 ··· 264

5부 | 50대 50의 확률, 발사대

- ◆ 13 ◆ 통제가 높고 확신이 낮은 환경 ··· 284
- ◆ 14 ◆ 우리 내면 신호가 전하는 이야기 ··· 301
- ◆ 15 ◆ 발사대에서 더 잘 대처하는 방법 ··· 334

| 나오며 | 사분면 위에 그려지는 나의 서사에 주목하라 ··· 355
| 감사의 글 | ··· 360
| 참고 자료 | ··· 362

들어가며

확신과 통제에 대한 감정이 모든 걸 좌우한다

 평일 오후 증권시장이 마감하면 경제부 기자들은 곧바로 일을 시작한다. 기자들은 그날의 뉴스 기사를 샅샅이 살펴본 후 투자 전문가들을 인터뷰한다. 인터뷰를 하는 목적은 단 하나. 그날 시장이 상승, 하락 또는 횡보한 이유를 설명하는 기사를 명확하고 설득력 있게 작성하기 위해서다.
 어떤 큰일이 발생하면 우리는 그 일이 일어난 이유를 알고 싶어 한다. 뉴스 보도와 기사는 그 이유를 파악하는 데 도움이 된다. 기사는 무작위로 발생하여 잠재적으로 혼란을 불러일으키는 사건들을 논리적인 타임라인으로 정리하고, 특정 결과를 초래한 결정적 요인을 파악한다.
 일련의 행동과 사건을 거슬러 올라가 결정적인 요인을 파악하는 작업은 신기할 정도로 별로 어렵지 않다. 과거에 일어난 일을 들여다보면 원인과 결과를 수월하게 파악할 수 있기 때문이다.

그런데 만약 미래를 고려해야 한다면 상황이 훨씬 복잡해진다. 정확한 예측을 내놓는 데 어려움을 겪을 뿐만 아니라, 뒤늦게나마 쉽게 파악할 수 있었던 결정적 요인도 좀처럼 알아차리지 못하게 된다.

하지만 '소 잃고 외양간 고치기' 식으로 뒤늦게 깨닫는 게 아니라 앞으로 일어날 일을 더 잘 예측할 수 있는 체계가 존재한다면 어떨까? 미래의 선호, 결정, 행동을 좌우할 결정적 요인을 지금 당장 명확하게 파악할 수 있다면?

이 책은 바로 그러한 체계를 설명한다. 나는 현재와 미래의 중요한 선택을 뒷받침하는 결정적 요인 한 가지가 있다고 생각한다.

그것은 바로 자신감confidence이다.

'자신감' 재정의

사람들은 대부분 자신감을 말할 때 자기 자신에 대해 느끼는 감정인 **자존감**self-esteem을 떠올린다. 자존감은 내면에 초점을 맞춘다. 많은 자기계발서에서 자신이 지닌 능력을 더 중요하게 여기도록 돕기 위해 자존감을 논한다. 그러나 이 책에서는 그런 의미의 자존감을 다루지 않는다.

이 책은 **진정한 자신감 그 자체**를 논한다. 말로는 구체적으로 정의하기 어려운 인생의 본질적인 측면을 깊이 있게 다룬다. 자신감 유무가 우리의 감정과 생각, 사고방식, 행동에 미치는 영향과 그것이 중요한 이유도 살펴본다.

진정한 자신감은 높은 자존감이나 대단한 성취감과 거리가 멀다. 스스로 성공한 척 꾸미는 것과도 다르다. 진정한 자신감은 앞으로 다가올 미래에 대해 어떻게 느끼고 그것을 얼마나 성공적으로 다룰 수 있다고 믿는지 자연스럽게 보여주는 내적 지표다. 자신감은 미래를 향한 감정과 자신이 상상하는 미래를 준비하는 감정의 조합인 셈이다.

우리는 현재 시제로 자신감을 말하면서('나는 자신감이 있다') 항상 미래를 이야기한다. 결과를 예상한 다음 그 결과를 달성할 확률을 계산한다('나는 내일 야구팀에 들어갈 수 있을 것이라고 믿으므로 현재 자신감이 있다'). 자신감은 본질적으로 미래지향적이며, 우리 기대를 개괄적으로 평가한다. 우리는 현재에 살려고 노력하지만, 지금 당장 느끼는 감정은 다음에 일어날 것으로 예상하는 미래와 관련이 있다. 간단히 말해, 앞으로 어떤 일이 일어날지 알고 있다고 생각하면서 그에 대한 준비가 되어 있다고 느낄 때, 즉 성공을 눈앞에 두고 있다고 느낄 때 우리는 자신감을 느낀다.

이러한 감정은 간단하고 자명해 보이지만, 여기에는 몇 가지 중요한 차이가 있다.

첫째, 자신감은 하나의 감정이다. 자신감은 오감과 아무 관련이 없을 수도 있지만, 우리는 본능적으로 자신감을 오감과 같은 '인지'의 범주로 분류한다.

둘째, 자신감 수준을 결정짓는 평가 과정은 법정에 내놓을 만큼 객관적이진 못하다. 우리는 어떤 사실을 진지하게 고려할지 말지 선택할 때 배심원단이 증거를 채택하듯 신중하기도 하지만 무의식에 기대기도 한다. 사실을 제시하고 평가하는 과정은 지극히 주관적이고 개인적이다. 타인이 자신감을 북돋아줄 수도 있지만, 궁극적으로 그 감정을 느끼는 건 자기 자신에게 달려 있다.

또한 평가 과정은 자기강화적으로 진행된다. 즉 우리가 자신감을 평가하는 방식은 자신감 수준에 따라 크게 달라진다. 자신감이 높을수록 색안경을 끼게 되고, 반론이나 근거를 찾으려는 의지가 줄어든다. 자기 신념을 확증하는 증거로 시야를 제한하는 것이다.

반대로 자신감이 낮으면 생각이 지나치게 많아진다. 어떤 것이 잘못되면 다른 것도 잘못될 수 있다고 생각하기 쉽다. 그래서 잘못될 가능성이 있는 여러 방식을 끊임없이 떠올리며 문제를 찾아 나선다.

자신감을 측정할 객관적 척도도 없다. 우리에게는 개인적인 잣대만 있을 뿐, 주식시장의 강세장과 약세장처럼 모든 사람이 같은 방식으로 세상을 바라보지 않는다. 이처럼 자신감은 지극히 주관적이다.

자신감을 이루는 요소, 확신과 통제감

개인적이고 주관적인 자신감의 기저에는 문제를 규명하고 분석에 실용적으로 활용할 수 있는 매우 일관된 두 가지 요소가 있다. 바로 확신certainty과 통제control다.

우리는 확신과 통제감이라는 감정을 하나로 묶고, 둘 중 하나가 없으면 다른 하나를 가질 수 없다고 믿는 경향이 있다. 하지만 이는 사실이 아니다. 예를 들어 우리가 조종사가 아닌 승객의 자격으로 항공기에 탑승할 때 항공기를 통제하는 권한을 타인의 손에 맡기게 된다. 우리는 그저 항공기가 안전하게 착륙할 것으로 추정하고 '확신'할 뿐이다.

보통은 스스로 항공기를 통제할 수 없다는 것에 대해 크게 걱정하지 않는다. 우리는 조종사가 체계적인 훈련을 받았고, 항공기는 잘 정비됐으며, 항공기 운항은 엄격한 규제를 받는다고 믿는다. 비행이 매우 안전하다는 결론을 내릴 만한 충분한 증거가 있기 때문이다. 하지만 예상치 못한 난기류를 만나면 갑자기 스스로 통제할 수 없다는 사실이 심각한 문제로 느껴질 수 있다.

자신감을 가지려면 확신과 통제감이 필요하다. 앞으로 일어날 일을 예측할 수 있다는 확신을 품고서, 그 일을 성공적으로 헤쳐 나가며 통제할 만큼 적절한 준비와 기술, 자원을 갖추고 있다고 느껴야 한다. 우리는 자신감이 있을 때 다음 단계에 성공적으로 안착할 수 있다고 여긴다. 확신과 통제감이라는 감정은 비즈니스와 투자, 정치 분야는 물론이고 개인의 삶에서 내리는 의사결정의 근간을 이루는 요소가 된다. 이 두 가지 변수는 우리의 감정과 행동에 영향을 미친다. 두 변수의 역할을 정확하게 이해할수록 자신과 타인의 다음 행동을 더 정확하게 예측하고 그에 따라 결정을 조정할 수 있다. 확신과 통제감이 행동을 이끄는 방식을 이해한다면 추세를 예측하고, 더 나은 결과를 만들어내며, 자신의 타고난 본능을 믿거나 앞지를 시점을 알아낼 수 있다. 말하자면, 너무 혼란스럽게 느껴지는 세상을 좀 더 잘 이해할 수 있게 된다.

이 책은 각자 타고난 자신감 수준과 관계없이 알아두면 유용한 확신과 통제감을 설명하는 전천후 지침서다. 앞으로 일어날 미래를 더 잘 예측하고 탐색하도록 도와주는 편리한 지도를 제공할 것이다.

자신감의 반대는 무력감

일반적으로 자신감은 '전혀 없음', '약간 있음', '너무 많음' 등 세 가지 수준으로 나뉜다. 자신감이 부족하거나, 충분하거나, 지나친 경우로 구분하는 것이다.

이 단순한 체계는 편리할 수는 있어도, 의사결정을 자신감과 연결할 때는 그다지 유용하지 않다. 자신감의 반대 개념은 자신감 부족이 아니라 취약함을 느끼는 것이다. 확신과 통제감이 부족하다고 느낄 때, 왠지 모르게 위협을 받는다고 느끼거나 눈앞이 깜깜하고 어떤 골치 아픈 강압에 의해 무력감을 느낄 때 자신이 취약하다는 경험을 한다.

진정으로 자신감이 부족할 때 느끼는 극도의 무력감은 그러한 순간에 우리가 보이는 매우 충동적이고 감정적인 행동의 본질을 더 잘 설명해준다. 우리는 극심한 위협을 감지할 때 대담하게 행동해야 한다는 강박에 사로잡힌다.

무력감은 의사결정의 많은 부분을 좌우한다. 우리는 인생에서 확신과 통제감을 잃었을 때 이를 되찾기 위한 노력을 하도록 설계되어 있다.[1] 확신과 통제감을 되찾은 후에는 다시는 무력감을 경험하지 않기 위해 최선을 다하게 된다. 결과적으로 자기도 모르는 사이에 인생에서 자신감을 장착하고 유지하기 위해 끊임없는 노력을 기울이며, 이러한 행위가 선택에 반영된다. 자신감이 중요한 이유가 바로 여기에 있다. 이 책에서 더 살펴보겠지만 본래 무력감은 우리 행동을 매우 예측 가능한 방식으로 유도한다.

나의 이야기

내 직업은 자신감, 그리고 자신감이 행동에 미치는 영향을 연구하는 것이다. 나는 매일 자신감이라는 개념과 체계를 사용하여 다양한 사람들을 지원하고 있다. 이제 이 책에서 그 개념과 체계를 공유하고자 한다. 이 일은 나에게 두 번째 직업이다. 투자자의 의사결정을 이끄는 요인을 더 잘 이해하기 위해 역으로 생각하다 보니 현재 직업에 이르게 되었다.

나는 금융 서비스 산업에서 첫 번째 직업을 얻었다. 40년 전, 나는 은행과 금융회사가 신용카드와 자동차 대출을 하나로 묶어 전 세계 채권 투자자에게 판매하는, 이른바 '증권화securitization'를 이끈 선구자 중 한 명이었다. 이제 증권화는 일상적인 금융 업무로 자리 잡았지만, 내가 처음 그 일을 시작할 때만 해도 증권화를 하는 방법을 알려주는 설명서나 지침서가 없었다. 이 작업에 성공하려면 끈기를 갖고 창의적인 자세로 임해야 했다. 이를 계기로 나는 한 대형 지역 은행의 재무 담당자로 자리를 옮길 수 있었고 연간 9억 달러의 수익을 창출하는 사업 부문을 책임지게 되었다. 적어도 서류상으로는 모든 것이 계획대로 잘 진행되고 있었다.

그러던 어느 날, 마흔다섯 번째 생일을 맞아 케이크에 꽂힌 촛불을 끄는데 여덟 살 난 아들이 이제 막 배운 수학 실력을 뽐내며 내가 반 아흔 살이 되었다고 큰 소리로 외쳤다.

세상에.

내가 반 아흔 살이나 먹었다고?!

반 아흔이라는 말에 나는 멈칫했고 인생의 우선순위에 대해 다시 생각하게 되었다. 바로 그때 변화가 필요한 시점이라고 결론지었다. 머지않아 아들과 딸은 청년이 되어 대학에 진학할 것이다. 나는 인생의 '후반부'를 다르게 보내고 싶다는 생각이 들었고, 다음으로 어떤 일을 해야 할지 확신하지 못한 채 2006년에 퇴직했다.

나는 2008년 금융위기 당시에 몇몇 헤지펀드와 기관 자금 관리자를 대상으로 컨설팅을 제공하며 인생 제2막을 열었다. 이미 나는 증권화 관련 전문 지식과, 은행 재무 담당자로 일하면서 규제당국과 신용평가사를 상대한 경험을 바탕으로 금융위기가 닥칠 것을 예견했다. 게다가 그 위기가 어떻게 전개될지도 전망할 수 있었다. 주택 버블 붕괴가 불러올 결과는 자명했다.

그러나 내가 이 금융위기로 인해 깊은 고민에 빠질 것이라고는 미처 예상하지 못했다. 나는 주택 위기를 앞두고 사람들이 집단적으로 도취 상태에 빠지는 모습과 이후 시장이 바닥을 찍으면서 절망으로 허우적거리는 모습을 지켜봤다. 자신감의 변화가 의사결정에 미치는 영향을 목격하면서 자신감이 투자자들의 선택에 어떤 영향을 미치는지 제대로 이해해야겠다고 마음먹었다. 결국 이 연결고리를 거슬러 올라가 금융시장에서 분위기와 심리가 어떤 역할을 하는지 연구하기 시작했다.

내 연구는 그러한 과정을 거쳐 지금에 이르렀다.

그로부터 10년이 지난 지금, 나는 전문 투자자들과 계속 협업하면서 〈포춘〉에서 선정한 500대 기업을 대상으로 컨설팅을 하고 있다. 내 업무는 비즈니스 리더들이 소비자 자신감 그리고 고객과 직원이 내리는 선택 사이의 연관성을 파악하여 마케팅, 고객 서비스, 경영의사결정을 개선할 수 있도록 지원하는 것이다.

현재 모교인 윌리엄 앤 메리 대학교와 델라웨어 대학교의 상급 과정에서 자신감과 의사결정에 관한 강의도 하고 있다. 두 강의에서는 투자 분야를 넘어 경제·금융·정치·사회, 심지어 문화와 관련한 선택과 자신감의 연관성을 탐구한다. 투자 대상부터 투표 방법, 음식까지 그것을 어떻게 그리고 왜 선택하게 되는지 자신감 수준에 근거해 살펴본다(연인과 이별한 후 부드러운 벤앤제리스 청키몽키 아이스크림이 당기는 데는 다 이유가 있다²). 나는 강의 시간에 여러 학문 분야를 넘나들며 자신감이 우리 행동을 이끄는 방식을 보여주기 위해 종종 실시간으로 색다른 탐구를 진행한다.

예를 들어 한 강의에서 2016년 미국 대선을 앞두고 [그림 A, B]의 두 도표가 힐러리 클린턴과 도널드 트럼프에게 잠재적으로 미칠 영향을 주제로 토론한 적이 있었다. 〈허프포스트〉에서 발췌한 첫 번째 도표는 선거 기간에 두 후보의 지지도를 추적한 것이다. 두 번째 도표는 같은 기간에 소비자 자신감 척도로 널리 사용되는 갤럽의 미국 경제신뢰지수U.S. Economic Confidence Index를 추적한 것이다.³

인과관계, 상관관계 또는 우연의 일치에 대한 문제는 차치하더라도, 약 18개월에 달하는 선거운동 기간에 힐러리의 지지율은 갤럽 지수로 측정된 유권자들의 경제 심리와 거의 일치하는 흐름을 보였다. 지지율과 유권자들이 경제를 바라볼 때 느끼는 감정 중 무엇이 원인이고 결과인지는 중요하지 않았다. 경제적 자신감(신뢰도 지수)과 선거 당일 유권자들의 선택 사이에 연관성이 있다는 점은 분명했다.

두 도표를 연구한 학생들은 추세가 그대로 유지된다면 선거 결과는 정당이나 공약이 아니라 유권자들의 전반적인 심리에 따라 결정될 것이라고 결론지었다. 이는 선거를 앞두고 진행된 여론조사 및 전문가들의 의견과 정면으로 배치되는 견해였다. 하지만 학생들은 수업에서 배운 내용을 바탕으로 11월 초에 경제적 자신감이 하락하면(실제로 하락했다) 트럼프가 승리할 것이라고 정확하게 예측했다. 유권자의 자신감이 결정

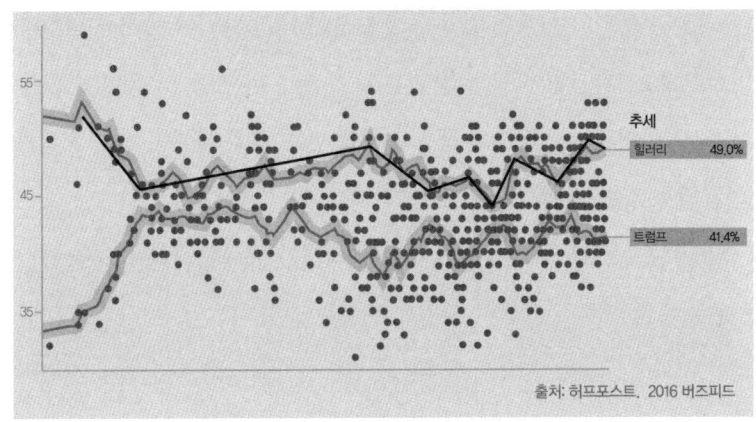

[그림 A] **트럼프와 힐러리의 지지율**

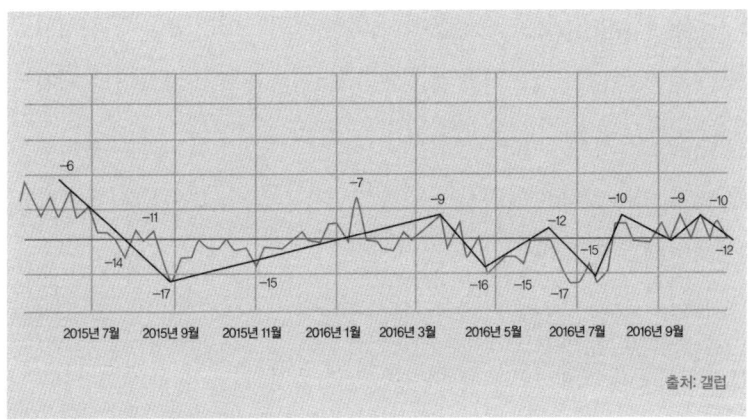

[그림 B] **갤럽 경제신뢰지수**

적인 요인이었던 셈이다.

내가 일상적으로 진행하는 강의와 컨설팅 업무를 고려하면, 나는 경제학자이면서 부분적으로 역사학자, 심리학자, 사회학자, 인류학자이기도 하다. 내 직함은 한 가지로 딱 정의될 수 없고, 내 연구도 마찬가지다. 그런 면에서 나는 내 일이 무척 마음에 든다. 다른 사회과학자나 전문가들과 다른 시각으로 의사결정을 바라볼 수 있기 때문이다.

　기분과 분위기는 모든 행동을 초월하여 여러 영역에 동시에 영향을 미치므로 그 파급력이 광범위하다. 이 때문에 나는 좀 더 폭넓게 문화, 정치, 사회 전반에서 유사한 행동을 찾곤 한다. 예를 들자면 당시 유행하는 음악을 정부, 기업, 시장의 흐름과 비교하는 것이다.

　2020년 1월 말, 뜻밖에도 빌리 아일리시가 유력한 후보였던 테일러 스위프트를 제치고 그래미 어워드를 휩쓸었다. 이는 같은 시기에 이탈리아 정책입안자들이 내린 경제봉쇄 결정만큼이나 주목할 만한 사건이었다. 언뜻 두 사건은 서로 관련이 없어 보이지만, 모두 악화된 자신감을 반영하는 중요한 사건이라 할 수 있다.

　음악 선곡은 기분을 반영한다. 테일러 스위프트는 팝송 차트 상위권에 드는 저스틴 팀버레이크 등 다른 아티스트들과 마찬가지로 시장의 자신감이 높을 때 가장 좋은 성과를 올렸다.[4] 혜성처럼 갑자기 등장하여 큰 인기를 끈 빌리 아일리시는 넓게 보면 인디 음악의 부상을 의미했고, 그 이면에는 소비자심리가 이미 악화되고 있다는 신호가 숨어 있었다. 팬데믹이 닥치기 전부터 우리는 불안해했다.

　나는 항상 직장에서 남들과 다르게 생각한다는 말을 들었다. 다른 사람들이 놓치는 연결고리를 찾아내고 토론할 때 다른 관점을 제시했다. 이것이 바로 이 책의 요점이라 볼 수 있다. 이 책은 자신감과 그것이 의사결정에 미치는 영향을 새로운 시선으로 바라보도록 도와줄 것이다.

이 책의 접근 방식

자신감이라는 개념(그리고 확신과 통제감이라는 개념)은 추상적으로 느껴지기 쉽다. 나는 우리에게 친숙한 실제 사례로 자신감이라는 개념과 자신감이 의사결정에 미치는 영향을 설명해야 이 추상적인 문제를 해소하는 데 가장 도움이 된다는 사실을 깨달았다. 내가 진행하는 강의에서는 학생들이 봄방학에 내린 선택과 대학 합격 통지서를 기다리는 동안 내린 선택을 대조해서 살펴본다. 비즈니스 리더들과 진행하는 세션에서는 그들이 최고의 인수합병과 최악의 인수합병을 결정했을 때 느낀 감정과 실행한 행동에 대해 논한다.

이 책에서는 우리에게 친숙한 실생활 경험을 활용한다. 여기에는 역사적으로 중요한 사건과 그보다 훨씬 평범한 사례도 포함된다. 이러한 사례를 대조하는 작업이 다양한 수준의 자신감에서 비롯되는 행동들의 유사 패턴을 파악하는 데 도움이 되기를 바란다. 이 책에서 때때로 언급되는 유명 인사들은 내 주된 관심사가 아니다. 나는 어떤 사건이 일어났을 때 관련된 당사자가 누구인지보다는 그들이 느낀 감정과 그러한 선택을 한 이유, 즉 감정이 역사를 이끄는 방식에 더 주목한다.

씨앗이 싹을 틔우려면 적절한 토양이 필요하듯, 우리 생각과 행동도 마찬가지다. 나는 대중문화와 사회운동도 모두 자신감에 뿌리를 두고 있다고 본다.

이 책은 과거 사례에 등장하는 확신과 통제감의 배경에 주목한다. 이를테면 투자자들이 게임스탑GameStop의 주식을 매수하거나 블라디미르 푸틴이 우크라이나 침공을 명령하기 직전의 분위기에 집중하는 것이다.

내가 이 책 전반에 걸쳐 최근 역사 사례를 인용할 때 독자는 잠시 시간을 내어 그 역사적 순간에 어떤 기분이 들었는지 떠올려보기 바란다. 확신과 통제감이라는 관점에서 공통된 경험을 바라보면 '전례 없는' 사건뿐만 아니라 그에 대한 우리의 본질적인 대응 방식까지도 놀랍도록 예측 가능하다는 것을 깨닫게 된다.

이와 관련하여 세부적인 사실과 수많은 객관적 데이터를 나열하진 않을 것이다. 사실과 데이터로 미루어볼 때 의사결정에 영향을 미치는 요인은 우리가 느끼는 감정이다. 즉 외부 온도가 18.3도인지 아닌지는 중요하지 않다. 18.3도를 따뜻하게 느끼는지, 차갑게 느끼는지가 중요하다. 외출하기 전 티셔츠를 입을지, 스웨트셔츠를 입을지 결정하는 것은 개인적이고 주관적인 평가다. 즉 우리가 어떻게 느끼고 있는지 스스로 이야기하는 것이다.

똑같은 객관적 데이터도 군중 심리에 따라 전혀 다른 결과를 불러일으킬 수 있다. 이는 금융시장에서 주기적으로 관찰되는 현상이다. 분기 수익이 '예상치를 상회'하는 주당 2달러를 기록하면 증권분석가들이 놀라는 '깜짝 실적'이 될 수 있다. 하지만 똑같은 수치가 1년 후에는 '투자자에게 실망과 분노'를 안길 수도 있다. 실적 발표 직전에 군중이 무엇을 확신하는지에 따라 데이터에 관한 이야기와 시장 반응이 정해진다.

주요 비즈니스나 정치적, 사회적 결정에 대해 논할 때 내 접근 방식은 일부 독자들을 불편하게 만들 수 있다. 특정 주제에 대해 내가 어느 한 편을 들어주길 바라는 독자도 있을 것이다. 하지만 나는 그 선택이 좋았는지 나빴는지, 옳았는지 틀렸는지, 합리적이었는지 비합리적이었는지 또는 의사결정과정 자체를 어떻게 개선할 수 있었는지에 대한 논쟁은 다른 이들의 몫으로 놔두려 한다. 내 목표는 의사결정의 적절성이나 정확성을 평가하는 것이 아니다. 의사결정을 더 깊이 이해하기 위한 수단으로 애초에 선택이 이뤄진 방식과 이유를 살펴보고 재구성하는 것이다.

독자가 이 책을 다 읽었을 때 '자신감 중심의 의사결정'이라는 개념과 체계를 각자 인생과 업무에 적용할 수 있기를 바란다. 이 책이 인생에서 개인적으로나 직업적으로 불확실하고 무력한 순간을 직면하는 데 도움이 되고, 자신과 타인의 의사결정과 행동을 더 잘 이해하며 예측하는 데 유용한 도구로 활용되면 좋겠다.

앞으로 또 다른 팬데믹이 전 세계를 덮칠지, 주택 버블이 발생할지, 미래가 정확히 어떻게 전개될지는 아무도 모른다. 하지만 어떤 일이 일어나든 확신과 통제에 대한 우리의 감정이 의사결정을 좌우할 것이라는 점은 알 수 있다.

앞으로의 여정

이 책은 총 5부로 나뉜다. 1부에서는 자신감을 자세히 살펴보고 확신과 통제감의 변화가 어떻게 감정을 더 폭넓게 변화시키는지 살펴본다. 이 개괄적인 설명을 토대로 자신감이 우리 선택에 결정적인 영향을 주는 방식과 그 이유를 더 잘 이해할 수 있을 것이다. 이후 총 4부에 걸쳐 우리가 일상적으로 경험하는 네 가지 자신감 환경을 깊이 파고든다. 의사결정뿐만 아니라 불확실성과 무력감을 극복하는 능력, 회복탄력성을 향상시킬 도구와 사례도 소개할 것이다. 그럼 이제, 보이지 않는 것을 어떻게 볼 수 있을지 자신감 지도 Confidence Map를 펼쳐보자.

1부

보이지 않는 것을 보는 프레임, 자신감 사분면

마치 전차를 타고 왕복하듯 자신감 스펙트럼의 한쪽 끝에서 다른 쪽 끝을 반복해서 오가며 우리가 내린 선택은 경제와 경기순환을 일으키는 원인이 된다.

01

자신감 시각화

 어릴 때 우리 집에는 커다란 내셔널지오그래픽 지도책 한 권이 있었다. 현관 바닥 깔개만큼 큰 이 파란색 양장본에는 세계지도가 상세하게 담겨 있었다. 당시에 아버지는 여행을 많이 다니셨는데, 출장에서 돌아올 때마다 식탁 옆 선반에서 그 지도책을 꺼내 식탁에 펼쳐놓고는 방문한 도시가 자세히 나온 지도를 찾을 때까지 뒤적이셨다. 아버지는 검지로 지도 곳곳을 가리키며 지난 출장에서 겪은 일화도 이야기하셨다. 나는 지도를 더듬으며 아버지가 방문한 곳이 얼마나 멀리 떨어져 있는지 상상했다.
 새로운 출장지가 추가될 때마다 지도책에 따로 표시되는 페이지가 점점 늘어났다. 나는 각 도시와 국가가 독립적으로 존재하는 것이 아니라 퍼즐 조각처럼 서로 맞물려 하나의 넓은 지리를 형성한다는 사실을 알게 되었고, 덕분에 주변 세상을 더 폭넓게 이해할 수 있었다. 아버지는 두바이나 사우디아라비아로 자주 출장을 가셨다. 그럴 때마다 나는 지도책에서 아버지의 정확한 위치를 찾아냈을 뿐만 아니라, 그보다 더 광범위하게 아버지가 중동 지역에 계신다는 사실도 인지했다. 그렇게 내 머릿속에서 특정 도시와 국가가 연결되기 시작했다.

점차 나이가 들면서 나는 지도책을 단순히 지도 용도가 아닌, 상대적인 거리를 측정하고 전 세계의 광범위한 지리적 구성을 이해하는 수단으로 활용하기 시작했다. 여행하면서 경험한 다양한 일을 들려주신 아버지 덕분에 지도책은 내게 다채로운 여행 안내서가 되었다. 문장으로 쓰여 있지는 않았지만, 지도책에는 여러 지역에 있는 사물의 생김새와 사람들의 행동을 상세하게 다룬 흥미로운 이야기로 가득했다. 이를테면 지도책 194페이지에 있는 사람들은 초밥을 먹고 사케를 마셨다. 179페이지에 있는 사람들은 발목까지 내려오는 길고 헐렁한 겉옷인 **토브**를 입었다. 174페이지에 있는 사람들은 러시아어를 구사하고 키릴문자를 사용했다.[1] 문화적 규범은 각 페이지의 지리에 깊이를 더했다. 이후 나는 성인이 되어 여행을 떠날 때마다 늘 머릿속에 아버지의 지도책을 떠올렸다. 런던이나 도쿄에 가면 무엇이 눈앞에 펼쳐질지 대략적으로나마 짐작할 수 있었다. 마음의 준비가 되어 있던 셈이다. 어린 시절 아버지와 함께 책장을 넘나들며 떠났던 상상의 여행이 이제 성인이 되어 현실에서 떠나는 해외여행으로 이어졌다.

시간이 흘러 나 역시 부모가 되었다. 나는 가장 먼저 나만의 지도책과 지구본을 구매했다. 아버지가 그러했듯 나도 아이들에게 지도 위 점들이 단순히 지리적인 위치가 아니라 그곳에 사는 사람들과 그들의 이야기, 문화를 상징하며 특별한 일이 일어나는 장소라는 점을 알려주고 싶었다.

그때까지만 해도 이러한 관점이 내 두 번째 직업에 얼마나 큰 도움이 될지는 미처 예상하지 못했다.

자신감 사분면

나는 자신감과 의사결정을 주제로 강의한 지 몇 년이 지난 후에 학생들의 고충을 알게 되었다. 내가 전하고 싶었던 개념이 그들에게는 너무 추상적으로 들렸다. 학생들은 자기 행동(그리고 타인의 행동)과 자신감 사이의 연관성을 '알아보는 데' 어려움을 겪었다. 나는 자신감을 확신과 통제감이라는 두 가지 감정으로 분리했지만, 학생들에게 그러한 구분은 별 도움이 되지 않았다. 그저 여러 단어를 뒤죽박죽 늘어놓는 것에 불과했다. 나는 특정 감정이 행동을 유발한다는 점은 물론이고 그것이 어떻게 가능하고 왜 그런지도 알려줘야 했다. 뒤엉킨 단어들을 간단하고 사용하기 쉬운 체계로 전환한 후, 확신과 통제에서 비롯된 감정들의 다양한 조합이 선호와 의사결정, 행동의 결과를 좌우한다는 점을 명확하게 보여줘야 했다.

나는 아버지의 지도책처럼 학생들도 타인과 맺는 관계에서 특정 감정의 위치를 들여다볼 수 있는 지도가 필요하다는 것을 깨달았다. 그러한 지도가 있어야 각 위치의 고유한 규범과 행동을 나타내는 이야기도 겹쳐놓을 수 있기 때문이다. 학생들은 이 지도를 참고하여 확신과 통제의 감정이 왜 그토록 중요한지, 그리고 이 지도상에서 다른 위치로 이동

[그림 1.1] **자신감 사분면**

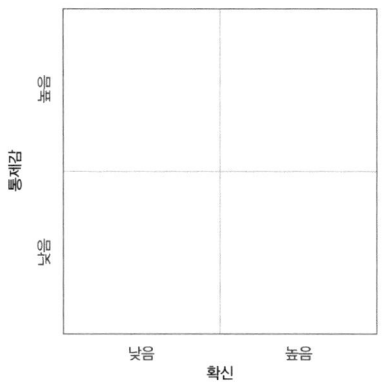

할 때 그 감정이 변하면서 어떤 일이 일어나는지 더 잘 이해할 수 있을 것이다.

나는 이러한 요소들을 고려해서 '자신감 사분면Confidence Quadrant'이라는 도구를 개발했다[그림 1.1]. 이 도구를 처음 접한다면 명칭을 신경 쓰지 않아도 좋다. 사분면을 미국 남서부의 포 코너스Four Corners 지역처럼(미국에서 유일하게 4개의 주가 십자로 교차하는 지점―옮긴이) 4개의 주로 구성된 지도라고 생각하면 된다.

위 그림의 중심처럼 유타주와 콜로라도주, 뉴멕시코주와 애리조나주 등 4개 주의 경계가 한데 맞닿아 있는 포 코너스에 가본 적이 있는가? 포 코너스에서는 주와 주의 경계가 명확하게 구분되어 있지 않다. 화강암으로 만든 기념비와 바닥 중앙에 박혀 있는 작은 청동 원반이 없다면 네 개의 주가 맞닿은 지점을 알아차릴 길이 없다.² 하지만 이 표식에서 멀어질수록 각 주의 문화, 규범, 지형의 특징이 두드러진다.

포 코너스가 물리적 영역을 네 개의 고유한 주로 나누듯, 자신감 사분면은 자신감이라는 감정을 네 개의 고유한 환경으로 나누어 우리가 인생에서 느끼는 확신과 통제감의 상대적 조합을 반영한다. 사분면의 가로축은 확신의 상대적 강도, 즉 앞날에 대해 얼마나 확신하는지를 측정한다. 세로축은 통제의 상대적 강도, 즉 결과에 대해 자신이 어느 정도 영향력을 발휘한다고 느끼는지를 측정한다.

포 코너스와 마찬가지로, 우리가 네 가지 환경 중 어느 곳에 있든 사분면의 중심에서는 확신과 통제의 감정이 구분되지 않는다. 그러나 중심에서 멀어질수록 사분면을 이루는 네 가지 자신감 환경의 특징이 더욱 뚜렷해진다. 각 영역에는 우리 존재를 특징짓는 일관된 행동 패턴인 문화적 규범이 있다. 확신과 통제감의 다양한 조합에 따라 우리가 느끼는 감정과 그에 따른 행동 방식이 달라진다. 사분면에서 우리의 위치와 행동 사이에는 어떤 명백한 관계가 나타난다.

이러한 연관성을 자세히 알아보기 전에 먼저 사분면을 이루는 네 가지 자신감 환경에 대해 각각 간단히 살펴볼 필요가 있다.

오른쪽 상단에 있는 제1사분면은 우리가 높은 수준의 확신과 통제감을 느끼는 '안전지대Comfort Zone'다. 이 영역에 들어가면 자신감을 느끼며 편안해지고 앞날에 대해 낙관적인 태도를 보인다. 여기에서는 모든 것이 익숙하게 느껴진다. 어떤 일을 하든 성공할 수 있다고 믿는다.

운동선수들은 오른쪽 상단 영역에 있을 때 '무아지경In The Zone'에 빠졌다고 표현한다. 운동에 몰입한 상태에서 시간은 빠르게 흐르고 움직임은 한결 편안하다. 마찬가지로 비즈니스 리더들은 흔히 위대한 성공을 안전지대에 비유한다. 예상을 뛰어넘는 제품 출시, 승진, 스톡옵션 수익과 같은 긍정적 결과가 대표적인 예다. 안전지대는 비즈니스 리더가

[그림 1.2] **안전지대**

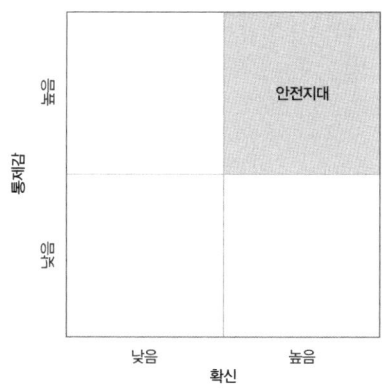

가장 많은 가치를 인정받고 가장 많은 보상을 얻는 영역이다. 우리에게는 큰 즐거움을 주는 영역이기도 하다. 학생들에게 물어보면 그들은 늘 안전지대를 봄방학이나 졸업식 파티같이 즐거운 경험을 하는 위치라고 생각한다. 물론 그 시기를 그리 즐겁게 보내지 못했다면 완전히 다른 이야기가 될 테지만 말이다.

불쾌한 경험은 일반적으로 왼쪽 하단에 해당하는 '긴장의 중심Stress Center'[그림 1.3]에서 나타난다. 이 영역에 들어가면 통제를 잃어 무력감을 느끼고 미래가 불확실하게 느껴진다. 여기서 우리는 스스로를 취약하다고 느낀다. 불안하고 비관적이며 자신의 처리 능력을 의심하게 된다. 긴장의 중심에서는 쉬운 일조차도 어렵고 버겁게만 느껴진다.

몇 년 전, 한 학생이 강의실에 늦게 들어오면서 정중하게 사과했다. "교수님, 늦어서 정말 죄송해요. 실은 제가 왼쪽 하단 영역에 들어가 있거든요. 어젯밤에 룸메이트와 싸우느라 오늘 아침에 늦잠을 잤어요. 게다가 오늘 오후에는 유기화학 시험이 있는데 공부할 시간조차 없었어요." 그는 분

[그림 1.3] **긴장의 중심**

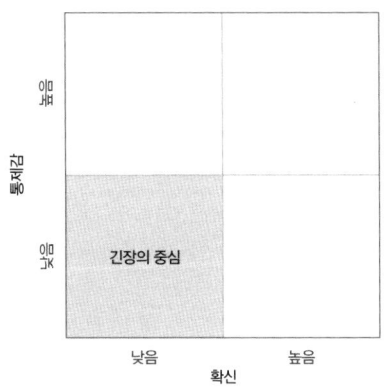

노에 찬 목소리로 긴장의 중심에 있을 때 느끼는 감정을 완벽하게 드러냈다. 모든 일이 한꺼번에 잘못 흘러가고 이를 막을 길이 거의 없는 것처럼 느껴지는 영역이 바로 긴장의 중심이다.

비즈니스 리더들은 긴장의 중심을 가장 열심히 일하는 데도 가장 적은 보상과 인정을 받게 되는 영역이라고 말한다. 가장 큰 실패를 경험하는 곳이기도 하다. 강등과 해고, 잘못된 결정으로 인한 후유증이 모두 이곳에 쏠려 있다. 수치심과 당혹감도 마찬가지다.

사분면의 오른쪽 상단과 왼쪽 하단 영역은 인생에서 높은 산 정상과 깊은 골짜기를 나타낸다. 말하자면, 미국 TV 프로그램 〈와이드 월드 오브 스포츠Wide World of Sports〉에 나오는 승리의 짜릿함과 패배의 쓴맛을 각각 보여주는 셈이다. 사분면의 오른쪽 상단 끝에서 왼쪽 하단 끝까지 자신감을 이루는 스펙트럼이 이어진다. 두 영역 중 어느 한쪽에 가까워질수록 우리 감정은 더욱 극단으로 치닫는다. 자신감 유무에 대해 생각할 때 가장 먼저 머릿속에 떠오르는 것은 안전지대와 긴장의 중심이다.

[그림 1.4] 승객석

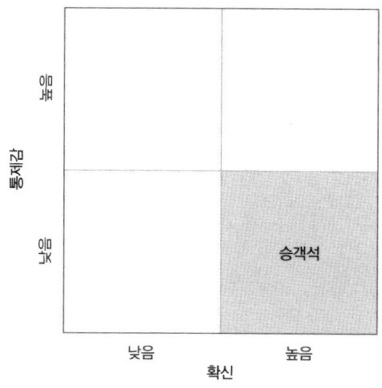

사분면에서 나머지 두 영역은 좀 더 모호하고 포착하기 어렵다. 두 영역은 확신 또는 통제에 대한 감정이 혼재된 환경이다. 우리는 이러한 감정 상태가 존재한다는 사실을 인정할지라도 그 의미를 간과하는 경우가 많다. 일반적으로 확신과 통제감이라는 감정을 한데 묶어버리고 둘 중 하나가 없으면 다른 하나도 확보할 수 없다고 믿게 된다.

하지만 우리는 둘 중 하나라도 가질 수 있고, 실제로 그렇게 하고 있다. 그런 현상은 생각보다 훨씬 자주 일어난다.

확신은 있지만 통제는 낮은 오른쪽 하단 영역은 '승객석 Passenger Seat' 이다. 이 영역은 다른 누군가 또는 무언가에 운전대를 맡긴 기분이 들지라도 상황을 예측할 수 있는 안정적 환경이다. 흔히 엘리베이터를 타거나 머리를 깎거나 엔진오일을 교환하는 행위는 승객석 경험에 해당한다. 승객석 환경은 다른 누군가 또는 무언가에 통제권을 넘기거나 뺏겨 주체성을 잃는 상황을 부른다.

대체로 직장에서 승객석은 직원들이 해야 할 일을 지시받는 환경을 포함한다. 직장은 상사의 명확한 지시를 따라야 하는 임무와 훈련, 프로젝트로 넘쳐난다. 오른쪽 하단 영역이 흥미로운 점은 바로 통제권이 없고 확신에 찬 경험이 즐거울 수도, 감옥처럼 느껴질 수도 있다는 점이다.

승객석 경험이 자발적으로 이뤄지는 경우, 즉 통제권을 스스로 타인에게 넘겨주는 길을 선택할 때 우리는 마음을 놓는다. 하지만 그것만으로는 충분하지 않을 수도 있다. 승객석에서 편안함을 느끼려면 보통 원하는 결과에 대해 매우 높은 수준으로 확신해야 한다. 오른쪽 하단 영역의 맨 끝에 있는 것 같은 기분이 들어야 한다. 목적지에 무사히 도착할 확률이 겨우 50퍼센트에 불과하다면 승객은 항공기에 탑승하지 않을 것이며, 그 확률이 90퍼센트가 되어도 대부분은 탑승하지 않을 것이다. 99.99999퍼센트 확신할 수 있어야 한다. 우리는 승객석에 앉을 때 그 영역의 오른쪽 끝에 이르러야 마침내 편안함을 느낀다.

결국 앞으로 닥칠 결과가 특히 끔찍한 경우에는 예측 가능성이나 안정성이 아주 조금만 감소해도 승객석에서 긴장의 중심으로 빠르게 깊이 이동할 수 있다. 자신감을 이루는 두 요건 중 하나만 갖추었기 때문에 오른쪽 하단 영역에 있을 때 우리가 느끼는 감정에는 취약성이 내재되어 있다. 이를테면 자녀에게 운전을 가르칠 때처럼 승객석의 취약성을 직접 경험해봤을 것이다.

마지막 영역은 승객석과 반대되는 환경이다. 사분면의 왼쪽 상단 영역은 높은 통제와 낮은 확신이 특징이다. 이 영역은 '발사대Launch Pad'다. 결정이나 행동을 통제할 수 있어도 그 선택의 결과는 아직 알 수 없는 환경이다. 슬롯머신의 레버를 당길 때, 암벽등반을 하다가 절벽을 오르기 시작할 때, 최신 정보를 담은 이력서를 새 고용주가 될지도 모르

[그림 1.5] **발사대**

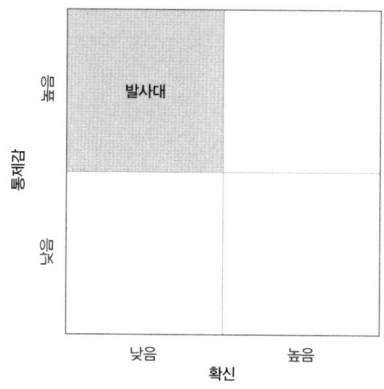

는 사람에게 전달하려고 '전송' 버튼을 누를 때 우리는 발사대에 서 있는 것과 같다. 전문가들이 논하는 '불확실성 속에서의 의사결정'은 거의 언제나 발사대에서 내리는 선택을 의미한다. 그 순간에는 우리가 통제권을 직접 쥐고 있지만, 결과는 대체로 불확실하다. 앞으로 대박이 날지, 산 정상에 오를지, 면접을 보러 오라는 연락이 올지, 성공을 거둘지, 상처를 극복할지 알 수 없다.

어떤 사람들은 왼쪽 상단 영역을 영웅이 모험을 떠난 직후에 거치는 중요한 순간에 비유했다. 이를테면 이 영역이 '설리'로 잘 알려진 체슬리 설렌버거 기장이 통제권을 다시 쥔 후 US 에어웨이즈 1549편을 허드슨 강에 불시착하기로 결정했을 때, 또는 영화 〈캐스트 어웨이〉에서 톰 행크스가 뗏목에 몸을 맡겨 섬을 떠날 때와 비슷하다는 것이다. 한편 왼쪽 상단 영역을 단순히 '미정' 또는 '추후 결정TBD, To Be Determined'으로 부르는 게 어떻겠냐고 제안한 사람들도 있었다.

왼쪽 상단 영역을 어떻게 부르든 상관없다. 우리는 양손으로 운전대를 잡는 것처럼 안정감을 느낄 수 있도록 조치를 취하고 왼쪽 상단의 불확실성을 보완하려 애쓴다. 이 영역의 맨 끝에 있기를 바라는 것이다. 스스로 더 많은 통제권을 쥐고 있다고 느낄수록 마음이 편안해진다. 승객석이 주는 무력감 속에서 안정감을 느끼려면 거의 절대적인 확신이 필요하듯, 발사대가 주는 불확실성 속에서 안정감을 느끼려면 거의 완전한 통제가 필요하다.

사실 모험가나 기업가처럼 이 영역에 머물기를 즐기는 사람들도 있다. 하지만 대부분은 발사대를, 안전지대에 도달하거나 안전지대로 되돌아가기 위해 잠시 견뎌야 하는 환경이자 목적을 달성하기 위한 필요 수단으로 여긴다.

비즈니스 리더들은 발사대에서 신중하게 위험을 감수하고 성공을 거둔 경험을 지도로 그리는 경향이 있다. 안전지대에서 발사대를 거쳐 다시 안전지대로 돌아가는 경로를 하나의 원형으로 그린다. 위험을 감수해 얻어낸 승리를 기념하기 위해 그 경로를 되짚으며 시각화하는 것이다. 안전지대를 벗어나 발사대로 향했다가 실패한 후 깊은 긴장의 중심에 빠져버린 경험을 자발적으로 공유하는 리더는 거의 없다.

발사대와 승객석은 서로 반대되는 환경이지만 종종 비슷한 불안감을 불러일으킨다. 둘 다 확신이나 통제가 없어 위험을 감수해야 하는 요소를 포함하고 있다. 발사대에 선 사람들은 스스로 산 정상에 오르기 위해 가파르고 구불구불한 오솔길을 걸어 올라간다. 승객석에서는 가느다란 케이블에 매달려 있는 체어리프트를 타고 정상에 올라간다. 모두 정상에 오르는 방법이지만, 사분면에서 각각 다른 경로를 거친다. 우리는 두 경험을 끝마치고 나면 다시 인생에 대한 확신과 통제감이 있는 안전

[그림 1.6] **자신감 사분면의 네 가지 환경**

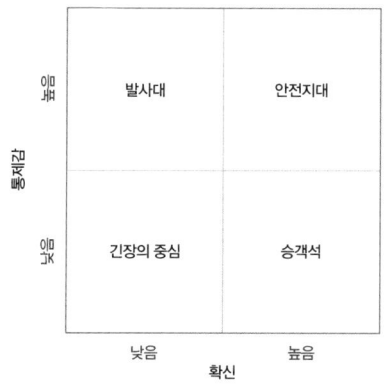

지대로 돌아오기를 기대한다.

전체적인 자신감 사분면을 종합하면 [그림 1.6]과 같다. 우리는 사분면의 각 영역에서 확신과 통제감의 다양한 조합에 따라 다르게 느끼고 행동한다.

앞서 선택이 크게 두 가지로 나뉜다고 언급했다. 하나는 자신감을 얻은 후 이를 유지하기 위한 행동이고, 다른 하나는 자신감을 잃은 후 이를 회복하기 위한 행동이다. [그림 1.6]에서 볼 수 있듯이, 우리는 안전지대를 벗어날 때마다 취약함을 느낀다. 그러한 환경은 취약하고 제대로 파악하기도 어렵기 때문에 다시 편안하고 안전한 상태에 도달하려면 안전지대로 돌아가야 한다. 일단 안전지대로 돌아오면 그곳에서 느낄 수 있는 안정적인 확신과 통제감을 지키기 위해 무슨 일이든 할 것이다.

[그림 1.7] **항공기 탑승에 관한 지도**

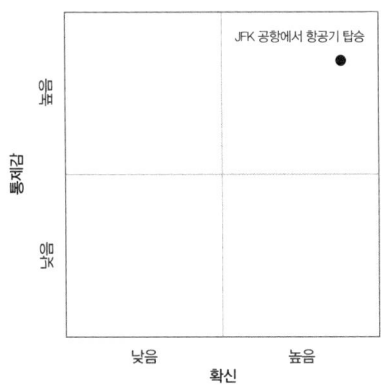

자신감 사분면으로 그리는 경험 지도

많은 자기계발 전문가가 선한 의도로 자신감을 안정된 상태로 표현하지만, 실제로는 그렇지 않다. 자신감은 한 번 얻었다고 해서 영원히 유지되는 것이 아니다. 특히 안전지대에서 편안하게 지내고 있을 때도 현실은 우리를 자신감 사분면으로 이끈다. 아무리 발버둥 쳐도 변화를 피하지 못한다. 항공기를 예로 들어보자.

나는 젊은 시절 뉴욕에서 로스앤젤레스로 장거리 출장을 자주 다녔다. 주기적으로 출장을 갔기 때문에 항공권을 예매한 후 뉴욕 케네디 공항JFK의 탑승구에 도착했을 때면 자연스레 자신감이 생겼다. 항공기에 탑승하면서 느낀 확신과 통제감은 나를 자신감 사분면의 오른쪽 상단으로 이끌었다[그림 1.7].

하지만 항공기가 이륙하자 내 기분이 싹 달라졌다. 지상에서 느꼈던 통제감이 사라진 것이다. 항공기를 조종하는 사람은 내가 아니라 조종

[그림 1.8] **비행에 관한 지도**

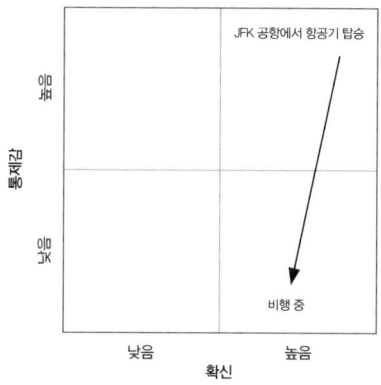

사다. 나는 말 그대로, 또 비유적으로 승객석에 앉아 있었다. 그저 안전하리라고 확신할 뿐이었다[그림 1.8].

그날 저녁 로스앤젤레스 공항LAX에 착륙할 즈음 주변에는 안개가 짙게 꼈다. 기장은 착륙 직전에 항공기 각도가 활주로에 제대로 맞춰지지 않았다는 사실을 깨달았다. 그래서 기장은 즉시 착륙을 중단한 후 엔진에 시동을 걸었고, 항공기는 곧장 하늘로 솟구쳤다. 항공기가 상승하면서 심하게 흔들렸고, 나는 급작스레 불확실성과 무력감을 경험했다. 공포가 엄습했다. 그 순간 나는 사분면의 왼쪽 하단 영역인 긴장의 중심에 완전히 빠져버렸다[그림 1.9].

영원히 지속될 것만 같았던 불안한 시간이 지나가고 항공기가 다시 균형을 잡아 수평을 이루자 기장이 기내 방송으로 이제 괜찮다고 전하며 승객들을 안심시켰다. 그로부터 20분도 채 지나지 않아 항공기는 무사히 공항에 착륙했다.

항공기가 공항 게이트에 멈춰 서면서 5시간에 걸친 로스앤젤레스행

[그림 1.9] **착륙 중단에 관한 지도**

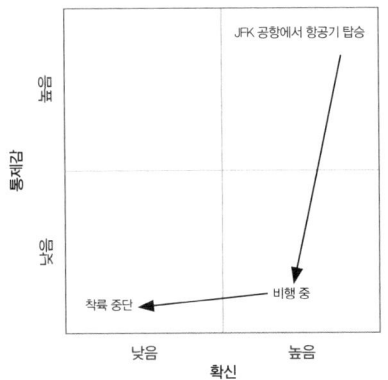

비행이 드디어 끝났다. 이 비행으로 나는 대륙을 횡단하는 동시에 감정이 요동치는 사분면 여정을 경험했다[그림 1.10].

[그림 1.11]은 해당 항공기를 탄 다른 승객이 매우 긴장한 상태에서 이 경험을 어떻게 지도에 표시했을지 상상하며 그린 것이다.

보다시피 승객의 지도에는 새로운 첫 번째 단계가 표시되어 있다. 긴장한 승객이 항공권을 예매했을 때는 자기 행동을 통제할 수 있는 발사대에 있었지만, 여행에 나서면서 위험을 감수하고 있다는 사실을 강하게 인식했다. 공항에 도착한 후에는 항공기에 탑승하기도 전에 이미 불안한 감정이 들기 시작하고 통제 범위도 좁아졌다. 비행을 시작한 후에는 나와 마찬가지로 불안해하며 확신을 갖지 못했다. 자신감을 이루는 두 가지 요소가 모두 낮아졌다. 항공기가 착륙을 중단했을 때 그는 긴장의 중심에서 가장 깊은 골짜기에 빠지고 말았다. 마침내 항공기에서 내렸지만 두려움이 강렬하게 남은 탓에 뉴욕행 항공편을 취소하고 자동차를 타고 뉴욕으로 돌아가기로 결심했다. 결국 이 긴장한 승객은 나와 같

[그림 1.10] **안전한 착륙에 관한 지도**

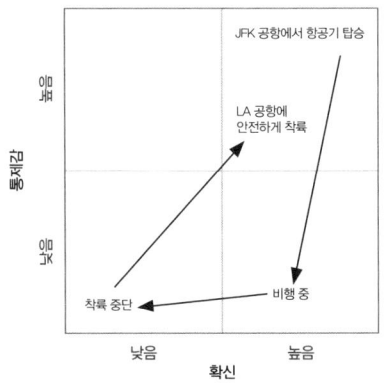

[그림 1.11] **항공권 예매**

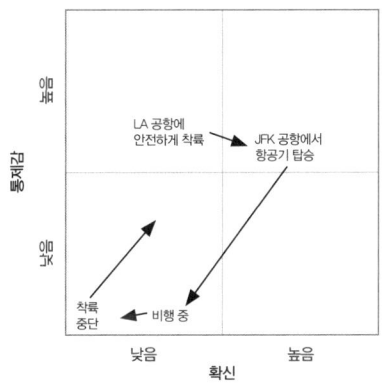

은 항공기를 탑승했는 데도 내가 그린 지도와 매우 다른 경험을 했다고 볼 수 있다.

　강의에서 사분면을 활용하여 지도를 그리는 조별 연습을 진행하다 보면 인간 경험의 다양한 특성을 반복적으로 접하게 된다. 항공기와 롤러코스터 탑승부터 칵테일파티와 개학 첫날에 이르기까지, 한 사람이

[그림 1.12] **자주 비행하는 승객의 경험에 관한 지도**

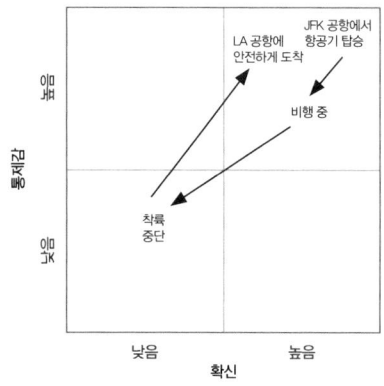

느끼는 확신과 통제감 측면에서 경험을 측정할 때 모두 똑같이 작성되는 여정은 없다.

지도에는 또 다른 흥미로운 사실이 드러난다. [그림 1.12]는 매우 자신감 넘치는 승객이 같은 비행을 경험한 후 그려낼 만한 지도를 상상해 그린 것이다.

자신감이 넘치는 승객은 항공기가 이륙할 때 통제가 불가능하다는 사실을 인지하지 못했을 수 있다. 평소에 항공기를 너무 자주 타서 착륙이 중단된 상황을 일상적인 일로 받아들이고 감정적으로 아무 영향을 받지 않았을 수도 있다. 긴장의 중심에 들어갔더라도 그 시간은 아주 찰나였을 것이다. 어쩌면 옆에 앉은 여성이 공포에 질려 팔걸이를 움켜쥐었을 때도 이 자신만만한 승객은 억지로 하품을 참았을지 모른다.

이 한 번의 비행은 성격이 매우 다른 세 가지 여정을 만들어냈고, 각 여정은 승객이 느낀 확신과 통제감으로 측정됐다. 이것이 중요한 이유는 무엇일까? 이 특별한 사례에서 극도로 자신감이 넘쳤던 승객의 인식은 사실상 잘못됐다. 항공기가 이륙할 때 이 승객은 아무것도 통제할 수 없었다. 그 상황의 현실을 반영하려면 그가 찍은 두 번째 좌표인 '비행 중'이 오른쪽 하단 영역에 배치됐어야 했다. 조종사를 제외하고 항공기에 탑승한 모든 승객은 사분면의 승객석에 있었다. 승객의 기분이 좋든 나쁘든 간에 비행은 아무리 확신이 높아도 통제할 수 없는 환경이다.

항공사와 항공기 제조업체의 관점에서 볼 때 불안에 떨었던 승객이 그린 지도 역시 사실상 잘못됐다. 비행은 상당히 안전하며, 통계적으로도 불안해하는 승객이 생각한 것보다는 훨씬 안전하다고 확언할 수 있다.

마지막으로, 기장이 착륙을 중단하고 엔진에 시동을 걸었을 때 항공기에 탑승한 승객이 인식한 수준보다 훨씬 높은 확신에 차 있었다는 점도 지적할 필요가 있다. 항공기가 착륙 시도에 실패한 후 다시 상승한 상태에서 비행 방향을 잡는 행위인 '착륙 복행go-around'은 조종사들이 정기적으로 훈련하는 기술이며, 상업용 항공기 조종사들은 복행 가능성에 철저히 대비한다. 조종사들은 비행 전 점검표와 착륙 전 점검표를 검토할 때 구체적인 복행 절차를 설명하고 논의한다. 항공기 뒷좌석에 앉은 사람들은 착륙 복행이 발생했을 때 아무 준비가 되어 있지 않았지만, 조종실은 준비가 되어 있었다.

내가 항공사에서 일하는 조종사 친구에게 해당 항공기 기장이라면 이 경험을 어떻게 인식했을지 물었더니 다음에 나오는 [그림 1.13]과 같은 지도를 그려주었다.

착륙 중단은 평범한 상황이 아니었지만 긴급한 상황도 아니었다. 짙은 안개 속에서 시도한 착륙이 복행으로 바뀌었을 뿐이다. 내가 이 경험을 조종사 친구에게 설명했을 때 친구는 조종사가 비행 중에 느꼈을 확

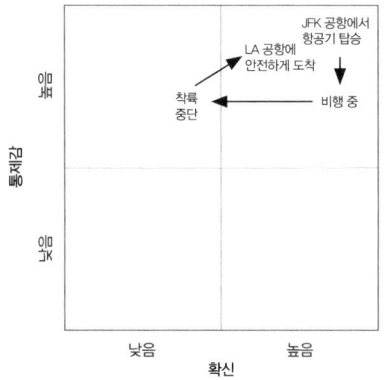

[그림 1.13] **조종사의 비행에 관한 지도**

신이나 통제의 변화에 대해 전혀 우려 섞인 반응을 보이지 않았다.

방금 설명한 조별 연습을 통해 두 가지 중요한 교훈을 얻을 수 있었다. 첫째, 우리는 같은 경험을 같은 방식으로 바라보지 않는다. 둘째, 우리는 종종 경험을 그 자체로 인식하지 못한다. 자신감 수준은 세상을 바라보는 관점을 왜곡할 수 있다. 자신감이 높으면 통제하지도 않았고 통제할 수도 없는 것을 마치 통제할 수 있다고 착각하거나, 실재하지 않는 것을 실재한다고 확신하게 된다. 자신감이 낮을 때는 그 반대의 경험을 한다.

공통된 경험도 사분면에 지도로 그리면 전혀 다르게 나타난다.

실전에 적용하는 자신감 사분면

나는 처음 자신감 사분면을 사용하기 시작했을 때 세 가지 놀라운 점을 발견했다.

첫째, 사람들은 위와 같이 간단한 설명을 들은 후 자기 경험을 자신감 사분면 지도에 표시하는 데 별다른 어려움을 겪지 않았다. 어떤 순간이던 확신과 통제감으로 연관시키는 능력을 빠르게 발휘했다.

둘째, 그들은 자신이 표시한 지도를 살펴본 후 그 경험을 하면서 느낀 감정과 선택을 설명하는 데 자신감 지도가 도움이 되었다고 말했다. 추상적인 감정이 사분면에 논리적으로 정리됐다. 그들은 특정 영역에 있는 점들을 자세히 들여다보면서 직장에서 승진하거나 마라톤에서 개인 최고 기록을 세운 것과 같이 서로 무관해 보이는 사건들이 비슷한 감정과 행동을 유발할 수 있는 이유를 금방 이해했다.

셋째, 사분면을 사용한 사람들은 편안하게 자기 경험을 논하고 사분면 지도를 타인과 공유했다. 자신에게 부족한 자신감에 대해 공개적으로 이야기하기를 꺼리던 사람들도 확신이나 통제 수준이 낮다는 것은 놀라울 정도로 솔직하게 밝히는 경향이 있었다. 구체적인 경험을 사분면 지도에 표시하는 것은 진실과 거짓을 가르는, 사실에 가까운 판단처럼 보였다. 예컨대 사람들은 "물론 저는 암 진단 결과를 기다리는 동안 긴장의 중심에 있었어요!"라고 말했다. 지도에 찍힌 점들은 지극히 주관적이지만 객관적인 데이터처럼 느껴졌다. 여기에 '옳고 그름' 같은 판단은 들어가지 않았다.

나는 지도에 표시하는 연습을 통해 우리가 일상적으로 사분면 곳곳으로 많이 옮겨 다닐 뿐만 아니라 각자 매우 다른 시각으로 주변 세상을 바라본다는 점을 알게 되었다.

또한 사분면에 지도를 그리면서 만족도 조사와 '평균 소비자' 데이터가 종종 명백하고 중요한 행동 패턴을 간과하거나 모호하게 만든다는

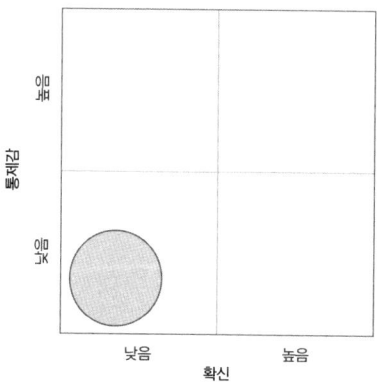

[그림 1.14] 코로나19를 접한 응답자들의 반응에 관한 지도

사실도 깨달았다. 지도를 그리는 작업은 개인과 집단이 특정 시점에 스스로를 어떻게 인식하는지 그 위치를 정확히 짚어내게 해준다. 응답자가 느끼는 확신과 통제감의 이면에는 무엇이 있는지, 또는 무엇이 부족한지 빠르게 파악하는 데도 도움이 된다.

예를 들어 2020년 3월 중순 코로나19가 처음 발병했을 때 나는 많은 사람들에게 자신이 느끼는 감정을 자신감 사분면에 표시해달라고 요청했다. 의사, 학생, 학부모, 사업주 등 다양한 응답자들이 모두 자기 위치를 사분면의 왼쪽 하단 구석, 긴장의 중심 깊숙한 곳에 표시했다[그림 1.14]. 모든 응답을 한데 모아 사분면에 그려보니 점들이 같은 영역에 조밀하게 모여 있는 것을 확인할 수 있었다. 이는 팬데믹이 확신과 통제에 대한 미국인의 감정에 상당한 영향을 끼쳤음을 분명하게 보여주었다. 모든 사람이 극심한 불안을 느낀 것이다.

하지만 불과 몇 주 후에 같은 사람들을 대상으로 설문조사를 진행했을 때 한 가지 중요한 사실을 발견했다. 한데 모여 있던 점들이 여러 곳

[그림 1.15] 코로나19 발생 후 K자형 회복에 관한 지도

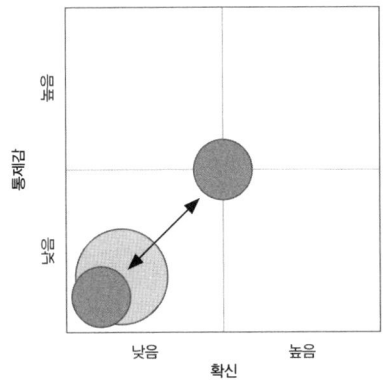

으로 분산됐다. 한 집단은 사분면의 오른쪽으로 올라갔지만, 다른 집단은 긴장의 중심에서도 왼쪽 하단 깊숙한 곳에 남아 있었다. 재택근무를 하고, 온라인으로 식료품을 주문하고, 자가 격리를 할 수 있는 사람들은 병원과 슈퍼마켓 등 감염되기 쉬운 장소에서 계속 근무하는 사람들보다 더 높은 수준의 확신과 통제감을 느끼기 시작했다. 불과 며칠 전까지만 해도 팬데믹을 똑같이 경험하고 똑같은 반응을 보였던 사람들이 이제는 두 집단으로 극적으로 나뉜 것이다[그림 1.15].

당시 많은 경제학자와 전문가가 코로나19로 인한 경기침체에서 V자 또는 '스우시swoosh' 형태의 반등(경기가 가파른 우하향 직선을 그리며 하락하다가 바닥을 찍고 완만하게 우상향 직선을 그리며 반등하는 현상을 말한다. 이 용어는 나이키사의 부메랑 모양 로고인 스우시에서 따온 것이다—옮긴이)을 예측했다.[3] 향후 경기 반등이 미국 연방정부가 취한 특별 재정 및 통화 정책을 바탕으로 모두에게 이득을 가져다줄 것이라는 전망도 나왔다.

그러나 내가 관찰한 사분면 지도는 전혀 다른 이야기를 보여주었다.

응답자들의 지도를 겹쳐놓은 종합 지도에서 나타난 점들의 두 집단은 자신감 수준에서 뚜렷하게 차이가 났다. 나는 재택근무가 가능하고 코로나19로부터 쉽게 격리될 수 있는 최상위 계층이 저소득층과 '필수' 인력보다 팬데믹의 여파에서 훨씬 빠르게 회복하며 양극화가 심해지는, 이른바 'K자형' 경제회복을 예상했다.[4] 지도에 표시된 점들은 장기화되는 팬데믹 상황에서 경제에 어떤 일이 일어날지 알려주었다.

사분면에서 분명하게 드러난 자신감 격차는 또 다른 우려를 낳았다. 하위 계층의 자신감이 개선되지 않는다면 머지않아 소득과 부의 불평등이 극심한 사회문제로 떠오를 가능성이 크다. 게다가 격차가 더 벌어지면 긴장의 중심에 몰려 있는 사람들이 느끼는 두려움과 좌절이 분노와 원망으로 바뀔 것이다. 고용주의 관점에서 볼 때 자신감 격차가 커지면 직원들의 스트레스 증가와 퇴직, 파업, 노조 결성 요구, 저임금 노동자들의 임금 인상 요구가 늘어날 게 뻔하다. 정책입안자들도 비난을 피하지 못한다. 격차가 커질수록 이를 줄여야 한다는 정치적 압력이 더욱 거세진다.

솔직히 내가 제시한 'K자형 회복' 개념이 2020년 미국 대선 토론에서 등장했을 때 나는 전혀 놀라지 않았다. 이 용어는 사람들의 감정을 쉽게 포착하고 반영하면서 공감을 불러일으켰다. 지도에 표시하는 작업은 무력감과 불확실성에 대한 사람들의 공통된 감정을 명확하게 파악하고, 그러한 감정이 달라지지 않으면 영향을 받은 사람들이 어떻게 반응할지 예측하는 데 도움이 되었다.

사분면을 활용한 쟁점 파악

나는 감정이 소비자의 경제 행동을 어떻게 이끄는지 더 제대로 이해하기 위해 자신감 사분면을 자주 사용한다. 하지만 동시에 비경제적 측면에서도 지도를 다양한 방식으로 활용하고 있다. 예를 들어 몇 년 전에 우수한 성적을 거둔 대학 신입생들에게 고등학교 3학년 시절을 회상한 후 그때의 감정을 지도에 표시해달라고 했다. 학생들이 개별적으로 그린 지도를 바탕으로 만든 종합 지도는 다음에 나오는 [그림 1.16]과 같다.

부모들은 흔히 고등학교 3학년을 자신감이 높은 시기라고 생각하지만, 학생들이 표시한 지도를 보면 그렇지 않다. 학생들은 고등학교 3학년 시기를 대부분 사분면의 왼쪽에서 보내며 대단히 불안정한 감정을 느꼈다. 고등학생 자녀를 둔 학부모와 진학 상담 교사들에게 이 결과를 공유하자 상당수가 충격을 받았다. 학부모와 교사 모두 학생들이 대학 입시로 어느 정도 스트레스를 받을 거라고는 예상했다. 하지만 학생들이 느끼는 불확실성과 통제 부족을 충분히 인식한 사람은 거의 없었다. 학생들은 3학년 시기를 주로 안전지대 밖에서 보냈고, 대부분의 경험이 긴장의 중심에 집중되어 있었다. 한 학생은 발목이 부러졌을 때 느낀 감정과 대학 지원 결과를 기다렸을 때 느낀 감정을 사분면에 나란히 점으로 표시했다. 내가 그 지도를 공유하자 많은 학부모가 움찔하며 놀라워했다. 두 가지 감정의 정도가 엇비슷하다는 결과는 학부모에게 신선하면서도 괴롭게 다가왔다.

이러한 결과는 처음에는 달갑지 않은 정보였지만, 학생들이 그린 지도는 더 솔직한 소통과 변화를 꾀할 길을 마련해주었다. 학생들은 대학

[그림 1.16] 고등학교 3학년 시절을 보여주는 종합 지도

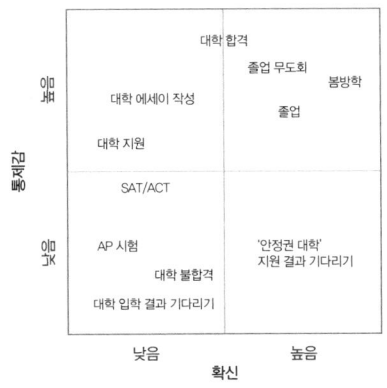

에 지원할 때 무력감과 불확실성을 느끼는 사람이 자기 혼자만이 아니라는 것을 알게 되었고, 친구들과 가족에게 이러한 감정을 좀 더 편안하게 털어놓을 수 있었다. 사분면에서 왼쪽 하단 구석은 더 이상 나약함의 징후가 아니었다. 그것은 널리 공감을 받는 경험이 되었다. 고등학교 3학년 학생들과 부모들은 내가 만든 종합 지도를 참고하며 대입 과정에서 예상되는 일을 더 잘 파악한 상태로 입시에 임할 수 있었다. 그들에게 자신감 지도는 단순히 지원 일정과 대학 수능 시험SAT 날짜 같은 정보 이상으로 유용했다. 자신감 지도는 입시 기간 내내 느끼게 될 감정에 대해 알려주고 방향을 인도하는 유용한 길잡이가 되었다. 동시에 진학 상담사와 교사에게는 한 해 동안 학생들이 가장 극심한 스트레스를 받는 시기에 어떻게 대비해야 할지 다시 생각하는 계기로 작용했다.

나는 중간고사와 기말고사가 다가올 때마다 이러한 순간이 늘 학생들을 긴장의 중심으로 몰아넣는다는 사실을 강의 때 상기시킨다. 또 시험이 끝나면 다시 삶에 대한 확신과 통제감을 되찾을 수 있음을 기억하

[그림 1.17] **응급의학과 전문의의 지도**

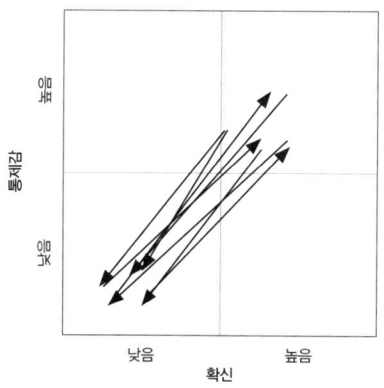

라고 말해준다.

나는 하나의 틀에 생생한 이야기가 담겨 있는 자신감 사분면 지도를 제일 좋아한다. [그림 1.17]을 살펴보자. 응급의학과 의사가 자기 일과를 지도로 그린 것이다.

응급의학과 의사가 그린 지도를 보면 의사들이 사분면의 오른쪽 상단과 왼쪽 하단 사이를 빠르게 오가는 것이 일상임을 알 수 있다. 의사는 환자를 안정시켜 어느 정도 확신과 통제감을 확보할 때마다 또 다른 구급차나 구급 헬기를 맞이하고 다시 긴장의 중심에서 왼쪽 하단 구석으로 이동하게 된다. 이렇게 다시 일을 시작하는 과정이 반복된다.

응급실의 핵심 업무는 확신과 통제감을 회복하는 것이다. 많은 응급의학과 전문의가 하루 중 많은 시간을 사분면의 오른쪽 상단 영역 밖에서 보내고 다시 오른쪽 상단으로 돌아가기 위해 애를 쓴다. 그러니 번아웃(극도의 피로감)이 흔한 것도 당연하다. 동시에 [그림 1.17] 같은 지도는 현재 널리 시행되는 응급실의 절차가 중요한 이유를 설명하는 데 도움이 된다. 하루에 몇 번이고 긴장의 중심에 들어갈 것을 확실히 안다면 긴장의 중심에서 벗어나는 방법도 정확히 알고 있어야 한다.

자신감 사분면 지도로 지극히 개인적인 측면을 다룰 수도 있다.

내 딸은 대학교 3학년 가을에 원인을 알 수 없는 소화기계 증상으로 2주 동안 병원에 입원해야 했다. 겨울과 봄 내내 전문의를 찾아다니며 검사를 받으면서도 학업을 놓지 않으려 노력했다. 딸이 졸업할 무렵, 의료진은 통증의 원인을 알아냈고 극적으로 삶을 바꿔줄 수술을 해결책으로 제시했다.

수술이 마무리된 후 나는 딸에게 이 경험을 지도에 표시해달라고 했다. 아내와 나는 딸이 병원에 외래 진료를 받고 입원할 때 여러 번 동행했으므로 딸이 경험한 사건들을 구체적으로 어떻게 표현할지 어느 정도 짐작할 수 있다고 생각했다.

나는 수술의 극단적인 특성을 고려하면 딸이 치료에 대한 구체적 세부 사항을 알게 된 진찰 시점 또는 낯선 외과의사가 수술에 참여한다는 사실을 알게 된 수술 전날 저녁을 사분면 왼쪽 하단 구석에 점으로 표시할 것으로 예상했다. 내게는 그런 순간들이 가장 자신감이 낮아질 시점으로 보였다. 하지만 그렇지 않았다. 딸은 수술 후 위에 가해질지 모를 예기치 않은 압박을 완화하기 위해 의사가 코위관(흡입 고무관)을 삽입할 때가 왼쪽 하단 구석에 해당하는 끔찍한 경험이라고 생각했다. 딸이 말하길, 그동안 지속적인 복통으로 고통스럽게 생활했기 때문에 수술을 받으면 증상이 완화될 것이라고 낙관했다. 그러나 마음의 준비가 전혀 되어 있지 않은 상태에서 코위관을 삽입해야 했으므로 안도하기보다 괴로워했다. 코위관을 삽입하자 숨이 계속 막히는 듯한 느낌을 받았다. 침

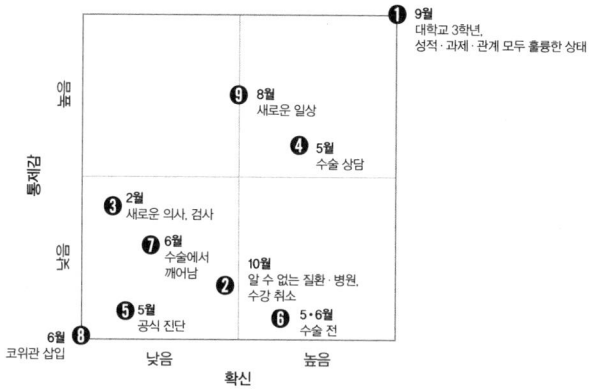

[그림 1.18] 딸의 의료 경험에 관한 지도

을 삼키고, 숨을 쉬고, 말하는 것도 힘들었다. 극심한 무력감과 정신적인 고통에 시달렸다. 결국 의사들은 딸이 코위관을 빼내지 못하도록 진정제를 투여해야 했다.

내가 딸의 경험을 의료진에게 알려주자 몇몇 사람은 환자가 느낀 무력감을 미리 알 방법이 있었다면, 수술 전 긴장을 완화하기 위해 어떤 조치를 취할 수 있었다면 좋았을 것이라고 말했다. 나는 그 말을 듣고 울컥했다. 코위관 삽입은 소화기 질환이 있는 환자에게 너무도 일상적인 치료인데 의료진은 어떻게 환자가 무력감을 느낀다는 것도 알지 못했을까? 의료진이 환자의 잠재적인 불안을 적극적으로 해결하려 하지 않았다는 점이 충격으로 다가왔다.

나는 딸의 이야기를 활용하여 의료 종사자와 비즈니스 리더를 대상으로 환자와 고객의 경험, 만족에 대해 생각할 필요가 있다고 강조했다. 고객이 가장 큰 불확실성과 무력감을 느끼는 지점을 파악하지 못하는 기업은 신뢰를 얻기 힘들다. 직원도 마찬가지다. 직장에서 확신과 통제감을 더 느낄 수 있는 방안을 물어보는 직원만족도 설문조사는 거의 없다. 놀랍게도 간단한 조치를 취하는 것만으로 조직의 가장 큰 스트레스 요인을 해결하는 경우가 많다. 내 딸과 의료진은 목구멍의 감각을 마비시키는 스프레이를 뿌린 후 항불안제가 효과를 발휘할 때까지 15분 정도 기다리면 코위관 삽입이 훨씬 수월하다는 사실을 알아냈다.

육류 가공 공장에서 교대 근무를 하는 한 관리자는 내 딸의 경험을 들은 후 작은 결정이 확신과 통제감을 높이는 데 미치는 영향을 고려하게 되었고, 결국 내 제안을 따르기로 했다. 그녀는 직원들에게 가장 극심한 업무 스트레스의 원인을 공유해달라고 요청했다. 설문조사는 직원들이 업무에서 느끼는 가장 큰 불확실성과 무력감에 초점을 맞추는 질문으로 구성됐다. 이는 이전에는 한 번도 제기된 적 없었던 주제다. 직원들의 답변은 놀라웠다. 직원들이 인식한 직장 내 어려움 중 상당수가 업무 외의 사소한 문제와 관련이 있었다. 고장 난 자동차 미등을 교체하거나 아픈 아이를 병원에 데려가는 등 예기치 않은 문제를 처리할 시간이 필요할 때 직원들은 직장에 말을 꺼내기 곤혹스러워했다. 직원들이 이처럼 작은 문제를 처리할 수 있도록 업무 일정을 유연하게 바꾸자 직원들의 사기와 생산성이 향상됐을 뿐만 아니라 전반적으로 결근도 줄어들었다. 작은 문제가 심각한 문제로 커지기 전에 해결됐으므로 직원들이 긴장의 중심에 빠지는 결과를 피할 수 있었다.

비즈니스 리더는 지도를 그리면서 고객과 직원이 가장 높은 자신감을 느끼는 지점을 명확하게 파악할 수 있다. 응답자들이 오른쪽 상단에 표시한 경험을 자세히 살펴보면 높이 평가받아야 할 직원과 더 폭넓게 적용해야 할 과정, 일이 잘 진행된 경우와 개선이 필요한 상황 등을 파악할 수 있다. 작은 조치가 고객과 직원의 자신감을 대폭 끌어올리고, 이는 직원들의 사기와 수익으로 직결된다.

자신감과 확신, 통제라는 개념은 추상적으로 들리지만, 자신감 사분면은 이를 구조화하는 체계를 제공한다. 항공기 착륙 중단과 부러진 발목처럼 서로 관련 없어 보이는 경험이 유사한 감정과 행동을 유발하는 이유를 이해하는 데도 도움이 된다. 다음 장에서는 자신감 사분면을 직장에 적용해보고자 한다. 앞서 살펴본 사례와 마찬가지로 다양한 비즈니스 상황을 지도 곳곳에 표시할 수 있다.

02

일에 적용하는 자신감 사분면

1장에서는 이 책 전반에 걸쳐 자신감을 시각화하기 위해 사용할 도구로 자신감 사분면을 소개했다. 몇 가지 예시를 통해 확신과 통제감이 변화할 뿐만 아니라 실제로 끊임없이 요동친다는 것을 확인했다. 현실에서 우리는 일상적으로 자신감 사분면 곳곳으로 이동한다. 축구 경기에서는 골 하나로 승부가 갈리며 선수는 긴장의 중심에서 벗어나 안전지대로 이동하지만, 승리를 축하하는 골 세리머니를 하다가 발목이 부러져 순식간에 긴장의 중심으로 돌아가기도 한다.

비즈니스에서도 동일한 원칙이 적용된다. 리더가 인지하든 못 하든 조직은 사분면에서 끊임없이 움직인다. 직원, 고객, 주주, 규제 기관, 이 사회 구성원들은 매일 한 영역에서 다른 영역으로 이동하며, 모든 당사자가 한꺼번에 같은 영역에 있는 경우는 거의 없다.

이를 고려할 때 탁월한 비즈니스 리더는 사분면에서 다른 사람들의 정확한 위치와 그곳에 있는 이유, 다음으로 이동할 위치와 방법까지 알아야 한다. 중대한 제품 결함이 발생하여 고객이 긴장의 중심에 들어서면 비즈니스 리더는 응급의학과 의사처럼 신속하게 팀을 구성하여 자신감을 회복시키는 데 집중해야 한다. 높은 실적을 자랑하는 영업팀이 대규모 신규 고객을 유치했다면 팀 리더는 프로 농구 코치처럼 안전지대에서 성공을 축하하는 동시에 팀이 자만하지 않도록 세심하게 살펴야 한다. 리더는 변화하는 상황에 맞춰 민첩하게 다양한 역할을 맡고 즉시 또 다른 역할로 교체할 수도 있어야 한다. 리더와 팀의 성공은 상황에 맞춰 자신감 수준을 빠르게 읽고 그에 따라 대응하는 능력에 달려 있다.

사분면으로 자신감 수준 평가하기

기업 임원들과 자신감 사분면을 사용하여 리더십 효과를 개선하는 방법에 대해 처음으로 이야기할 때, 나는 제품 출시 실패나 주요 신규 고객 확보와 같은 '사건 중심'의 사례를 떠올렸다. 리더들은 방금 일어난 일과 이에 영향을 받은 사람들의 감정을 알기만 하면, 그들이 느끼는 확신과 통제감을 적절히 포착할 지점을 사분면에서 빠르게 찾아낼 수 있다고 믿는다.

우선 나는 극단적인 상황이 발생했을 때 이러한 접근 방식이 효과적이라는 의견에 동의한다. 위기는 **모든 사람**을 긴장의 중심에 밀어 넣지만, 완전한 성공은 모두를 안전지대의 상층부로 끌어올린다. 어떤 중대한 사건이 발생한 후에는 고객과 직원이 사분면에서 어느 지점에 위치할 가능성이 클지 추측해 표시하는 건 그리 어렵지 않다.

　하지만 극단적인 상황이 발생할 때까지 기다렸다가 자신감을 발휘하는 것은 진정한 리더십이 아니다. 리더는 위기를 예방하고 다른 사람들을 성공으로 이끌어야 한다. 사후에 대응하는 접근 방식은 극단적인 사건 자체가 사람들의 기분을 반영해 나타나는 경우가 많다는 사실을 간과한다. 모든 사람을 긴장의 중심으로 몰아넣는 위기가 발생하는 이유는 이미 몇몇 사람이 긴장의 중심에 들어가 어려움을 겪고 있었기 때문이다. 아랍의 봄 Arab Spring 을 하나의 예로 살펴보자. 2011년 초에 벌어진 사회적 불안과 반정부 시위가 북아프리카 전역에 걸쳐 자신감을 하락시킨 원인이라고 생각하는 사람들이 많다. 하지만 이미 그 지역에서 소비자심리는 식품 가격이 오르는 극심한 인플레이션과 식량 부족 사태로 급격히 하락한 상태였다. 반정부 시위에 참여한 사람들은 이미 사분면의 왼쪽 하단 구석에 깊숙이 자리하고 있었다.[1]

　마지막으로, 어떤 사건이 발생한 후에 느끼는 감정은 그전에 느꼈던 감정을 반영하는 경우가 많다. 예컨대 야구에서 이번 시즌 첫 번째 삼진일 때와 여덟 번째 타석에서 당한 여덟 번째 삼진일 때 반응은 각각 다르게 나타날 수밖에 없다.

　이러한 이유로 사분면에서 주요 구성 집단의 위치를 실시간으로 파악하는 것이 중요하다. 그들이 매장, 사무실, 회의실에 나타나기 전에 어떤 기분이 드는지에 따라 그들의 행동과 다음에 펼쳐질 일에 대한 반응이 크게 달라진다.

　나는 지도에 표시하는 작업을 할 때 일반적으로 사회적 수준, 환경·상황적 수준, 개인의 특정 상황별 수준 등 세 가지 수준에서 집단이 느끼는 확신과 통제감을 평가한다. 이 작업은 복잡해 보여도 실제로는 그리 복잡하지 않다. 하지만 의사결정에 중대한 영향을 주는 것은 단순히 한 가지 긴장 요인이 아니라 그동안 인생을 살면서 누적된 긴장 요인이다.

1. 사회적 소비자심리

나는 소비자심리를 측정하는 광범위한 기준을 확인하여 매우 거시적인 수준에서 사회 분위기를 평가하는 것이 가장 쉬운 방법이라고 생각한다. 갤럽, 컨퍼런스 보드, 모닝 컨설트 같은 여론조사 기관에서는 매일 미국 내 수천 명의 소비자에게 경제와 생활 전반에 대해 의견을 묻는 설문조사를 실시한다. 이러한 설문조사는 모두 조금씩 다른 질문을 던지고 명칭도 약간 조금씩 다르지만, 그 결과는 상당히 일치하는 양상을 보이므로 전반적인 사회 분위기를 명확하게 파악하는 데 도움이 된다.

기업들은 고객의 감정에 관한 귀중한 정보를 얻으려고 매년 수백만 달러를 들여 심리 조사 데이터를 수집한다. 이를테면 데이터를 토대로 소비자들이 인플레이션을 극도로 우려하고 있다는 사실을 파악하고, 그 다음 달에는 유가 하락으로 인해 소비 심리가 개선됐다는 사실을 알게 된다. 기업들은 소비자가 느끼는 감정과 그러한 감정의 원동력을 잘 이해하면 고객의 행동을 잘 예측할 수 있다고 여긴다.

광범위한 소비자심리 데이터와 관련하여, 사람들이 왜 그 감정을 느꼈는지보다는 어떻게 그 감정을 느끼게 되었는지가 내 주된 관심사다. 월간 설문조사 결과에 반영된 구체적 자신감 수준에 초점을 맞추면 미국인들이 오늘 아침에 일어났을 때 느낀 감정의 측정 기준인 상대적 자신감을 짐작할 수 있다.

[그림 2.1] **1992~2020년 경제 자신감**

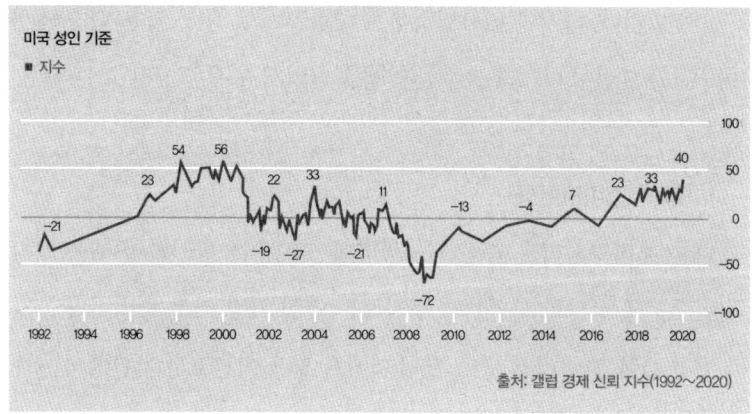

출처: 갤럽 경제 신뢰 지수(1992~2020)

 주요 소비자심리 조사는 장기간 진행되므로 갤럽의 [그림 2.1] 같은 도표를 통해 현재의 심리 수치를 더 폭넓은 맥락에 적용해볼 수 있다.[2] 소비자들은 닷컴버블dot-com bubble이 정점에 달했던 2000년 초처럼 자신감을 느끼고 있을까, 아니면 금융위기로 시장이 바닥을 찍은 2009년 말처럼 절망감을 느끼고 있을까?

 이 질문에 대한 답을 통해 소비자 심리를 안전지대와 긴장의 중심 중 어디에 표시할지 금방 알 수 있다.

 나는 수년간 연구하면서 광범위하게 진행되는 소비자심리 조사를 '사전 배치pre-positioning' 수단으로 여기게 되었다. 즉 우리가 느끼는 확신과 통제에 관한 마음 상태를 사전에 파악한다면 어떤 행동을 하거나 어떤 사건이 벌어지기 전에 사분면에서 우리 위치를 알아낼 수 있다는 뜻이다. 이는 인생에서 접하는 장면들의 분위기와 배경에 해당한다. 하나의 사회를 이루면서 집단으로 행동한 경험을 떠올려보자. 하루는 알람 소리를 듣지 못한 채 늦잠을 자고, 자동차 열쇠를 어디에 두었는지 깜박하고, 출근길에 신호등마다 걸린 적도 있었을 것이다. 아니면 침대에서 벌떡 일어나 활기찬 하루를 만끽하며 사무실에 가져갈 도넛을 사러 여유롭게 길을 나선 적도 있었을 것이다.

거시적인 차원에서 사분면의 위치를 시각화하면 일반적으로 향후에 취하게 될 행동을 더 잘 예측할 수 있다. 2008년과 2009년 주택 가격 붕괴 때처럼 긴장의 중심에 있다면, 긴급히 취약성을 제거하고 잃어버린 확신과 통제감을 회복하기 위해 필요한 모든 조치를 취하는 데 집중할 가능성이 크다. 2000년 닷컴버블이 절정에 달했을 때처럼 안전지대에서도 상층부에 있다면 그곳에 계속 머물기 위해 할 수 있는 모든 수단을 동원할 것이다.

이 방식이 실시간으로 어떻게 작동하는지 이해하기 쉽도록 사분면에 2020년 초반 몇 개월을 지도로 표시할 것이다.

코로나19 팬데믹이 전 세계를 덮치기 두 달 전인 2020년 1월, 대부분의 미국인은 삶에 대해 높은 수준의 확신과 통제감을 느꼈다. 실업률은 사상 최저치에 가까웠고, 식품과 에너지 가격의 인플레이션도 낮았으며, 주식시장과 주택 가격은 사상 최고치에 가까웠다. [그림 2.1]에서 볼 수 있듯 당시 미국 경제에 대한 미국인들의 자신감은 지난 20년을 통틀어 그 어느 때보다도 높았다.[3] 따라서 2020년 초, 미국인들은 사분면의 오른쪽 상단 영역인 안전지대에 속해 있었다.

중국에 이어 유럽에까지 코로나19가 확산됐다는 소식이 전해지자 3월 초까지 미국인들의 자신감은 점차 하락했다. 그러나 당시 진행된 소비자심리 설문조사에 따르면 미국인들은 여전히 삶에 대해 높은 수준의 확신과 통제감을 느끼고 있었다.[4] 코로나19의 확산세를 인지했지만 크

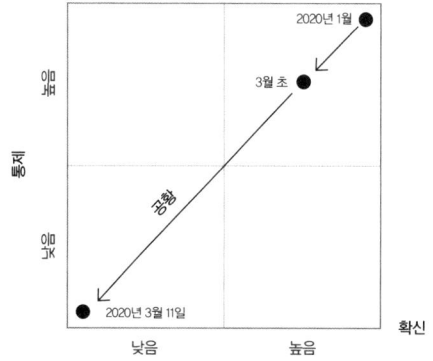

[그림 2.2] 코로나19로 인한 공황에 관한 지도

게 신경 쓰지 않았던 것이다. 코로나19는 다른 지역에 사는 사람들에게 영향을 주는 질병이었기 때문에 그다지 큰 위협으로 느껴지지 않았다. 1월만큼 자신감이 넘치지는 않았지만, 여전히 안전지대 안에 머물렀던 셈이다.

하지만 3월 중순에 이르자 상황이 뒤집혔다. 3월 9일 이후로 코로나19는 무서운 현실로 다가왔다. 미국인이 느끼던 확신과 통제감은 자취를 감추었다. 72시간에 걸쳐 높은 자신감이 한순간에 무너져 내렸다. 그 결과, 집단적으로 안전지대에서 사분면의 왼쪽 하단에 있는 긴장의 중심으로 깊숙이 이동하게 되었다. 실시간으로 사람들의 심리가 변화하는 모습은 [그림 2.2] 같은 형태로 지도에 표시해볼 수 있다.[5]

갤럽은 2020년 4월 초에 실시한 설문조사 결과를 발표했다. 갤럽이 측정한 경제신뢰지수는 1992년 이래로 한 달 사이에 가장 큰 폭으로 하락했다. 다음에 나오는 [그림 2.3]을 보자.[6]

불과 두 달 전만 해도 미국인의 60퍼센트 이상이 상황이 나아지고 있

[그림 2.3] **코로나19가 경제 신뢰도에 미친 영향**

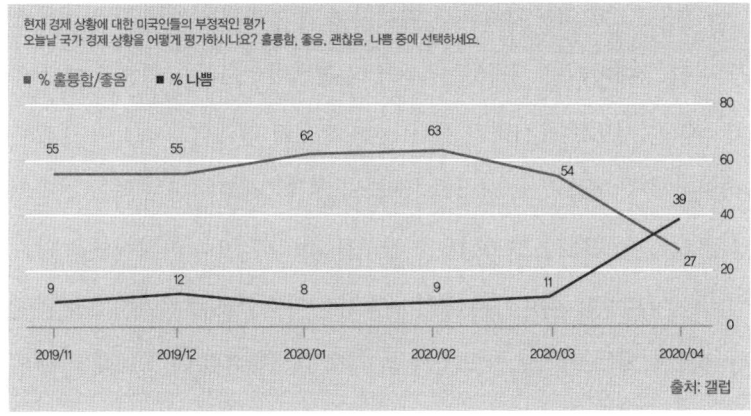

다고 답했지만, 4월에는 설문조사에 응한 미국인의 74퍼센트가 상황이 악화되고 있다고 답했다.

사분면 지도로 표시된 코로나19의 즉각적인 영향을 보면, 이제 미국인들도 로스앤젤레스행 항공기의 기장이 갑작스럽게 착륙을 중단했을 때 많은 승객이 느꼈던 것과 같은 불안한 감정에 휩싸인 게 분명했다. 두 경험 모두 극심한 불확실성과 무력감을 불러일으켰다. 2020년 봄에 실시한 설문조사 결과는 사람들이 보편적으로 느낀 울적한 기분과 불안을 고려할 때, 당시에 코로나19 팬데믹에 대해 극단적인 대응이 나올 수밖에 없었음을 시사했다. 모든 계층의 미국인들이 긴장의 중심에 깊숙이 빠져버렸고, 가능한 모든 방법을 동원하여 자신감을 회복하려 애썼다. 당시에 모두가 공통으로 느낀 엄청난 불안 심리는 사회 전반의 대응 방식을 형성했다.

2. 환경적 심리

[그림 2.2]에 지도로 표시한 팬데믹 초기의 과정은 갤럽 같은 여론조사와 심리 데이터가 시사하는 '우리'의 경험이다. 나는 '평범한 미국인'의 심리를 지도로 표시하려 했다. 물론 모두가 팬데믹을 똑같이 경험한 것은 아니다. 예를 들어 실직한 사람들은 이미 왼쪽 하단 영역인 긴장의 중심 깊숙한 곳에서 2020년을 시작했을 것이다. 이미 만성질환을 앓고 있거나 이혼처럼 골치 아픈 개인사를 겪은 사람들도 마찬가지였을 것이다. 이들에게는 이미 스트레스가 파르페처럼 높이 쌓인 상태에서 팬데믹이 체리 장식 하나를 위에 얹은 셈이나 다름없었다.

반면 경제적으로 최상위층에 속하거나 팬데믹을 전혀 위협으로 인식하지 않았던 사람들은 주변 사람들이 공포에 질렸을 때도 전혀 당황하지 않았을 수 있다. 이들이 불확실성이나 무력감을 경험했다면 그것은 일시적인 현상이었을 것이며, 안전지대의 범위 내에서 안전하고 안정된 상태를 유지했다.

두 집단이 팬데믹에 대해 비슷하게 기억한다고 여기는 것은 어리석은 일이다. 취약성 측면에서 볼 때 두 집단은 공통된 경험을 하지 않았기 때문이다.

대중심리를 종합한 수치와 평균은 많은 정보를 알려주지만, 특히 자신감과 관련하여 결코 모든 이야기를 그대로 말해주지 않는다. 내가 그린 지도는 독자가 그린 지도와 다르며, 다른 이웃이 그린 지도와도 다르다.

바로 이러한 이유로 리더는 사람들이 느끼는 확신과 통제감에 다른 요인들이 상당한 영향을 미친다는 사실을 인식할 필요가 있다. 리더는 구성원의 나이, 성별, 소득, 인종, 상대적 교육 수준, 고용 상태, 이전 경

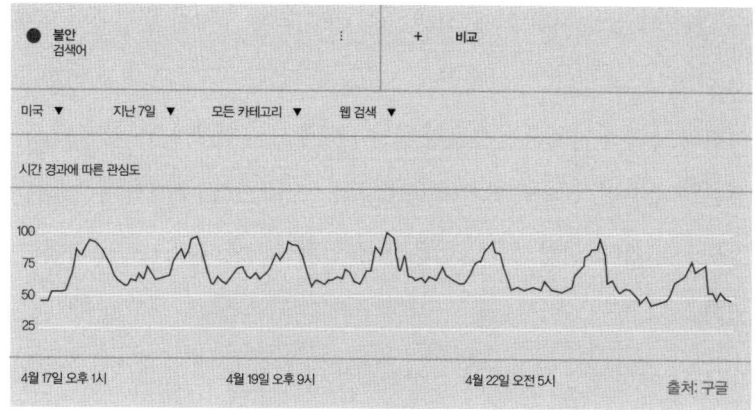

[그림 2.4] '불안'에 관한 일주일 구글 트렌드 도표

험까지 고려하여 자신감을 사분면 지도에 표시해야 한다. 혁신적인 기술은 젊은 직원들에게 열광적인 반응을 불러일으키지만, 나이 든 직원들에게는 직업을 위협하는 존재가 되어 두려움을 심어줄 수 있다.

더 나아가 시간과 같은 미묘한 환경적 요인도 고려해야 한다. [그림 2.4]의 구글 트렌드 도표에서 볼 수 있듯, '불안' 같은 검색어는 매일 새벽 2시에서 3시 사이에 정점을 찍는다. 이는 늦은 밤이 되면 자연스럽게 자신감이 떨어진다는 것을 시사한다.

심야에 긴급 구조대나 병원 응급실에서 일한다면, 이러한 높은 긴장 수준이 자연스럽게 확신과 통제감을 낮추고 자기 행동과 주변 사람들의 행동에 영향을 미친다는 점을 기억해야 한다.

환경적 심리 분석은 고객, 직원 또는 기타 중요한 구성 집단 등 상호작용할 가능성이 가장 큰 사람들의 사전 배치를 보다 신중하게 고려할 수 있도록 만든다.

3. 상황적 심리

나는 이 장을 시작할 때 '사건 중심'의 심리와 뚜렷한 경험에서 비롯된 감정이 자연스럽게 사분면에 지도로 표시되는 경향에 대해 논했다. 약간의 노력만 기울이면 응급실 방문부터 주요 승진에 이르기까지 모든 사건을 사분면의 어느 위치에 배치할지 합리적으로 추정할 수 있다는 점도 살펴봤다. 일상적인 경험은 공통된 확신과 통제감으로 정의될 수 있다.

만약 기업들이 어떤 분위기도 존재하지 않는 공백 상태에서 운영된다면 상황에 따라 변하는 심리 상태, 이른바 '상황적 심리'와 사분면상의 배치만 알아도 우리가 느끼는 집단적 자신감을 충분히 예측할 수 있을 것이다. 하지만 앞서 살펴봤듯이, 광범위한 소비자심리와 환경적 심리는 우리의 기분에도 영향을 준다. 우리가 의식하든 의식하지 못하든, 마트에 가거나 고객과 회의를 할 때 이 두 가지 심리를 모두 경험하게 된다. 사전에 배치된 위치가 우리의 선호, 결정, 행동에 결정적인 역할을 하는 것이다.

나는 연구를 진행하면서 사전 배치를 '감정 증폭기 feeling amplifier'로 여기게 되었다. 어떤 일이 일어나기 전에 사분면의 어느 위치에 있는지에 따라 확신과 통제감이 강화되거나 약화되고, 그에 따라 행동과 반응도 달라진다. 어떤 고객이 기분 좋은 상태에서, 즉 안전지대의 상층부에서 패스트푸드 드라이브 스루 매장에 들어서면, 음식이 나오는 데 시간이 오래 걸리고 직원이 치킨을 찍어 먹을 소스를 잘못 챙기는 실수를 해도 딱히 개의치 않을 수 있다. 반면에 같은 고객이 이미 긴장의 중심에 들어가 있고 기분이 좋지 않은 상태라면, 줄을 서는 동안에도 성급하게 짜증을 내고 직원의 실수를 발견하면 관리자를 불러 화를 낼 수도 있다. 광범위한 소비자심리와 환경적, 상황적 심리는 서로 조합하며 드라이브 스루 매장 경험부터 주택 매입, 상사와 나누는 대화에 이르기까지 모든 행동에 영향을 미친다.

강력한 소비자심리는 많은 인구 집단의 환경적 심리를 한꺼번에 끌어올리는 강력한 경제성장을 동반하는 경우가 많으므로 기업 성장에 상당한 순풍으로 작용할 수 있다. 강력하고 긍정적인 심리는 우리가 느끼는 확신과 통제감을 사분면의 오른쪽으로 끌어올린다. 예전에는 기분이 그저 좋은 수준이었다면 이제는 기분이 대단히 좋아진다. 앞서 살펴본 항공기 사례에서 자신감이 넘쳐났던 승객처럼, 이 영역 안에서는 격동의 시기가 불러올 파장을 간과한다.

물론 그 반대의 경우도 마찬가지다. 부정적인 심리가 강하면 우리 감정은 왼쪽으로 치우치게 된다. 그저 기분 나빴던 일이 이제는 더더욱 끔찍하게 느껴진다. 조금만 심기를 잘못 건드려도 기분이 심각하게 나빠진다.

비즈니스 리더들은 종종 심리가 증폭되고 감쇄되는 효과를 간과한다. 그들은 기대하지 않았던 매출 성장이 예상치를 뛰어넘으면 깜짝 놀라고, 어제만 해도 만족한 것처럼 보이던 하위 직급 직원들이 오늘 노조를 결성하면 쉽게 당황한다. 전자의 경우 리더들은 기꺼이 자기 공으로 인정하지만, 후자의 경우 '통제할 수 없는 요인'을 탓하기 일쑤다. 리더와 이사회는 고객과 직원의 심리가 갖는 힘을 인지하지 못할 뿐만 아니라 이를 비즈니스 의사결정에 반영해야 할 필요성도 인식하지 못한다.

특정 감정 증폭기는 개인의 행동에 영향을 미치기도 하지만, 강력한 심리가 널리 공유될 때 가장 큰 충격을 준다. 이러한 감정은 대중문화를 이끄는 보이지 않는 동력이 된다. 예를 들어 대중은 초기 트렌드를 수용하고 이를 열광적으로 이끌기도 한다. 심리가 증폭될 때 강력한 사회운동이 진전된다.

심리적으로 최고조에 달할 때 투자자들이 거침없이 투기에 나서면서 주식시장에서 증폭 효과가 작동하는 경우를 볼 수 있다. 당사자들에게 이러한 환경은 확신과 통제감이 세제곱으로 부풀려진 것처럼 느껴진다. 높은 소비 심리와 더불어 치솟는 부의 효과, 그리고 자연스럽게 상승세만 이어갈 것 같은 시장은 투자자들을 안전지대의 상층부로 점점 더 깊숙이 몰아넣는다. 닷컴버블과 주택 호황이 절정에 달했을 때 투자자들의 감정과 경험의 배경에는 이러한 심리가 작동했다.

심리 스펙트럼의 반대편 끝부분에서는 불확실성과 무력감이 겹겹이 쌓여 터진 결과가 신문 헤드라인을 장식하곤 한다. BLM Black Lives Matter(흑인 인권 운동), 아랍의 봄, 티 파티 운동 Tea Party Movements을 예로 들어보자. 이 세 가지 운동은 모두 이미 환경적 심리가 낮았던 집단에서 소비자심리까지 극도로 낮아졌을 때 발생했다. 여기에 낮은 상황적 심리라는 불씨 하나가 더해져 극적이고 광범위하며 자발적인 반응이 촉발되었다. 게다가 참여자들은 이미 긴장의 중심 깊숙이 자리 잡고 있었다. 이러한 사전 배치는 이후 전개된 활동을 증폭시키는 역할을 했다.

이러한 사회운동은 극단적인 사례이지만, 사전 배치 개념은 비즈니스에서 매일 소규모로 적용되고 있다. 사전 배치는 서비스 문제가 발생했을 때 콜센터 상담원과 고객의 인내심에 모두 영향을 미친다. 이는 새로운 제품과 기술, 프로세스를 받아들이려는 소비자의 의지에도 영향을 준다. 이처럼 심리는 비즈니스에 강력한 역풍 또는 순풍으로 작용하므로 기업은 전략을 짤 때 이를 고려해야 한다.

비즈니스의 사분면 지도

지금까지 변화하는 심리적 배경이 주요 구성 집단의 행동과 사분면 위치에 어떤 영향을 미치는지 살펴봤다. 다음으로 넘어가기 전에 잠시 멈춰 모든 비즈니스가 똑같이 자연스러운 심리 환경을 공유하지는 않는다는 사실을 인식할 필요가 있다. 사분면에는 '비즈니스'라는 단일 영역이 없다. 고객이 느끼는 확신과 통제감 측면에서 볼 때 병원 응급실은 5성급 레스토랑과 큰 차이가 있다.

대기업을 성공적으로 이끈 리더들은 사분면에 현재 기업의 위치를 표시할 때 대부분 자기 기업을 안전지대에 배치한다. 그 이유를 물으면 리더들은 자기 지위에 대한 감정에 근거하여 오른쪽 상단 영역에 기업을 위치시키고, 매출과 수익이 증가한다는 이유로 비즈니스의 미래를 긍정적으로 전망하며 확신을 품는다.

안전지대는 이러한 비즈니스 리더들과 몇몇 회사 직원이 갖는 자신감을 정확하게 가리키는 영역일 수 있지만, 일반적으로 고객들은 기업들을 안전지대에 표시하지 않는다. 실제로 대부분의 비즈니스가 안전지대에서 수행되지도 않는다. 기업의 핵심 능력은 고객이 부족하다고 인식하는 확신과 통제의 문제를 해결하는 데 달려 있다. 고객은 만족하고 자신감을 회복할 때까지 안전지대가 아닌 다른 영역에 있기 때문이다.

고객이 느끼는 확신과 통제감을 고려하고 고객의 관점에서 바라보면, 대부분의 서비스 비즈니스가 오른쪽 하단 영역인 승객석에서 운영된다는 것을 알게 된다. 고객은 보통 스스로 문제를 해결할 전문성이나 도구를 갖추지 못했기 때문에 이를 대신 해결해줄 기업을 찾는다. 배관공에게 전화를 걸거나 응급 치료 시설로 달려가거나 우버를 예약한다. 이를 통해 긴장의 중심이나 그 근처 어딘가에서 확신이나 통제를 거의 느끼지 못하는 상황을 해결하려 한다.

우리는 스스로 취약한 부분을 제거할 수 없음을 알고 있기에 의도적으로 타인에게 통제권을 넘기는 관계를 맺고, 이를 통해 자신감을 되찾기를 바란다. 예를 들어 배관이 다시 완전하게 작동하고, 손가락 골절을 바로잡고, 목적지에 무사히 도착하기를 기대한다. 앞서 언급했듯, 승객석은 타인이 대리하는 환경이다. 이러한 맥락에서 우리는 무언가를 대행해줄 누군가를 고용한다. 그 일이 무엇이든 그 행위가 궁극적으로 안전지대로 돌아가기 위한 일시적 조치가 되어주기를 바라면서 말이다 [그림 2.5].

성공한 비즈니스 리더는 자신이 안전지대에서 느끼는 감정과 고객이 긴장의 중심에서 느끼는 감정의 격차가 커질수록 고객과 자신의 자신감 지도가 얼마나 달라지는지에 대해 종종 망각한다. 어떤 리더들은 임원급으로 승진하고 나면 원목으로 장식된 집무실과 안락한 중역 회의실에서 느끼는 높은 수준의 통제력이 항상 고객에게 도달하지 않는다는 사실을 잊어버리곤 한다.

고객 역시 위기 상황에서 긴장의 중심에 깊숙이 자리하고 있으면 승객석이 아무리 좋아 보일지라도 여전히 대체로 통제할 수 없는 환경이라는 사실을 간과한다.

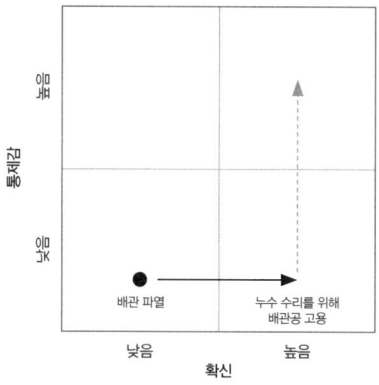

[그림 2.5] 배관 파열과 배관공 고용에 관한 지도

그러나 바라던 확신이 제대로 제공되지 않으면 긴장의 중심에서 승객석을 거쳐 안전지대로 성공적으로 이동하기는커녕 긴장의 중심에서 승객석으로 이동하다가 다시 긴장의 중심으로 되돌아가는 과정을 반복하게 된다. 예컨대 누수 문제가 해결되지 않거나, 엑스레이 기계가 고장 났거나, 우버 운전기사가 나타나지 않으면 다시 긴장의 중심으로 돌아간다. 당연히 그 과정에서 분노와 좌절이 동반되는 경우가 많다. 업체에 대한 신뢰도 깨진다.

대부분은 긴장의 중심으로 돌아오게 되면 새로운 행동 방침을 세운다. 배관공을 해고하고 새로운 서비스 제공업체를 구해 이번에는 성공적으로 안전지대로 돌아갈 수 있기를 바라는 것이다. 하지만 자신감을 회복하기 위해 완전히 다른 길을 선택할 수도 있다. 배관 누수 문제가 발생했을 때, 유튜브 동영상을 보고 직접 수리할 수 있겠다고 판단한 후 홈디포나 로우스 같은 DIY 매장을 방문하여 필요한 부품과 도구를 구매할 수도 있다.

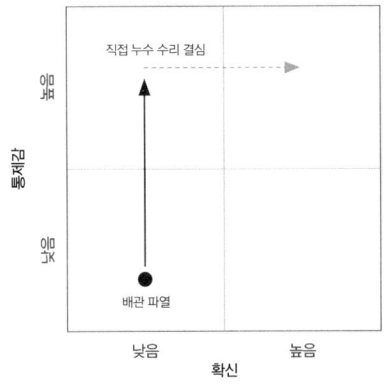

[그림 2.6] 배관 파열과 DIY 수리에 관한 지도

홈디포와 로우스는 다른 많은 DIY 비즈니스와 마찬가지로 왼쪽 상단 영역에서 운영된다. 사람들은 직접 통제 가능한 프로젝트를 시작하기 위해 이러한 '발사대' 비즈니스를 찾는다. 타인에게 통제권을 넘기고 승객석을 거쳐 긴장의 중심에서 수평으로 빠져나오기보다 '내가 직접 해결한다'라는 생각을 갖는 것이다. DIY 방식으로 암벽 등반가가 느끼는 '승리의 짜릿함/패배의 고통'을 경험하면서 긴장의 중심에서 발사대까지 수직으로 이동한다[그림 2.6].

예를 들어 우리는 새 욕실 샤워기를 직접 설치하는 데 성공하면 마치 헤라클레스의 열두 가지 고난 중 하나를 처리한 것처럼 기뻐한다. 설치하는 데 실패하면 다시 긴장의 중심에 빠지면서 자책하고 수치심과 당혹감을 경험한다. 패배를 인정한 후 애초에 연락했어야 할 배관공에게 뒤늦게 전화를 건다.

보다시피 발사대에서 운영되는 비즈니스는 승객석에서 운영되는 비즈니스와 완전히 다른 인상을 준다. [그림 2.7]을 참고하자. 두 비즈니스

[그림 2.7] **비즈니스 유형에 따른 자신감 사분면 지도**

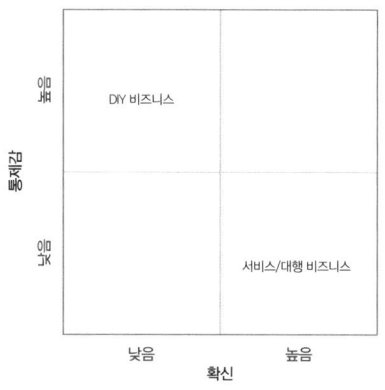

는 저마다 다른 고객의 요구를 충족하도록 설계됐다. 발사대 비즈니스인 로우스는 고객의 통제 욕구를 충족하는 데 중점을 둔다. 프로젝트를 완료하는 데 필요한 모든 도구와 부품의 재고를 확보해놓고, 고객이 쉽고 빠르게 찾을 수 있도록 논리적으로 진열하려 노력한다. 로우스는 고객의 성공을 보장하지 않지만, 고객이 스스로 문제를 해결할 수 있는 수단을 제공한다.

반면에 승객석에서 비즈니스를 운영하는 배관공은 확신을 제공하는 데 중점을 두고 타인에게 관련 서비스를 제공한다. 고객은 숙련된 배관공이 신속하게 문제를 해결할 것이라고 믿는다. 어수선한 트럭에서 적합한 부품을 찾아 쓰는 것은 배관공의 문제이지 고객이 걱정할 문제는 아니다.

팬데믹 초기, 식당 주인들은 그동안 승객석에서 잘 운영되던 식당 비즈니스 모델을 발사대에서 포장 음식을 제공하는 형태로 전환해야 했다. 이러한 변화를 관찰하는 것은 대단히 흥미로운 일이었다. 당시 고객이 느끼는 확신과 통제감이라는 측면에서 두 모델이 정반대라는 사실을 인식한 주인은 거의 없었다. 그들은 세심한 서비스나 완전한 경험보다 신속하고 안정적인 메뉴 선정이 즉석 포장 소비자들에게 훨씬 중요하다는 사실을 미처 인식하지 못했던 것이다. 통제를 원하는 사람들에게 확신을 제공하는 것과 확신을 요구하는 사람들을 대신해 통제하는 것은 엄연히 다른 일이다[그림 2.7].

따라서 발사대 또는 승객석에서 비즈니스를 운영하며 거둔 기업들의 성공 경험을, 새로운 벤처기업을 시작할 때 활용하기 어려운 것도 당연하다. 서비스는 상품을 제공하는 것과 다르다. 자동차를 판매할 때 고객을 만족시키려면 자동차를 정비할 때와는 다른 절차를 밟아야 한다.

대부분의 비즈니스는 승객석 또는 발사대 중 어느 한 영역에서 충실하게 고객을 도울 때 가장 큰 성공을 거둔다. 베스트 바이Best Buy 같은 기업을 주목해야 하는 이유가 바로 여기에 있다. 베스트 바이는 발사대와 승객석에서 각각 핵심 전자 제품 소매업과 긱 스쿼드(전자 제품을 설치하고 사후 서비스까지 관리하는 베스트 바이의 자회사 —옮긴이) 등 대규모 비즈니스를 동시에 운영하는 데 성공했다. 하지만 이는 예외적인 경우다. 미국 부동산 검색 플랫폼인 질로Zillow의 경영진과 주주들이 직접 경험한 바에 따르면, 부동산 구매자에게 시장 정보를 제공하는 것은 부동산을 매입하여 집세를 받는 것과 다르다.

하지만 애초에 어느 영역에서 운영되는지조차 명확하지 않은 비즈니스는 승객석과 발사대에서 동시에 고객에게 서비스를 제공하려는 비즈니스보다 더 심각한 문제를 안고 있다. 승객석의 서비스 비즈니스는 고객을 확보하기 위해 때때로 실망을 안기기 쉽고 복잡한 데다 비용이 많이 드는 맞춤형 방식을 내세워 발사대 DIY 고객을 수용하려 한다. 이러한 비즈니스는 고객이 만족하면 점차 통제권을 다시 가져올 수 있다는 믿음으로 고객에게 통제권을 넘긴다. 하지만 통제권을 갈망하는 고객에게서 그것을 다시 가져오는 일은 거의 일어나지 않는다. 그 결과, 운전 연수용 자동차를 타고서 양쪽에서 동시에 브레이크와 가속 페달을 밟으며 운전대를 잡으려는 것과 같은 경험을 하게 된다. 누가 통제권을 가지고 있는지 명확하게 구분되지 않는다. 대량생산 제품을 개별화하는 시도는 고객에게 훌륭한 서비스로 들리지만, 그에 따른 복잡성과 비용은 수익을 빠르게 넘어설 수 있다. 이는 게이트웨이와 델 등 여러 초기 컴퓨터 회사들이 고생하며 깨달은 사실이다.

하나의 영역만 고수하는 기업이 더 많은 성공을 거두는 또 다른 이유는 두 영역의 위험과 규제 환경이 크게 다르기 때문이다. 정책입안자들은 소비자가 통제할 수 없는 환경에서 마주하는 위험을 제한하려 하므로, 승객석에 있는 기업들은 정부의 강력한 관리 감독을 준수해야 한다.

특히 실패가 불러올 결과가 우려되는 경우에 자격 및 규정 준수 요건이 까다로워진다. 일반 소비자가 항공기의 노후화나 식품의 오염을 직접 식별하기는 어렵다. 게다가 민간 부문이 본래 이윤을 추구한다는 점을 고려하면, 단순히 기업들이 항상 소비자의 이익을 최우선으로 여기며 행동할 것이라고 믿고서 안심할 수는 없는 노릇이다. 따라서 항공 여행과 식품 안전에 대한 높은 확신을 보장하기 위해 미국 연방항공국FAA과 식품의약품국FDA 같은 연방 기관이 설립됐다.

9.11 테러를 계기로 우리는 항공 여행과 같이 승객석에서 운영되는 매우 중요한 비즈니스 활동이라도 그 활동이 실패하면 얼마나 치명적인

결과를 불러올 수 있는지 똑똑히 목격했다. 항공기 피랍 사건이 벌어진 후 미국의 정책입안자들은 미국 항공운송 시스템에 대한 신뢰를 빠르게 회복하기 위해 승객 심사와 기타 운송 보안 절차를 감독하는 교통안전국TSA을 설립했다.

우리는 일상적으로 직접 수행할 수 없는 감독과 통제를 정부 전문가가 대신 제공해주기를 기대한다. 엘리베이터에 탔을 때 크고 굵은 글씨로 '점검 완료'라는 문구와 함께 최근 날짜가 찍힌 스티커가 벽에 붙어 있으면 전문 엔지니어가 방금 일을 끝냈다는 사실에 마음을 놓기도 한다(규제 기관의 업무는 단순히 점검만 하는 것이 아니라 성공적으로 실행했다는 흔적을 확실히 드러내는 것이다).

9.11 테러 같은 경험에서 알 수 있듯, 사분면의 승객석에서 발생한 실패는 고객뿐만 아니라 기업에도 위험하다. 고객이 기본적으로 느끼는 무력감과 완전한 확신을 보장하라는 과도한 요구를 고려할 때, 확신이 조금만 하락해도 소비자 자신감의 붕괴를 촉발할 수 있다. 고객과 규제 기관이 요구하는 극단적 확신을 신속하게 회복하지 못하는 기업은 그만큼 빠르게 문을 닫게 된다. 기업의 생존을 위해 극도의 확신이 필요한 비즈니스, 즉 승객석의 맨 오른쪽 끝부분에 도달해야 하는 비즈니스를 운영한다면 의무를 이행한 후 고객과 주요 이해관계자 전원에게 이를 제대로 전달하기 위한 과정과 절차를 설계하고 충실히 따라야 한다.

■

대부분의 기업은 자신감을 떠올릴 때 소비자 자신감을 비롯해 널리 알려진 측정 기준에 초점을 맞춰 매우 광범위한 그림을 그리려 한다. 이는 고객과 고객 경험 측면에서 충분하지 않을 뿐만 아니라 당면한 비즈니스에 집중하지 못하게 만든다. 긴장의 중심에서 운영되는 기업은 승객석과 발사대에서 운영되는 기업과 매우 다르다(집에 화재나 수해가 발생했을 때 도움을 주는 서브프로Servpro, 소방업체인 부츠 앤 쿠츠Boots & Coots가 대표적인 예다. 다른 위기관리 회사들과 마찬가지로 두 회사는 고객의 전화를 받을 때 고객이 긴장의 중심에 있다고 가정한다). 따라서 기업이 비즈니스를 시작할 때 그 비즈니스가 사분면 중 어디에 위치하는지부터 파악해야 한다.

다음 장에서는 비즈니스 리더와 직원, 고객의 자신감이 자주 충돌하는 공포 지점에 대해 살펴볼 것이다. 위기만큼 우리를 안전지대의 상층부에서 긴장의 중심으로 격렬하게 밀어낼 수 있는 상황은 없다.

03

자신감 스펙트럼:
승리와 패배

지금까지 나는 자신감 사분면을 소개하고 비즈니스 리더가 회사의 효율성을 개선하기 위해 어떻게 자신감 지도를 활용할 수 있는지에 대해 기본적인 생각을 밝혔다. 이제 실제 사례 연구를 살펴보며 이해를 넓히기로 하자.

모든 위기는 겉으로 보기에 제각기 다르지만, 그러한 위기 경험들의 유형과 그로 인해 발생하는 공포는 자신감 사분면에 지도로 표시할 때 공통된 궤적을 보여준다. 극도로 취약한 환경을 성공적으로 관리한 사람들이 취한 접근 방식을 살펴보자. 그들의 접근 방식이 잘 작동한 이유뿐만 아니라 다른 위기들을 더 효과적으로 관리하기 위해 그 방식을 적용할 방법도 이해할 수 있다.

심리 주기와 자신감 스펙트럼

경제학자와 최고경영자가 기업 수익성과 소비자 지출의 변동성을 논할 때는 보통 경제 주기의 호황과 불황 관점에서 이야기한다. 평화와 번영의 시대가 저물면 언제나 도전과 시련으로 가득한 시대가 뒤따른다. 다음에 나오는 [그림 3.1]에서 보듯이 이러한 성과 주기는 심리의 고조와 저하를 반영한다. 경제활동은 개인, 기업, 정책입안자들이 느끼는 감정이 빚어낸 자연스러운 결과다.

자신감 주기는 사분면에 쉽게 표시할 수 있다. 그러나 인간의 감정은 사인sine 곡선을 따라 파도처럼 위아래로 출렁이는 것이 아니라, 사분면의 왼쪽 하단에서 오른쪽 상단까지 이어지는 '자신감 스펙트럼Confidence Spectrum'을 따라 사분면에 표시된다. 우리는 자신감이 높아지면 오른쪽 상단으로 올라간다. 그런 다음 오른쪽 상단 끝부분에 도달하면 반대쪽으로 방향을 틀어 반대편 구석에 도달할 때까지 왼쪽 하단으로 이동한다. 거기서 다시 방향이 뒤집히고 자신감이 상승하는 새로운 주기가 시작된다[그림 3.1].

우리는 일반적으로 이런 관점에서 생각하지 않지만, 자신감의 범위는 유한하다. 완전한 통제와 확신을 갖고 있다고 느낄 때, 즉 스스로 무적이라고 여기며 승리감을 느낄 때 자신도 모르는 사이에 종착점에 도달하게 된다. 감정이 최고조에 달하면 더 이상 아무것도 느낄 수 없다. 마찬가지로 우리는 완전한 무력감과 불확실성을 느낄 때, 즉 패배감을 느낄 때 자신감 스펙트럼에서 반대편 끝부분에 도달한다. 즉 모든 확신과 통제감을 잃어버린 상태가 된다.

[그림 3.1] **자신감 스펙트럼**

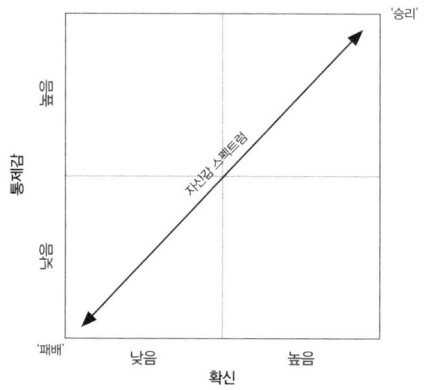

마치 전차를 타고 왕복하듯 자신감 스펙트럼의 한쪽 끝에서 다른 쪽 끝을 반복해서 오가는 행동이 어떤 결과를 빚어낸다. 그리고 그 결과로 우리가 내린 선택은 경제와 경기순환을 일으키는 원인이 된다. '승리'는 추락하기 전 자만심으로 가득 찬 순간이다. '패배'는 어쩔 수 없이 잿더미 속에서 다시 바닥을 딛고 일어나는 순간이다. 스펙트럼의 양쪽 끝에서 현재 추세가 끝나지 않을 것 같다는 생각이 들 즈음에 그 추세가 끝이 난다. 역설적으로 양극단에서 느끼는 무한함은 스펙트럼의 실제 길이가 유한하며 갑작스러운 반전이 임박했음을 일러주는 경고신호다.

자신감과 취약성: 스펙트럼의 양극단

이 책의 서두에서는 취약성을 자신감과 반대되는 개념으로 소개했다. 전등 밝기를 조절하는 조광 스위치처럼 자신감과 취약성은 같은 스펙트럼에서 양극단에 위치해 있다. 한쪽이 올라가면 다른 쪽은 내려가는 것이다. [그림 3.1]의 '자신감 스펙트럼'은 한쪽 끝에 '취약하지 않음, 안전함Invulnerable'이 있고 다른 쪽 끝에 '절망적으로 취약함Hopelessly Vulnerable'이 있는 '취약성 스펙트럼'이라 일컬어도 될 것이다.

취약성에 초점을 맞춘 이 개념은 지나치게 비관적으로 보일 수 있지만, 개인과 집단이 특정 순간에 자신감 스펙트럼의 어디에 있는지 파악할 때 매우 유용하다. 예를 들어 자신감이 극도로 높을 때보다는 조금도 취약하지 않다고 느낄 때 오히려 대담한 태도를 드러낸다. 우리는 겁이 없을 때 어떤 것도 우리를 해치지 못한다고 느낀다. 반대로 자신감이 떨어지면 자기 취약성을 강하게 느끼고 더욱 조심스레 행동하게 된다. 두려움을 느끼면 자연스럽게 위험을 감수하지 않고 피하려 한다.

자신감과 취약성은 동전의 양면과 같을지 모르지만, 그 무게는 같지 않다. 취약성은 더 무겁게 느껴지고 자신감은 더 가볍게 느껴진다.

이러한 현상을 더 잘 이해하고 싶다면 [그림 2.2](62페이지)에 표시한 팬데믹 초기를 다시 살펴보자. 2장에서는 스펙트럼 관련 용어로 설명하지 않았지만, 미국인들이 사분면의 오른쪽 상단 끝부분에서 왼쪽 하단 끝부분으로 이동한 것은 자신감 스펙트럼을 따라 거침없이 추락한 셈이나 다름없다.

자신감이 넘치다가 순식간에 극도로 취약해질 때, 즉 확신과 통제감이 갑자기 급격히 떨어질 때가 바로 공황 상태다. 공황은 우리가 느끼는 극도의 불안이며, 무력감과 불확실성이 극도로 가속화되고 취약성이 치솟을 때 경험하는 행동이다. 영어로 '패닉panic'은 명사인 동시에 동사가 되며 감정과 행동을 나타낸다.

여기 흥미로운 점이 하나 있다. 실제로 공황에 빠지는 이유를 들여다

보면 놀랍다.

공황의 패턴

코로나19 같은 사건을 설명할 때 보통은 '전례 없는unprecedented' 같은 단어를 사용할 테지만, 자신감이라는 관점에서 보면 이는 익숙한 패턴에 해당한다. 실제로 2020년 초에 벌어진 사건은 자신감 스펙트럼이 갑자기 예기치 않게 긴장의 중심 깊은 곳까지 밀려난 다른 주요 위기들이 보인 양상과 완전히 일치했다.

따라서 잠시 멈춰 이 '공황의 패턴'을 살펴볼 필요가 있다. 이 패턴은 사회, 비즈니스, 일상생활 등 우리 삶의 모든 측면에서 반복적으로 나타난다.

사회적 차원

역사가들은 공황에 관해 글을 쓸 때 사회적 공황과 전염병, 금융 붕괴, 전쟁 등 비범한 순간에 초점을 맞추곤 한다. 진주만공격, 1929년 주식시장 폭락, 9.11 테러 등이 대표적인 예다. 이러한 사건들은 규모, 대담함, 놀라움, 불연속성 같은 몇 가지 특징을 보인다. 우리 삶이 뒤집힌 것처럼 느껴지는 순간에는 사건 '이전'과 '이후'가 명확하게 구분된다. 사회적 공황은 많은 사람이 공통으로 한꺼번에 확신과 통제감을 잃는 충격적 사건을 말한다.

오늘날 우리는 과거와 다른 방식으로 사회적 공황을 경험한다. 나는 2008년 금융위기 당시에 이전 금융위기를 조사하고 유사한 행동 패턴을 찾는 데 많은 시간을 들였다. 그 패턴을 파악해두면 도움이 될 것이라고 생각했다. 그러던 중 캘리포니아 골드러시를 비롯한 미국 경제의 주요 호황에 뒤이어 남북전쟁 전에 발생한 금융위기인 1857년 공황을 우연히 발견했다.

역사가들은 1857년 공황이 미국 역사상 최초의 금융위기는 아니었지만 전국적으로 공황이 빠르게 확산된 최초의 사건이었다는 점을 가장 먼저 언급한다. 불과 그 20년 전에 발생한 금융위기인 1837년 공황의 경우, 공황 소식은 우편으로만 전달될 수 있었다. 당시에는 소식이 퍼지는 데 몇 주, 때로는 몇 달도 걸렸다. 하지만 전신이 발명된 지 14년이 지난 1857년에는 소식이 훨씬 빠르게 퍼져 미국과 유럽 전역에 있는 투자자들의 자신감이 단 며칠 만에 저하되고 말았다.[1]

이후 통신 기술이 전신에서 전화, 라디오, 텔레비전, 인터넷, 휴대전화, 소셜미디어, 24시간 뉴스 등으로 발전하면서 소식이 전달되는 속도와 인구가 폭발적으로 늘어났다. 롤러코스터의 자재 구성과 컴퓨터 시뮬레이션, 모델링 기술이 발전하면서 어느 때보다 가파르고 빠르게 낙하하는 롤러코스터의 제작이 가능해졌듯, 통신 기술의 발전은 사회적 자신감의 붕괴 속도와 규모에도 비슷한 영향을 미쳤다.

이처럼 광범위하게 나타난 자신감 하락 패턴의 배경을 고려하면, 2001년 9.11 테러, 2008년 금융위기, 2020년부터 시작된 코로나19 팬데믹 등 2000년대에 접어든 이후 미국이 세 차례의 대규모 사회적 공황을 경험했다는 점에 주목할 필요가 있다. 9.11 테러는 사회 전 분야에 걸쳐 엄청난 자신감 붕괴를 촉발했다. 금융위기는 그보다 더디게 진행됐다. 하지만 정책입안자들이 초기에 '억제'된 것으로 분류한 서브프라임 모기지subprime mortgage(일반적인 대출 심사에 통과하지 못하거나 신용 등급이 낮은 사람들을 대상으로 제공되는 주택담보대출―옮긴이)의 손실이 점점 신용 등급이 높은 대출과 대출자에게까지 확산되자 금융 시스템에 공황이 몰아쳤다.[2] 주식시장이 폭락하고 주택담보권 행사가 급증하면서 무력감과 불확실성이 미국 전역으로 빠르게 퍼져나갔다.

사회적 공황을 맞이할 '준비'가 되어 있다는 표현은 과장으로 들릴 것이다. 하지만 공황이 반복적으로 발생한다는 점이 중요하다. 우리는 더 이상 대규모 위기를 예외적인 상황이나 먼 역사적 사건으로 여기지 않는다. 사회적 공황은 여전히 추상적인 개념이지만, 오늘날 공황의 위협으로부터 우리가 느끼는 심리적 거리는 과거에 비해 훨씬 좁혀졌다. 게다가 공황 발작을 경험한 사람이라면 누구나 알다시피, 또 다른 공황이 발생할 것이라는 두려움이 자기강화적으로 작용한다. 오늘날의 기술과 그로 인한 극도의 사회적 상호연결성을 고려할 때, 일단 사회적 공황이 촉발되면 자신감이 무너지는 속도는 대단히 빨라질 수 있음을 인식해야 한다.

비즈니스 차원

비즈니스 세계에서는 소셜미디어를 통해 소규모 공황이 일상적으로 일어나고 매우 빠른 속도로 전개된다. 2010년 4월 석유시추선 딥워터 호라이즌 폭발 사고, 2018년 가을과 2019년 봄에 연이어 발생한 보잉 737 맥스 추락 사고, 2021년 5월 미국 동부 해안 일부 지역에 휘발유 공급을 중단시킨 콜로니얼 파이프라인 랜섬웨어 공격 사건은 여러 사례 중 일부에 불과하다. 이러한 사례에서 경영진, 직원, 고객, 주주들의 자신감은 모두 동시에 무너졌다. 리더들이 대응할 새도 없이 위기가 터지면서 전 세계 뉴스 헤드라인을 장식하고 수백만 명이 "어떻게 이런 일이 일어날 수 있는가?"라는 질문을 쏟아냈다.

비즈니스 공황이 항상 재앙을 불러오고 뜨거운 논란을 일으키는 것은 아니다. 하지만 업계를 통합하는 합병이 일어난 후 평사원들이 겪는 공황은 간과되기 쉽다. 기업이 주주들에게 대대적인 비용 절감을 약속하며 합병을 추진할 때 하위 직급 직원들의 사기는 무너진다. 직원들은 향후 거취에 대한 소식을 기다리는 동안 무력감을 느끼고, 이때 취약성이 급증한다.

특히 나이 많은 직원들에게 새로운 기술 도입은 이와 비슷하게 취약성을 높이는 요인이 된다. 1990년대에는 컴퓨터 이용 설계와 제도CADD 시스템이 부상하면서 엔지니어가 제도사와 설계사의 역할을 맡게 되었다. 이러한 변화는 오랜 기간 제도사로 일해온 직원들에게 실존적 위협으로 다가왔다.

비즈니스 위기는 사회적 공황보다 규모가 훨씬 작지만, 관련 당사자들에게 사회적 공황이 발생할 때와 비슷한 감정과 대응을 불러일으킨다. 이에 대해서는 뒤에서 소개하겠다.

개인적 차원

마지막으로, 누구나 인생을 살면서 경험하게 되는 공황이 있다. 프로젝트 마감일이 다가올 때, 중요한 건강검진 결과를 기다릴 때, 예기치 않게 큰 부상을 당했을 때 돌연 취약성이 증가한다. 이러한 순간은 원인이 무엇이든 갑자기 극심한 무력감과 불확실성이 엄습하면서 경험하게 되는 감정이 바로 공황이라는 점을 보여준다.

효과적인 공황 관리

공황이 발생하는 빈도를 알면 공황을 제대로 관리할 수 있겠다는 생각에 이를 것이다.

그러나 우리는 공황을 잘 관리하지 못한다.

이러한 어려움은 애초에 공황을 피할 수 있다는 믿음, 즉 신중하게 대처하면 긴장의 중심에 빠지는 일을 막을 수 있다는 믿음에서 비롯된다.

우리는 위기를 일관된 행동과 심리적 특성을 보이는 일상적인 삶의 일부로 바라보기보다 달갑지 않은 일회성 사건이자 끔찍한 이상치 outlier(평균치에서 크게 벗어나서 다른 대상과 확연히 구분되는 표본—옮긴이)로 간주한다. 위기에 대처하기 위한 준비와 훈련을 하기보다는 처음부터 위기가 발생하지 않도록 예방하려 애쓴다. 그렇다고 누구를 탓하겠는가? 공황은 본질적으로 불편하고, (바라건대) 그다지 자주 발생하는 일도 아니기 때문이다.

우리는 공황을 실패와 연관 짓는다. 공황에 대비하여 계획을 세우고 훈련하는 건 패배를 인정하는 것만 같다. 마치 의도적으로 잘못된 의사결정에 따른 결과에 대비하는 것처럼 보인다는 생각에 준비를 꺼린다. 그뿐만 아니라 위기가 발생했을 때 죄책감, 수치심, 자책감까지 느끼게 된다. 위기가 발생하는 이유가 단순히 누군가 또는 무언가가 실수를 저질렀기 때문이라고 여긴다.

사실 위기가 발생하면 우리는 명확한 인과관계와 책임 소재를 파악하기 위해 주변을 샅샅이 뒤지고 서둘러 결정적인 요인을 찾아내려 한다. 하지만 책임 소재를 파악할 때 무작위성을 경멸하는 태도를 보인다. 무작위성은 세상사가 본질적으로 불확실하다는 것을 의미하며, 이는 끊임없이 우리를 취약하게 만드는 조건이 된다(주식시장이 하락한 후 시장 전문가들이 그 이유를 도무지 모르겠다고 보고한다면 몇이나 주식시장에 투자할지 상상해보자). 결과적으로 나쁜 일이 발생하면 우리는 그 책임이나 직접적인 원인을 명확하게 파악하려고 쉴 새 없이 일한다. 그 과정을 겪으면서 격한 감정을 느끼기도 한다. 결과적으로 당면한 문제에 집중하기보다는 책임 소재에 집착하게 된다.

또한 그 책임을 자꾸 부정확하게 자신에게 돌리기도 한다. 예컨대 강도를 당하거나 빙판에서 미끄러진 일을 어떻게든 자기 탓으로 돌리며 스스로 자책하는 사람들이 있다. 이들은 사건의 무작위성과 불운을 기꺼이 받아들이고 앞으로 나아가 극도의 취약한 상태와 감정을 해결하기보다는, 그때 할 수 있었던 다른 행동이나 해야 했던 행동을 마음속에 계속 떠올린다.

기업은 대부분 이와 반대되는 방식으로 행동한다. 이를테면 자책하기보다 자기 책임을 최소화할 방법을 찾아 나선다. 위기가 닥쳤을 때 CEO는 변호사와 홍보 전문가를 대거 영입하곤 한다. 이들의 유일한 목표는 책임을 회피하거나 완화하는 것이다. 이러한 방식은 당면한 취약점을 해결하는 데 쏠린 주의를 분산시킬 뿐만 아니라 문제를 더욱 복잡하게 만들 수 있다.

예컨대 직원과 고객은 기업에 우려를 제기해도 소용없다는 생각에 무력감을 느낀다. 기업이 그들의 의견을 비이성적인 의견, 너무 극단적인 의견, 완전히 잘못된 의견으로 치부하여 제대로 들어주지 않는다고 여긴다. 오늘날 비즈니스 리더들은 영향을 받는 직원과 고객에게 공감을 표하기보다 감정을 배제하고 고도로 연출된 메시지를 유지하라는 지도를 받는다. 그렇게 하지 않으면 위기로 인한 비용이 증가하고 기업이 위험에 처한다는 생각에 불안을 느낀다.

나는 이 책을 집필하기에 앞서 조사를 진행했는데, 비즈니스 사례 연구 중에서 문제를 해결하기 위해 리더가 즉각 조치를 취한 탁월한 공황 관리 사례가 거의 없다는 사실에 충격을 받았다. 대표적인 최근 사례로는 40년 전 시카고 지역에서 7명이 청산가리에 노출된 타이레놀 캡슐을 복용한 후 사망한 사건이 있다. 위기관리 전문가들은 지금도 이 사건을 바람직한 위기관리 사례로 꼽으며 극찬한다. 당시 존슨앤드존슨의 CEO 제임스 버크는 책임을 회피하지 않고 모든 매장에서 해당 제품을 전량 회수했다. 버크는 신속하고 단호한 조치로 취약성을 제거했다.[3]

흥미롭게도 벤 슬라이니Ben Sliney는 미국 연방항공국의 국가 운영 관리자로 부임한 첫날에 이와 동일한 접근 방식을 취했다. 2001년 9월 11일, 슬라이니는 비행 중인 모든 항공기에 즉시 가까운 공항에 착륙하라는 지시를 내렸다. 이는 후에 9.11 위원회가 그날 벌어진 일련의 사건 중에서 결정적인 순간으로 평가한 전례 없는 조치였다.[4]

버크와 슬라이니의 위기관리 방식이 찬사를 받을 만큼 그토록 효과적이었던 이유를 살펴볼 필요가 있다. 나는 이것이 긴장의 중심에서도 왼쪽 하단 깊숙한 곳에 빠졌을 때 지향해야 할 '취약성 우선Vulnerability-First' 사고방식과 깊은 연관이 있다고 본다.

취약성 우선 사고방식

미지의 상황은 대부분의 사람들을 불안하게 만들지만, 우리 사회에는 공황에 대비하여 훈련하고 잘 대응하는 집단과 기관이 있다. 소방관, 경찰관, 응급 구조대원 등에게 공황은 일상의 일부다. 이들이 매일 출근하는 직장은 긴장의 중심에서도 왼쪽 하단 구석에 자리한다. 이처럼 위기 상황에서 일하는 직업군의 훈련 목표는 자신감 스펙트럼을 따라 가파르게 추락하는 감정 변화를 멈추고 안정을 찾은 다음 최대한 이전 상태로 빨리 되돌리는 것이다. 이들은 정기적으로 행하는 강도 높은 훈련을 바탕으로 일관된 과정과 절차를 거쳐 어떤 상황에서도 확신을 잃지 않고 통제할 수 있다는 감정을 키워간다. 꾸준히 '착륙 복행' 절차를 훈련한 항공기 조종사처럼, 응급 구조대원도 극심한 긴장을 유발하고 공황 상태로 이끌 만한 경험을 예상한 후 그것을 익숙한 일상으로 받아들이려 노력한다.

나는 코로나19가 닥쳤을 때 응급의학과 의사들을 만나 이야기를 나누면서 일관된 과정과 절차가 그들에게 얼마나 중요한지 알았다. 실제로 상당수는 팬데믹 초기에 가장 큰 스트레스의 원인으로 바이러스를 꼽지 않았다. 그들은 매일 개인 보호 장비PPE를 착용할 때 지켜야 하는 절차와 관련해 빚어진 혼란과 지속적인 변화를 꼽았다.

나는 '취약성 우선' 사고방식이 성공적인 응급실 팀 진료의 핵심이라는 점도 알았다. 유능한 팀은 단순히 환자의 부러진 뼈를 고치는 데 만족하지 않는다. 환자가 삶에서 잃어버린 확신과 통제감을 최대한 빨리 회복하도록 돕는다. 이러한 의사들의 위기 대처 방법은 비즈니스 위기관리 전문가들이 제시하는 방법과 상당히 다른 양상을 보인다는 점에서 흥미롭다.

응급 진료팀은 제일 먼저 효과적인 우선순위를 정하는 데 중점을 둔다. 이는 환자에게 가장 큰 잠재적 위험을 신속하게 파악하는 단계다. 이때 결정적인 요소는 바로 **정확한 진단**이다. 취약성의 진짜 원인을 파악하고, 무엇보다 가장 위협적인 진단을 배제한다. 이 과정에서는 눈앞에 놓인 현실을 받아들이는 열린 마음을 갖는 것이 중요하다. 희망 사항이나 현실 부정, 책임 공방에 시간을 들일 여유가 없다. 현재 상황을 파악하고 제대로 조치를 취하지 않을 경우 발생할 일을 예상하는 데 온전히 집중해야 한다. 그래서 초기 판단은 솔직하고 직설적이면서 무미건조한 표현으로 팀 전체에 전달되는 경우가 많다. 팀원들은 입에 발린 말로 현실을 가리기보다 신속하게 작업에 착수하여 전반적인 문제를 파악한다.

응급 진료팀은 눈에 보이는 증상을 문제의 원인으로 착각하지 않으려고 각별히 주의를 기울인다. 이들은 모든 정보가 중요한 단서를 제공한다고 여긴다. 검사를 하고 다른 팀과 의견을 나누는 것을 권장한다. 모든 정보를 공개적으로 교환하는 **협진**은 매우 중요한 과정으로 간주된다.

긴급성도 마찬가지다. 응급 진료팀은 제일 중요한 문제를 해결하려고 신속하게 움직인다. 환자의 상태가 안정적이거나 호전되는지 확인하기 위해 **지속적인 재평가**를 실시한다. 역동적으로 '계속 변화하는' 상황을 인식해야 한다. 상황이 바뀌고 상태가 악화되면 의사들은 **행동 방침을 바꾸는** 데 주저해서는 안 된다.

마지막으로, 우수한 응급 진료팀은 동료와 취약한 환자에게 공감과 존중을 보인다. 이들은 신뢰가 치료 과정과 환자 회복을 이루는 중요한 토대라는 점을 안다. 현실적이고 진실된 정보를 솔직하게 전달하되 연민을 잃지 않는 **분명한 의사소통**이 신뢰의 핵심 요소라는 점도 이해하고 있다.

제임스 버크는 의사가 아니지만 타이레놀 독극물 사태에 의사처럼 대응했다. 그는 신속하게 상황을 진단했다. 단순히 오염된 타이레놀 몇 병이 아니라 고객들이 느끼는 취약성이야말로 회사가 직면한 대단히 심각한 문제라는 점을 인식했다. 당시 소비자들은 타이레놀의 안전성을 신뢰할 수 없다고 생각했다. 버크는 이러한 고객의 인식을 현실로 받아들여야 한다고 주장했다. 존슨앤드존슨은 상황을 보기 좋게 포장할 수 없었다. 존슨앤드존슨이 효과적으로 대응하려면 이 취약성을 제거해야 했다. 기존 제품을 진열대에 그대로 놔두면 고객의 무력감과 불확실성만 더욱 커질 위험이 있었다. 버크는 이러한 현실을 깨닫고 즉시 모든 제품을 회수하는 동시에 회수 조치의 근거를 명확하고 정직하게 전달하도록 존슨앤드존슨을 진두지휘했다. 그는 자신감 스펙트럼에서 회사의 신뢰도가 더 이상 추락하지 않도록 막으려 애썼고, 소비자심리가 추가로 저하될 가능성을 제거했다.

존슨앤드존슨의 주가는 단 며칠 만에 반등했고, 버크는 〈포춘〉이 선정한 역대 최고의 CEO 10명 중 한 명에 이름을 올렸다. 빌 클린턴 대통령은 버크에게 대통령 자유 훈장Presidential Medal of Freedom을 수여했다.[5] 존슨앤드존슨은 독극물 사건으로 피해를 입기보다 오히려 현명하게 대처했다는 찬사를 받았다. 고객들은 무서운 암이 완치됐다는 판정을 들은 환자처럼 타이레놀의 안전성을 재차 확인한 후 안도했다. 이 사건을 계기로 존슨앤드존슨을 향한 신뢰는 더욱 깊어졌다.

9.11 테러 당시에 **모든** 항공기가 즉시 인근 공항에 착륙하면서 미국

인들은 추가 공격의 위험이 완전히 제거됐다는 사실에 안도했다. 당장 눈앞의 문제를 넘어 광범위한 취약성에 대한 우려가 대담한 의사결정의 원동력이 되었다.

비즈니스 리더들은 나쁜 소식을 대수롭지 않게 넘기며 위기에 대응하려는 모습을 보일 때가 많다. 그러나 그렇게 하면 위기를 너무 제한적으로 정의하게 된다. 그들은 항공기 추락, 자동차 급발진, 석유 굴착 장치 화재에 초점을 맞춘다. 이미 발생한 사건에만 집중하고 그에 따라 출렁이는 감정은 무시한다. 논란이 사그라들기를 바라며 불편한 정보를 숨기고 소극적으로 소통한다. 정책입안자들도 재임 기간에 발생한 사건 사고를 축소하기에 급급하고 당장 일어난 화재나 사고에만 집중한다.

물론 사태에 집중하는 것도 중요하지만 그것만으로는 충분하지 않다. 리더는 그러한 문제로 인해 발생하는 취약성, 영향을 받은 사람들이 느끼는 불확실성과 무력감을 동시에 주도적으로 해결해야 한다. 이러한 감정은 공황을 이끄는 실질적 요인이며, 문제가 해결되지 않는 한 자신감은 회복될 수 없고 회복되지도 않을 것이다.

2020년 3월 11일 이후 비즈니스 리더와 정책입안자들은 대비할 새도 없이 엄청난 도전에 직면하고 말았다. 앞서 제임스 버크와 벤 슬라이니가 그러했듯, 리더들은 공황이 자기강화적으로 작용하여 자신감을 더욱 떨어뜨리는 악순환이 반복되기 전에 신속하게 공황을 해결해야 했다. 기업과 정책입안자들은 효과적인 조치를 취하여 바이러스뿐만 아니라 그로 인해 극심하게 취약해진 자신감을 해결해야 했다.

공황과 위기는 무엇이 실패하고, 고장 나고, 파괴됐는지로 정의하는 것이 아니다. 갑작스러운 변화에 자신감이 어떻게 반응했는지에 따라

정의된다. 즉 극심한 불확실성과 무력감에 좌우되는 셈이다. 리더가 위기를 탁월하게 관리하려면 극심한 취약성이 우리의 선호와 의사결정, 행동에 어떤 영향을 미치는지 제대로 이해해야 한다.

간단히 말해, 효과적인 위기관리는 취약성을 제거하는 것이다.

공황: 자신감의 자연스러운 전환점

우리는 공황이 발생하면 대단히 불길한 예감에 휩싸이곤 한다. 마치 감정이 롤러코스터처럼 요동치며 자신감 스펙트럼을 빠르게 질주하다 탈선하여 긴장의 중심의 경계를 넘어버릴 것 같아 걱정이 앞선다. 자신감 사분면의 왼쪽 하단 구석에 가까워질수록 상황이 더욱 악화할 것만 같다.

이러한 순간에는 자신감이 중요한 전환점을 맞이하기도 전에 공황이 발생하는 경우가 많다는 사실을 잊기 쉽다. 우리는 강렬한 경험에만 신경 쓴 나머지 극도의 불확실성과 무력감이 몰려와 자신감 스펙트럼의 하단에 빠르게 접근하고 있다는 사실을 간과한다. 예컨대 2008년 주택 위기 당시 리먼 브라더스가 파산한 시점에 소비자 자신감은 바닥을 쳤다. 리먼 브라더스의 실패는 투자자들을 공황에 빠지게 한 원인이 아니었다. 이미 공황에 빠진 투자자들이 빚어낸 결과였다. 비즈니스 세계에서 파산은 기업의 패배를 의미한다. 즉 회사의 채권자, 고객, 주주, 이사회가 모두 사분면의 왼쪽 하단 구석에 도달한 것이다. 파산은 리먼 브라더스의 종말이자 자신감 스펙트럼의 끝부분을 의미한 셈이다.

위기와 공황이 발생했을 때 희망을 품기란 매우 어렵다. 갑자기 확신과 통제감을 상실하면 극심한 스트레스에 시달리게 되는데, 이러한 감정은 잘못 해석하기 쉽다. 우리는 어떤 일이 발생했기 때문에 격한 감정이 든다고 인지하기보다 격한 감정이 머지않아 발생할 나쁜 일을 일러주는 경고라고 결론지어버린다. 그리고 이미 코앞으로 다가온 일에 대비하려 한다. 현재 자신감 스펙트럼의 어느 지점에 있는지, 어느 지점으로 빠르게 접근하고 있는지, 아니면 이미 스펙트럼 하단에 도달했는지조차 인식하지 못한다.

우리는 자신감 스펙트럼의 다른 쪽 끝부분에서도 비슷한 행동을 한다. 다음 장에서는 안전지대를 살펴보면서 무적이라도 된 듯한 승리감과 그에 따른 열광적인 감정을 다룰 것이다. 무적의 상태는 직관과 대단히 반대되는 감정이기는 하지만 자연스러운 전환점을 나타낸다.

그러나 지금은 이 점만 기억하기를 바란다. 우리가 느끼는 자신감의 범위는 유한하다. 그리고 공황과 무력감, 극도의 불확실성을 객관적으로 바라볼 수 있다면 그러한 변화로 동반되는 격한 감정에 휩쓸리지 않을 수 있다. 그러면 다음에 벌어질 일을 두려워하기보다 앞으로 다가올 더 나은 미래를 준비할 수 있게 된다. 취약성 우선 사고방식을 받아들이면 어려운 시기를 극복하여 더 효과적으로 사람들을 이끌 수 있을 것이다.

지금까지 긴장의 중심에 깊숙이 들어가 공황에 대해 알아보고 자신감 스펙트럼에 대해 소개했다. 이제 자신감 사분면을 이루는 네 가지 환경을 각각 더 상세히 탐구할 차례다. 사분면을 살펴보는 과정에서 감정

상태를 자세히 탐색하고 앞으로 일어날 일을 예측하는 데 도움이 되는 다양한 개념과 도구를 소개할 것이다.

사분면의 왼쪽 하단 영역인 긴장의 중심부터 살펴보자.

2부

충동과 감정의 영역,
긴장의 중심

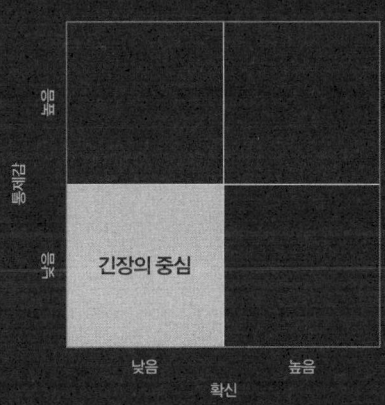

어떤 경우든 긴장의 중심은 변화를 강제하고 촉진한다. 새로운 무언가가 긴장의 중심이라는 잿더미를 파헤치고 탄생하는 것이다.

04

자신감이 낮은 환경

많은 비즈니스 리더가 취약성이라는 단어를 들으면 불쾌한 기색을 드러낸다. 취약성은 복종과 약점 같은 이미지를 떠올리게 한다. 위대한 비즈니스와 리더는 약자의 희생으로 성공을 거둔다고 믿는 경향이 있다. 취약성은 방심하고, 타인에게 실망을 안기며, 뒤처지고, 실패하며, 위험에 처한다는 것을 의미한다. 취약한 기업은 더 이상 포식자가 아니라 먹잇감이 되는 것이다.

비즈니스 리더들만 그렇게 생각하지는 않는다. 확신과 통제감이 낮아지면서 느끼게 되는 불편한 마음을 반기는 사람은 거의 없다. 확신과 통제감이 떨어지면 마치 벌거벗고 위험에 노출된 듯한 기분이 든다. 그러나 이는 자연스러운 감정이다. 우리의 불안한 눈빛에서 취약성을 눈치챈 사람들은 일상적으로 "무슨 일 있어요?"라고 질문할 것이다. 곤경에 처했다는 것은 암묵적으로 어떤 오류가 있음을 의미한다. 무언가 고장 났으니 고쳐야 한다.

이러한 모든 특성은 취약함을 제일 많이 느끼는 영역인 긴장의 중심이 감정과 행동으로 가득 차 있는 이유를 설명하는 데 도움이 된다. 우리는 자신감 사분면의 왼쪽 하단 영역에서 위협을 느끼고, 무력감과 불확실성을 해소하려면 뭐라도 해야 한다는 사실을 알고 있다.

긴장의 중심은 충동과 감정의 영역이다. 자신감 스펙트럼에서 아래쪽으로 멀리 떨어져 사분면의 맨 왼쪽 하단 구석으로 내려갈수록 더 다급하게 조치를 취하고자 하는 욕구가 강렬해진다. 왼쪽 하단 구석은 '분노의 질주'가 펼쳐지는 영역이다.

사분면의 왼쪽 하단 구석에서 우리가 취하는 조치의 극단적인 시급성과 강도를 가늠하고 싶다면, 코로나19가 촉발한 공황 사례로 돌아가 당시 정책입안자, 비즈니스 리더, 개인이 내린 수천 건의 의사결정 중 몇 가지를 다시 살펴보자. 이들의 결정은 긴장의 중심에서 자연스럽게 분노의 질주를 펼치며 빠르고 격렬하게 대응하는 방식을 잘 보여주는 예다.

분노의 질주 사례 연구

제너럴 모터스GM의 CEO 메리 바라는 빠르게 전개되는 팬데믹에 조직이 적응할 때까지 가만히 기다리지 않았다. 2020년 3월 13일 금요일, 톰 행크스와 뤼디 고베르가 감염됐다는 소식이 전해진 지 48시간도 채 지나지 않았을 때 바라는 미국 최대 자동차 제조업체를 이끄는 수장으로서 "원격 근무가 가능한 업무를 맡은 GM 직원과 계약 직원은 모두 원격 근무로 전환한다"라는 긴급 메시지를 전송했다.[1] 이러한 지시를 내린 리더는 그녀 혼자만이 아니었다. 미국 전역의 비즈니스 리더들이 직원들에게 가능한 한 집에 머물라고 지시했다.

맥도날드 경영진은 매장 내의 대면 주문 대신 '비대면 드라이브 스루 및 배달'로 판매 방식을 전환하기 시작했다.[2] 수십 년에 걸쳐 잘 확립되고 고도로 다듬어진 과정과 절차가 갈기갈기 찢겨 버려지고 즉석에서 개발된 완전히 새로운 비즈니스 모델로 대체됐다.

아메리칸 항공은 항공편 일정을 취소했다. 국내선 수용 능력이 20퍼센트, 국제선 수용 능력은 75퍼센트 감소했다. 아시아행 항공편은 거의 모두 취소됐다.[3]

미국 비즈니스 리더들은 밤새 폭풍처럼 몰아치는 줌Zoom 화상회의와 전화 회의를 소화하며 최악의 상황에 대비하기 위해 극적인 조치를 취했다. 3월 말, GM은 미국 내 자동차 생산을 전면 중단하고, 대신 당장 필요한 인공호흡기와 안면 마스크 공급을 지원하겠다고 발표했다. 동시에 올해 수익 예상치를 철회하고 한도 대출revolving credit facility을 160억 달러 축소했다.[4]

메리 바라는 보도 자료에서 다음과 같이 밝혔다. "GM은 현금을 확보하기 위해 긴축 조치를 적극적으로 추진하고 있습니다. 불확실하고 변화무쌍한 환경에서 유동성을 관리하고 운영을 이어가 생존 가능성을 보장하고, 고객과 이해관계자를 보호하는 데 필요한 모든 조치를 취하겠습니다."[5]

하룻밤 사이에 기업들은 생존 모드에 돌입했다. 미국과 전 세계 비즈니스 리더들은 극심한 불확실성에 직면한 상태에서 다시 한번 위기 대응책을 꺼내 들었다. 비용을 절감하고, 판매를 가속화하고, 재고를 처분하고, 모든 가능한 수단을 동원하여 현금을 확보했다. 목표는 간단했다. 조직을 긴장의 중심 깊숙한 곳에서 최대한 빨리 발사대로 이동시킨 후 안전지대로 빠르게 복귀시켜 통제권을 되찾는 것이었다.

투자자들 역시 확신과 통제감을 되찾길 간절히 바라며 생존 모드로 대응했다. 주식과 채권 시장에 매도 주문이 넘쳐나자 자산 운용사와 증권사는 고객의 급증하는 현금 수요를 따라잡으려 안간힘을 썼다.

워싱턴에서는 의회와 중앙은행이 절박한 지원 요청에 대응했다. 은행과 비즈니스 리더들은 금융시장의 매도세와 끔찍한 경제 멈춤이 조직의 생존에 미칠 영향을 우려했다. 정책입안자들은 상황이 더 악화하기 전에 '무슨 수를 써서라도' 신속하게 조치를 취해야 했다.

정책입안자들은 실제로 행동에 나섰다. 그때까지 미국 역사상 재정정책과 통화정책으로 팬데믹에 대응한 사례는 없었다.[6] 팬데믹의 해로운 영향과 그 여파로 인한 경제적 피해로부터 소비자와 기업을 보호하기 위한 조치가 대규모로 광범위하게 이뤄졌다. 전 세계 정부 대부분이 마찬가지로 극적인 정책을 시행했다. 오늘날 금융시장과 공급망은 서로 촘촘하게 연결되어 있기에 한 곳에서 내려진 의사결정의 여파가 세계의 다른 지역으로 빠르게 확산되면서 정책입안자와 기업이 취하는 조치에도 연쇄 작용을 일으켰다.

다섯 가지 긴장 반응

팬데믹 사태에 대응한 방식은 집단적이고 상당히 충동적이며 감정적으로 이뤄졌고, 그 자체로도 매우 이례적이었다. 동시에 대응 방식은 본질적으로 예측 가능했다. 사분면의 왼쪽 하단 구석에서 우리는 겁에 질린 채 늘 하던 대로 행동했다. 어떻게든 확신과 통제감을 되찾기 위해 빠르고 격렬하게 행동하며 분노의 질주를 펼쳤다.

지금 한 걸음 물러나 생각해보면 팬데믹에 대한 반응이 긴장의 중심에서 나타나는 '정상적인' 행동과 완전히 일치한다는 것을 알게 된다. 이는 다섯 가지 반응으로 정리할 수 있다. 처음 두 가지 반응은 우리에게 익숙한 투쟁Fight과 도피Flight다. 어떤 사건을 인식하는 과정에서 긴장하거나 공포를 느낄 때 자동으로 나오는 생리적 반응이다.[7] 하지만 긴장의 중심에서 변함없이 나타나는 다른 세 가지 행동이 있다. 바로 추종Follow과 정지Freeze 그리고 악담Fuck이다. 앞으로 나는 이 다섯 가지 반응을 '5F'라고 부르려고 한다.

'투쟁' 측면에서는 공공 부문과 민간 부문이 동시에 통제권을 쥐고 팬데믹에 대응하는 모습이 나타났다. 수도관이 터지면 급히 수리하려고 공구를 파는 홈디포 매장을 찾듯, 리더들은 제일 시급한 문제를 해결하기 위해 즉시 행동에 나섰다.

긴장의 중심에서 보이는 투쟁 반응은 발사대로 이동하여 통제권을 되찾기 위한 시도를 의미한다. 통제권을 쥐면 자신감을 되찾을 수 있다고 기대하기 때문이다.

'도피' 반응도 같은 방식으로 작동한다. 다만 정면 대응으로 통제권을 되찾기보다는 무슨 수를 써서라도 정면 대응을 피하기 위해 극단적인 방법을 쓴다. 즉각적인 위협으로부터 가능한 한 멀리 거리를 두고 달아난다. 심리적으로 장벽을 쌓고 주변에 해자를 판다. 도피는 자기 자신과 위협 사이에 시간적, 물리적 거리를 두고 장벽을 만들어 통제를 꾀하려는 행동이다.

오늘날 통신 기술과 함께 재택근무로 전환하는 능력이 발전하고, 아마존과 인스타카트Instacart 같은 배송 서비스가 등장하면서, 대규모 '도피'가 가능해졌고 많은 직원에게 표준으로 빠르게 자리 잡았다. 미국 대표 휴양지인 햄프턴 등지에 별장을 소유한 사람들에게는 자가 격리가 그리 어렵지 않은 일이었다. 놀랍게도 경제 피라미드의 정점에 있는 사람들의 삶은 금방 정상으로 돌아왔다. 현대 기술을 활용하고 이미 음식과 쉼터, 기타 지원 서비스를 갖춰놓은 엘리트 계층은 쉽게 자가 격리를 할 수 있었다. 결국 경제적으로 여유로운 사람들은 긴장의 중심에서 곧장 안전지대로 되돌아왔다.

세 번째 팬데믹 반응은 '**추종**'이다. 우리는 수도관이 터지면 곧장 배관공에게 전화를 건다. 골치 아픈 문제를 좀 더 잘 해결할 것으로 기대되는 사람에게 통제권을 넘긴다. 추종 행위는 승객석을 통해 긴장의 중심에서 벗어나려는 시도를 나타낸다.

팬데믹 때 정책입안자들은 국가를 위한 '배관공'이 되었다. 연방준비제도이사회Federal Reserve, 질병통제예방센터, 주지사, 지역 시장들은 모두 여행 가이드처럼 확성기를 들고 화려한 깃발을 흔들며 군중을 이끌었다. 그들은 신뢰할 수 있는 문제 해결사를 자처하며 모든 수단을 동원했다. 당시에 미국 국립 알레르기 및 전염병 연구소National Institute of Allergy and Infectious Diseases 소장이었던 앤서니 파우치 박사와 뉴욕주 주지사 앤드루 쿠오모 등, 탁월한 리더십과 위기관리 능력을 발휘한 인물들이 널리 인정을 받았다.

반대로 상반되는 이론을 설득력 있게 내세우는 다양한 리더, 텔레비전과 라디오에 출연하는 유명인, 웹사이트 등을 따르는 미국인도 많았다. 기존 리더가 아닌 다른 인물들의 주장을 고려하는 수준을 넘어 전적으로 믿고 따르는 이들을 보고 경악하는 사람들도 있었다. 하지만 그러한 상반된 반응은 그리 놀라운 일이 아니었다. 긴장의 중심에서는 특히 심리적으로 거리가 멀게 느껴지는 기성 조직의 전문가 조언을 도외시하곤 한다. 세계보건기구 같은 단체를 '무관하고', '이해가 상충되며', '조치가 느리다'는 이유로 외면한다. 국제기구는 너무 추상적으로 다가오기 때문에 기구의 신뢰도를 조금만 공격해도 그리 어렵지 않게 관련성과 전문성을 부정할 수 있다. 세계가 확신을 갈망하는 순간에 국제기구는 '현실감'이 없는 존재다. 많은 국가기관과 주 정부 기관도 마찬가지다.

대신 우리는 가장 친숙한 대상에게 의지하려 한다. 이때 심리적 거리와 친밀감이 중요하다. 자연스레 우리와 가장 가까운 인물을 신뢰하게 된다. 우리는 그들을 실제로 알고 있다. 그들이 전문 영역에서 크게 벗어났을지라도 그들에게 조언을 구하고 그들의 생각을 적극적으로 받아들인다.

하지만 불확실성이 극도로 치솟은 상황에서는 누구든지 전문성을 주장하면 신뢰를 받을 가능성이 있다는 점을 알아둘 필요가 있다. 배관이 파열되어 바닥에 물이 샜을 때 우리는 구글에 '배관공'을 검색한 후 즉시 그에게 전화를 건다. 이때 배관공에게 제대로 자격을 갖추었는지 묻지 않는다. 사실 궁금해하지도 않는다. 그저 '빨리 와주실 수 있나요?'라는 질문만 던질 뿐이다.

도피와 마찬가지로 추종에서는 속도와 편리함이 제일 중요하다. 우리는 친숙하고 신뢰할 수 있는 출처에서 얻은 정보를 금방 받아들인다.

긴장의 중심에서 가장 빠르게 벗어날 방법은 승객석으로 수평 이동을 하는 것이다. 통제권을 잡고 긴장의 중심에서 발사대로 수직 이동을 하려면 더 많은 노력과 구체적인 전문 지식이 필요하기 때문이다.

일반적으로 우리는 '추종'할 대상을 적절하게 선택한다. 하지만 좀 더 신중하게 선택하는 편이 유익하다. 대상을 충동적으로 쉽게 선택하면(말하자면 가장 수월한 길을 선택하면) 금방 곤경에 빠질 수 있다. 권위주의 정권, 성범죄자, 사기꾼, 협잡꾼, 사이비 교주, 폭언하는 기업 경영자 등을 살펴보면, 이들이 불확실성과 무력감이 높은 환경에서 많은 추종자를 확보하여 엄청난 성공을 거둔다는 점을 알게 된다. 이들은 능숙하게 그럴듯한 이야기를 전하며 확신을 심어주고 완전한 통제권을 쥔 듯 행동하여 긴장의 중심에서 먹잇감을 찾는다. 비가 억수같이 내리는 추운 날에 누군가가 나타나 우리 마음을 헤아리기라도 하듯 안전지대로 빠르고 안전하게 데려다주겠다면서 동승을 권한다면 어떨까? 승객석에 올라타기까지 그리 오래 고민하지도 않을 것이다. 패배감과 절망감을 느끼면 확신에 찬 상대방의 모습이 더욱 매혹적으로 다가온다.

긴장의 중심에서 나타나는 네 번째 반응은 '정지'다. 우리는 극도의 불확실성과 무력감에 압도될 수 있다. 공포에 질린 채 신체적으로나 정신적으로, 심지어 인지적으로도 앞으로 나아갈 수 없는 것처럼 느낀다. 두려움에 휩싸이면서 취약해진다. 이러한 경험은 집중력을 떨어뜨린다. 동시에 의사결정이 불러올 결과를 너무 깊이 생각하느라 쉽게 지치고 만다.

어떤 사람들은 전쟁터에 나간 병사들처럼 팬데믹으로 비롯된 취약성을 경험하면서 무력해졌다. 무엇을 해야 할지 몰랐다. 이처럼 당황스러운 경험에서 완전히 멀어지기 위해 아예 마음의 문을 닫는 사람들도 있었다. 물리적으로 도피하지 못하는 경우 정신적으로라도 도피하려 했다.

마지막으로, 긴장의 중심을 전혀 경험하지 않은 채 큰 성공을 거둔 리더들도 있었다. 이들은 운 좋게 위기를 겪지 않고 업무에서 더 중요한 직책을 맡게 되었다. 이들과는 달리 상당수는 무엇을 해야 할지 몰라 당황하고, 민망하다는 이유로 도움을 청하지도 못한 채 제자리에 주저앉고 말았다. 싸우지도 도망치지도 못한 채 망설이다 조직을 마비시켰다.

위기에 대한 마지막 반응은 '악담'이다. '젠장', '염병'과 같이 저속한 악담은 거칠고 고의적인 돌발성을 담고 있으며 사람들의 반응을 본질적으로 보여준다. 우리는 현재 상황이 무의미하거나 난공불락이라고 판단될 때 악담을 퍼부으며 끈을 놓아버리곤 한다. 굳이 싸울 필요를 느끼지 못하는 것이다.

이 다섯 번째 반응은 타인이 정의한 게임을 하지 않기로 하되 여전히 적극적으로 제자리에 머무른다는 점에서 도피나 정지와 다르다. 대신 타인이 어떻게 생각하든 자신만의 방식을 시도하며 게임을 이어간다. 종종 타인과 자기 자신에게 손해를 끼칠지라도 말이다. 앞서 살펴본 네 가지 반응과 달리, 악담은 결코 수동적이지 않다.

팬데믹을 거치면서 긴장의 중심에서 나타나는 악담 반응이 널리 알려졌다. 예컨대 어떤 사람들은 바이러스 감염이 피할 수 없는 일이라면서 체념하고, 바이러스로부터 자신을 보호할 조치를 거의 취하지 않았다. 그들은 그동안 살아온 방식을 바꾸지 않으려 했다.

한편 금융시장에서는 소위 '밈 주식거래 meme stock trade'가 유행했다. 젊은 투자자들이 온라인 게시판에 모여 게임스탑과 AMC처럼 하락세를 보이는 단일 종목들을 공략했다. 이 비공식 집단은 공매도 기관과 다른 전문 투자자들을 '한 방 먹이고 싶다'는 생각에 똘똘 뭉쳤다. 유명 기관 투자자 제러미 그랜섬은 이러한 현상을 "실제 투자에 대한 완전히 허무맹랑한 풍자"라고 표현했다.[8]

그랜섬은 그저 자신이 목격한 상황에 불만을 제기했을 뿐이지만, 다년간 투자자로 경력을 쌓아온 유명 인사인 그의 입에서 나온 말은 아마도 수많은 밈 주식거래자들을 웃음 짓게 했을 것이다. 그들은 게임에서 승리를 거두었을 뿐만 아니라 그 과정에서 다른 관계자들을 분노하게 만들었다.

이것이 바로 악담 반응의 특성이다. 우리는 결국 게임에서 이길 수 없다는 것을 잘 알면서도 혼란과 승리를 동일시한다. 내가 이길 수 없다면 다른 사람들도 이겨서는 안 된다고 생각하는 것이다. 따라서 자신감이 매우 낮을 때는 테러나 파괴 행위도 자연스레 급증한다. 극단적인 형태의 악담 반응인 셈이다.

일터에서 나타나는 5F

팬데믹처럼 극단적인 사건은 긴장의 중심에서 왼쪽 하단 구석 깊숙한 곳에 있을 때 자연스럽게 나오는 5F 반응의 예를 분명하게 보여준다. 이러한 사례들을 토대로 위기 상황에서 나타나는 행동을 알 수 있다. 하지만 다섯 가지 반응이 항상 대규모 공황으로만 촉발되지는 않는다. 극도의 불확실성과 무력감은 다른 방식으로도 유발된다.

나는 그동안 금융업계에서 일하면서 5F 반응이 집단에 빠르게 확산되는 경우를 접했다. 대규모 인수합병 또는 조직의 고위 경영진 교체 이후가 그렇다. 이러한 사건이 발생하면 회사의 하위 직급 직원들에게 영향을 끼치는 의사결정이 내려지기까지 수개월이 소요되기도 한다. 최고위 직급은 느끼지 못하는 불확실성과 무력감에 휩싸인 평직원들은 긴장의 중심에 발이 묶인 채 각자도생한다. 어떤 직원은 퇴사를 선택하고(도피), 또 어떤 직원은 자리를 차지하기 위해 경쟁하거나 다가오는 변화에 억지로 저항한다(투쟁). 인내를 요청하는 회사의 지시를 순순히 따르거나(추종), 일자리를 잃을지도 모른다는 두려움에 사로잡혀 아무 일도 못 하는 직원도 있다(정지). 어떤 직원은 공개적으로 리더십을 비판하기도 한다(악담). 결과에 불만을 품거나 곧 실직을 직감한 직원들은 타인과 자신을 파괴하는 선택을 한다. 이들은 자기 혼자만이 아닌 모두가 긴장의 중심에 있어야 한다고 믿기 때문이다.

고위 경영진은 샴페인을 들어 올리며 '획기적'이고 '혁신적인' 기업 거래와 승진을 축하하느라 조직 내에 널리 퍼지기 시작한 취약성을 인식하지 못하는 경우가 많다. 직원들이 고객 경험보다는 긴장의 중심에서 자신이 느끼는 불안을 해소하는 데만 정신이 쏠려 있으니 기업에서 실행하는 대부분의 주요 변화가 고객의 기대에 미치지 못하는 것도 당연하다. 직원들은 자신에게 부족한 확신과 통제감을 회복하는 데 너무 몰두한 나머지 새로운 과정과 절차에 주의를 기울이거나 기업의 새로운 목표에 신경 쓸 여유가 없다. 고위 경영진이 적극적으로 공격에 나서기를 원할 때 직원들은 수비에만 집중하게 된다. 비자발적으로 긴장의 중심으로 밀려난 평직원들은 자연스레 경영진이 설정한 목표보다 자신의 이익과 개인의 안전지대로 돌아가기 위해 해야 할 일을 우선시하게 된다.

중대한 변화가 발생할 때 리더는 직원들의 신뢰를 빨리 회복하는 것이 좋다. 고객도 마찬가지다. 인수, 매각, 리더십 교체와 같은 사건은 고객의 신뢰를 쉽게 뒤흔들 수 있다. 기업에서 큰 변화를 시도할 때 고객도 직원과 똑같이 5F 반응을 고려한다는 점을 리더가 인식하지 못한다면 무지하다고밖에 볼 수 없다.

비즈니스 리더들이 긴장의 중심에 관해 처음 꺼내는 이야기는 보통 팬데믹처럼 극심한 무력감과 불확실성이 광범위하게 번지고, 어려운 의사결정과 극적인 조치를 취해야 하는 중대한 위기의 순간과 연관된다. 리더들은 사이버공격, 제품 실패 또는 해외 지사에 영향을 미치는 정권 교체와 같이 예기치 못한 중대한 위협에 대처해야 하는 '위기관리'를 떠올린다. 그들은 긴장의 중심을 일상 업무에 지장을 초래하는 불청객으로 여긴다. 그들에게 긴장의 중심은 일이 끔찍하게 잘못 돌아가는 영역이다.

위기의 순간은 인상적이고 감정적으로 다가오지만, 그나마 다행히도 사분면의 왼쪽 하단 깊숙한 곳에서 드물게 발생한다. 하지만 기업들은 일상적으로 긴장의 중심에서 위기의 순간을 경험한다.

매일 고객이나 직원은 어딘가에서 무력감과 불확실성을 경험하고 있다. 조직에는 심각한 문제가 발생했을 때 어떤 절차와 과정을 거쳐 대응해야 하는지 적어놓은 위기관리 매뉴얼이 있고 관련 훈련도 진행된다. 하지만 흥미롭게도 조직은 관리자와 평직원들이 긴장의 중심에서 비교적 덜 심각한 위기에 직면했을 때는 어떤 절차와 과정을 따라야 하는지 별로 고민하지 않는다. 비유하자면 항공기의 '착륙 복행'과 같은 절차가 없다. 경영진은 막상 그러한 상황이 닥치면 사람들이 알아서 행동할 것이라고 믿는다. 기업은 대부분 응급의학과 의사만 훈련을 받는 의료 시스템처럼 굴러간다(그마저도 제한적으로 특정 부상에 대해서만 교육을 받는 셈이다). 기본적인 비즈니스 응급처치 기술을 익히는 직원은 거의 없고, 일반의나 긴급 치료팀(중간 및 고위 경영진)조차도 혼자서 일을 처리해야 하는 경우가 많다. 리더들은 작은 상처나 타박상이 발생했을 때 직원들이 알아서 '적절한 대처'를 하길 바랄 뿐이다.

이러한 접근 방식은 긴장의 중심에서 취할 수 있는 '적절한 대처'가 하나만 있는 것이 아니라는 문제를 간과한다. 5F 반응은 위기뿐만 아니라 스트레스가 심한 모든 상황에서 자연스럽게 나오는 반응이다. 문제가 저절로 해결되기를 바라며 회피하는 것은 삶에서, 또 직장에서 일어날 수 있는 자연스러운 도피 반응이다.

과거에 발생한 주요 위기들을 살펴보자. 직원들이 스스로 문제를 해결할 능력이나 훈련이 부족하다고 느끼거나, 도움을 청하거나 추종할 대상을 모르거나, 상대가 응답하지 않았을 때 긴장의 중심에서 비교적 덜 심각한데도 위기가 발생하는 경우가 많았다. 문제 해결 과정이 아예 없거나, 있더라도 결함을 안고 있거나 불충분했고, 긴장의 중심에서 안전지대로 돌아가는 경로가 명확하게 전달되지 않았다. 더 심각한 문제는 대부분 시간이 지나면서 직원들이 효과적인 대응 방법은 전혀 없을 것이라고 믿기 시작했다는 점이다. 그러면 직원들은 사직서를 내기 시작한다.

때로는 긴장의 중심에서 자책과 수치심, 후회가 이어지곤 했다. 리더들은 긴장의 중심에서 겪게 되는 위기를 비즈니스 활동의 자연스러운 측면으로 받아들이기보다 실패로 간주했다. 직원들은 회사 리더들이 스트레스가 심한 경험을 숨기거나 타인에게 책임을 돌리기 바쁘다고 생각했다. 조직이 긴장의 중심에서 겪는 위기에 대응하는 방식은 투쟁이 아닌 도피와 부정이었다.

투명한 긴장의 중심

리더들은 평소에 회사가 안전지대에서 긴장의 중심으로 자신감 스펙트럼을 따라 추락할 때 조치를 취할 수밖에 없다는 사실을 놓치기 쉽다. 직원과 고객이 회사와 회사의 전망에 완전히 확신하지 못하고 무력감을 느끼기 시작하면 누군가는 반드시 이에 대해 조치를 취해야 한다. 직원들이 대응할 수 없거나 대응 방법을 알지 못한다면 그 책임은 필연적으로 경영진에게 돌아간다. 관리자가 대응할 수 없거나 대응 방법을 알지 못한다면 그 책임은 필연적으로 최고경영진에게 돌아갈 수밖에 없다. 최고경영진조차 대응할 수 없거나 대응 방법을 알지 못한다면 궁극적으로 그 책임은 이사회로 향하게 된다. 취약성이 확대되는 것이다.

긴장의 중심에서 나쁜 소식은 시간이 지난다고 해서 나아지지 않는다. 취약성은 제때 해결하지 않고 방치하면 감염병처럼 곳곳으로 퍼진다. 시간이 지날수록 더 많은 사람이 더 큰 불확실성과 무력감을 느끼게 된다. 긴장의 중심은 지형적으로 가파르다. 왼쪽 하단 구석에는 '절망의 계곡 Valley of Despair'이 있는데 긴장의 중심에서 이를 방치하면 문제가 점차 계곡을 향해 속도를 높이며 굴러떨어진다. 취약성이 이사회에 도달할 즈음이면 이사회가 처음 인식한 수준보다 이미 훨씬 심각한 수준으로 문제가 악화되는 이유가 바로 여기에 있다. 불확실성과 무력감이 심각하고 또 널리 확산되므로 이사회는 빠르고 격렬하게 행동하는 것 외에는 다른 선택지가 없다.

위기가 본격적으로 전개되고 나서야 취약성의 깊이와 폭이 드러나기도 하지만, 긴장의 중심에서 문제가 해결되지 않으면 늘 좋지 못한 결말을 맞이한다. 취약성은 지속 불가능하다. 5F 반응 중 적어도 하나는 반드시 발생한다. 단지 어떤 반응이 언제, 어느 정도로 일어날지가 관건이다.

고객의 경우 이러한 경향은 더욱 두드러진다. 직원과 달리 고객은 긴장을 견디는 데 대가를 받지 않는다. 고객은 긴장의 중심에 방치되어 취약한 상태에 놓이는 것을 용납하지 않는다. 비즈니스 리더는 고객의 신뢰를 회복하기 위해 반드시 조치를 취해야 한다. 긴장의 중심에서 고객은 당연히 인내심을 잃는다. 공급업체, 대출기관, 주주도 마찬가지다. 굳건하게 형성된 관계가 어느 정도 시간을 벌어주겠지만, 긴장의 중심에 있는 대상들을 오래 버티게 하지는 못한다. 누구든지 긴장의 중심에서 얼른 벗어나고 싶어 하기 때문이다. 무력감과 불확실성은 돈과 연관될 때 그리 좋은 조합이 아니다.

이는 오늘날 24시간 연중무휴로 운영되는 온라인 세상과도 잘 맞지 않는다. 비즈니스 리더는 회사가 처한 긴장의 중심이 놀라울 정도로 투명한 환경이라는 사실을 인식하지 못한다. 클릭 몇 번만 하면 평직원들이 어려운 근무 환경에 대해 무슨 생각을 하는지 쉽게 알아낼 수 있다. 게시판과 소셜 뉴스 및 토론 웹사이트인 레딧Reddit에는 직원들이 긴장의 중심에서 겪은 신랄한 경험담으로 가득하다.

고객도 자기 감정을 매우 솔직하게 밝힌다. 클라우드 소싱 리뷰 포럼인 옐프Yelp에서는 흔히 별점 1점짜리 후기와 분노 섞인 글에서 취약성이 드러난다. 소셜미디어는 긴장의 중심에서 느끼는 충동적 감정을 표현하기에 최적인 공간을 제공한다.

주주와 대출기관의 취약성도 있다. 오늘날 금융시장은 투자자들의 저하된 투자심리를 가격에 가차 없이 반영한다. 시장은 자신감을 보여주는 지표이며, 취약성이 급증하면 실제로 가격이 빠르고 격렬하게 하락할 수 있다.

최고경영진은 종종 직원과 고객의 불만을 '정당하지 않은 것'으로 일축한다. 낙담한 CEO는 흔히 회사 주가가 하락할 때 투자자의 행동을 '비이성적'이라고 규정한다. 타인이 취약한 감정을 공개적으로 표현하면 리더는 격분하며 그러한 이야기를 재빨리 무시하고 그 진실성을 의심한다.

경영진은 좋든 싫든 리더로서 긴장의 중심에 들어와 있으므로, 이제 조치가 필요하다는 메시지를 인식해야 한다. 그것이 훨씬 현명한 대처다. 취약성이 해결되지 않는 한 더 큰 취약성을 낳게 된다. 거듭 말하지만, 무력감과 불확실성은 저절로 해결되지 않는다. 5F 반응을 동반할 것이며, 관리자는 군중이 '추종'하기를 바란다면 앞장서서 이들을 이끌어야 한다.

나는 이 책을 쓰면서 비즈니스 리더들이 하나같이 '칩 공급 부족', '공급망 중단', '인플레이션', '원자재 가격 상승' 등 여러 위협을 이유로 들며 비즈니스 운영의 취약성을 논하는 모습을 지켜봤다. 이러한 정보가 대중에게 공개되고 보도 자료와 실적 발표에서 강조된다. 그러므로 당시 회사 경영진이 무엇에 집중하는지, 또는 그들의 조치가 어떤 잠재적 영향을 미칠지 상상하는 것은 그리 어렵지 않았다.

고객, 경쟁사, 주주, 대출기관, 심지어 비즈니스 리더조차 이 두 번째 측면을 지나치게 과소평가하는 경향이 있다. 그들은 기업이 취약성을 해결해야 하는 상황에 처한 후에야 앞으로 일어날 일에 대해 조치를 취하기 시작한다.

문제가 심각하다면 방어에 집중해야 한다. 특히 위기가 발생한 후에 중대한 취약성 문제를 해결하려면 전력을 쏟아야 한다. 기업은 수비와 공격을 독립적으로 전담하는 선수들로 구성된 축구팀과는 다르다. 일반적으로 경영진이 조직 전체를 지휘한다. 조직이 수비할 때는 공격을 할 수 없다. 취약성을 해결하고 고장 난 부분을 고치는 데만 집중해야 하므로 새로운 기회를 잡을 여력이 없다. 혁신과 투자, 장기 전략은 뒷전으로 밀려나고 문제 수습과 전술적 의사결정이 대체한다. 이것이 극단으로 치달아 경영진이 문제 해결에만 몰두하다 보면 경쟁업체가 그 틈을 비집고 들어오는 악순환이 발생한다.

지나치게 자신만만했던 조직이 비틀거리기 시작할 때 이러한 현상이 많이 나타난다. 문제가 축적되고 수년간 과소평가된 위험이 수면 위로 드러나면서 관리자는 고장 난 모든 요소에 압도되고 만다. 리먼 브라더스처럼 순식간에 무너지는 조직이 있는가 하면, 제너럴 일렉트릭처럼 동종 업계 기업들이 뛰어난 성과를 거두는 동안 수년에 걸쳐 방어에만 몰두하는 조직도 있다. 기업들이 고군분투하는 긴장의 중심은 경쟁사들이 민첩하게 새로운 고객과 인재를 확보할 수 있는 비옥한 토양이 된다.

취약성을 해결하는 데 실패하면 다른 곳에도 영향을 끼친다. 같은 취약성을 동시에 해결하기 위해 노력하는 기업이 많을수록 그 결과는 더 강력하고 광범위하게 나타난다. 특히 단일 산업 내에서 여러 기업이 일제히 움직일 때 이러한 현상이 종종 발생한다. 2008년 주택 위기 때 금융업계가 집단으로 대응한 방식을 살펴보자. 당시 대출기관은 재빨리 조치를 취해 신규 주택 구매자가 사실상 대출을 받지 못하도록 틀어막았다. 이는 주택 가격에 하락 압력을 가했고 자본에 훨씬 쉽게 접근할 수 있었던 기업 구매자들의 주택 구매를 광범위하게 촉진하는 계기가 되었다. 개인이 소유했을 주택이 이제 기업의 임대 부동산이 된 것이다.

널리 확산된 취약성을 집단으로 대응하면 그 영향이 확대되고, 더 나아가 혁신적인 변화를 경험할 수 있다. 9.11 테러 전후의 항공사 보안 정책을 떠올려보자.

우리는 긴장의 중심을 경험하면서 한 가지 중요한 시사점을 얻었다. 바로 중대한 취약성이 우리를 변화시킨다는 점이다. 우리는 절대 '일상으로 돌아갈 수 없다'. 극심한 무력감과 불확실성에 직면하면 이에 맞서 대응할 수밖에 없다. 하지만 즉각적인 위협을 해결한 후에도 무력감과 불확실성은 계속 남는다. 한 번 무너진 자신감은 회복하기까지 오랜 시간이 걸린다. 취약성이 어떻게든 다시 고개를 들지 않을지 우려하는 마음도 생긴다. 결국 다시는 취약한 마음이 들지 않도록 계속 노력을 기울인다. 자기도 모르는 사이에 긴장의 중심으로 되돌아가지 않도록 특별히 설계한 과정과 절차로 가득한 새로운 일상을 의도적으로 만들어낸다.

나는 응급의학과 의사들과 코로나19 경험을 주제로 이야기를 나누다가 흥미로운 사실을 알게 되었다. 바로 에이즈 유행이라는 극심한 취약성이 나타나면서 전염병 바이러스 치료 방식이 획기적으로 바뀌었다는 사실이다. 병원 종사자와 환자들이 겪었던 취약성을 해결하기 위해 구체적인 과정과 절차가 1980년대 초에 마련됐다. 예를 들면 병원에서 환자를 검사할 때 라텍스 장갑을 착용하고, 사용한 주삿바늘은 손상성 의료폐기물 전용 용기에 버리는 규정이 생겼다. 이제 이러한 변화의 상당수가 환자 치료에 일상적으로 이뤄진다.

비즈니스에서도 이와 같은 취약성 중심의 변화가 일상적으로 일어나고 있다. 예를 들어 1970년대 주식시장의 변동성과 높은 인플레이션으로 광범위하게 확산된 금융 취약성은 변화의 물결을 일으켰다. 오늘날에는 당연하게 여겨지는 파생상품, 패시브passive 투자, 주주 가치 극대화 원칙은 거의 반세기 전부터 투자자들이 경험했던 극심한 불확실성과 무력감을 해결하려는 시도에 기반하고 있다.

마지막으로, 같은 취약성 중심의 행동 패턴은 늘 규제에 반영된다. 우리는 위기가 발생한 후에 새로운 행동을 채택하고, 긴장의 중심에서 확실하게 진심으로 멀어지고 싶을 때 정책입안자들에게 중요한 역할을 해달라고 요청한다. 단순히 '위험' 표지판을 붙이는 데 그치지 않고 경비원을 고용하여 아무도 취약한 구역으로 돌아가지 못하도록 만드는 것이다.

어떤 경우든 긴장의 중심이 변화를 강제하고 촉진한다는 점은 분명하다. 새로운 무언가가 긴장의 중심이라는 잿더미를 파헤치고 탄생하는 것이다.

■

긴장의 중심에서는 한 가지 목표를 품게 된다. 바로 그곳을 벗어나는 것이다. 그러려면 행동을 취해야 한다. 일단 벗어나는 데 성공하면 다음 목표는 다시는 그곳으로 되돌아가지 않는 것이다. 우리는 계속 취약성에 영향을 받는다.

    하지만 긴장의 중심은 다른 방식으로 우리를 변화시킨다. 우리 선호도가 극적으로 바뀌어버린다. 다음 장에서는 바로 이 선호도에 주목할 것이다.

05

시야 선호

마크 트웨인은 "역사는 그대로 반복되지 않지만, 그 흐름은 반복된다"라는 명언을 남겼다. 기술 등이 발전한 덕분에 수단과 방법은 주기적으로 바뀌었지만, 기본적인 본능은 달라지지 않은 것 같다. 우리는 감정에 따라 비슷한 방식으로 행동한다. 사실 이렇게 반복되는 패턴은 알아차리기 쉽고 유용하다.

예컨대 금융시장에서 기술 분석가는 과거 투자자들의 행동 패턴을 연구하고 선례를 바탕으로 미래가격의 움직임을 예측한다. 그들은 투자자의 행동과 시장 흐름이 일치할 때 수익을 창출한다.

1920년대에 주목을 받은 '헴라인 지수 Hemline Index' 같이 시장 중심 이론을 믿고 추종하는 투자자들이 있다. 이 이론은 치마 길이(헴라인)가 주가와 함께 올라가거나 내려가는 상관관계를 보여준다. 광란의 20년대 Roaring

Twenties 말에 이른바 신여성 flapper(플래퍼)들이 짧은 주름치마를 입기 시작했는데, 헴라인 지수 이론의 신봉자들은 이것이 앞으로 닥칠 금융 경제위기를 암시하는 명백한 신호였다고 해석한다. 그들은 1960년대에 유행한 미니스커트도 마찬가지로 위기를 암시했다고 주장한다. 고층 빌딩 건축을 가지고 비슷하게 미래를 예측하는 사람들도 있다. 뉴욕의 엠파이어 스테이트 빌딩과 세계무역센터, 두바이의 부르즈 칼리파가 지어지기 시작한 시점은 모두 금융시장이 고점을 찍은 시점과 일치했다.[1]

투자자에게는 흐름이 매우 중요하다.

2008년 금융위기 이후, 나는 과거 호황과 불황 주기에서 관측되는 투자자들의 행동을 더 잘 이해하고 그 흐름을 포착하기 위해 자산시장을 깊이 파고들었다. 그리고 나는 투자자들이 모두 매우 유사한 패턴을 따랐다는 점을 발견했다. 혁신적인 기술과 '이번에는 다르다'라는 거창한 생각이 높은 자신감과 어우러져 열광의 시기가 나타났고, 이후 돌연 예상치 못한 가치 폭락과 투자자의 자신감 붕괴가 뒤따랐다. 감정과 행동이 너무 일관되게 주기적으로 나타났기 때문에 역사가 특정 흐름을 보일 뿐만 아니라 거의 그대로 반복된다는 것도 알 수 있었다.

나는 자신감 사분면을 활용하고 다른 사람들에게도 이 도구를 소개하여 특정 경험을 지도로 표시하도록 이끌면서 비슷하게 뚜렷한 패턴을 발견했다. 각 영역 내에서(그리고 자신감 스펙트럼의 각 지점에서) 특정 감정이 비슷한 종류의 행동과 나란히 연결됐다. 행동들이 무리를 이루며 서로 맞물려 나타난 것이다.

이러한 패턴이 흥미롭긴 했지만, 나는 그것이 특별히 유용한 정보를 담고 있다고 생각하지는 않았다. 우리가 극심한 무력감과 불확실성을 경험할 때 5F 반응을 보인다는 점은 흥미로운 토론 주제가 될 수 있다. 하지만 그것이 위기 상황에서 리더의 대응을 향상시키는 데 반드시 도움이 되지는 않을 것이다.

좀 더 깊이 생각해보고 나서야 입력과 출력이 있어도 그 둘을 연결할 명확한 방법이 없다는 점을 깨달았다. 당시에 나는 감정과 행동을 잇는 전달 메커니즘을 깊이 이해하지 못했다. 특정 종류의 행동들이 특정 감정들의 조합과 연관되는 이유를 설명할 수 없었다.

역설적으로 답은 롤러코스터의 정상에 있었다.

긴장의 중심에서 우선하는 '지금 이곳의 나'

나는 롤러코스터를 싫어한다. 통제권을 중요시하기 때문이다. 롤러코스터의 승객석에 앉을 때나 긴장의 중심에 있을 때나 내가 느끼는 감정은 그다지 차이가 없다. 아이들은 엄마와 함께하는 운전 연수를 선호했다. 아이들이 자동차를 운전하며 전신주를 지날 때 아내는 나처럼 움찔하지 않았다.

롤러코스터는 하늘을 향해 느린 속도로 올라가면서 딸깍거리는 소리를 낸다. 나는 그 소리를 듣자마자 긴장의 중심 깊숙한 곳으로 이동하게 된다. 롤러코스터가 쉿소리를 내며 트랙을 따라 급강하하기 직전에 트랙의 맨 꼭대기에 잠시 멈춰 서면 내 심장은 터질 듯이 빠르게 뛴다. 완전히 공황 상태에 빠지는 것이다. 이때 나는 자신감 사분면의 맨 왼쪽 하단 구석으로 몰린다.

롤러코스터가 꼭대기에 올라섰을 때 불현듯 한 생각이 뇌리를 스쳤다. 그동안 찾고 있었던 감정과 행동을 잇는 연결고리를 마침내 발견한 것이다. 분위기에 따라 선호도가 달라지고, 기분에 따라 자연스레 필요와 욕구가 달라진다. 그동안 나는 바로 이 연결고리를 놓치고 있었다.

롤러코스터가 꼭대기에 다다르자 나는 앞으로 펼쳐질 일을 위해 마음의 준비를 했다. 이때 내게 중요한 것은 오직 내 이익뿐이었다. 내 머릿속은 온통 현재 내 위치와 앞으로 몇 초 동안 내게 일어날 일에 관한 생각으로 가득했다. 그 외에 중요한 건 아무것도 없었다. 옆자리에 앉은 사람, 놀이동산의 다른 구역에서 벌어지는 일, 다음 주, 다음 달, 내년에 일어날 일 등은 전혀 중요하지 않았다. 나는 오직 '지금 이곳의 나Me-Here-Now'에 집중했다.

나는 다른 사람들이 사분면의 왼쪽 하단 영역에 표시한 다양한 행동을 살펴보면서, 그들도 특히 왼쪽 하단 구석에서 '지금 이곳의 나'와 같은 사고방식에 이끌렸다는 것을 깨달았다. 우리는 유독 취약하다고 느낄 때 '지금 이곳의 나'를 우선하는 경향이 두드러진다. 자기 이익과 물리적, 시간적 근접성은 가장 중요한 요소다. 즉각적인 위협은 바로 그 순간, 그 지점에서 자기 자신에게 집중하도록 만든다. 무엇보다 '지금 이곳의 나'를 우선하는 태도는 위기 상황에서 무의식적으로 우리 행동을 지시한다. 따라서 생존이 중요한 시점에 5F 반응이 나오는 것도 당연하다.

위기 상황이나 '생존 모드'라는 틀에 갇히면 '지금 이곳의 나'를 우선하는 태도와 극도로 편협한 세계관이 완전히 들어맞게 된다. 위협을 느낄 때 개인의 생존에 집중하는 것 말고 또 어떤 반응이 나올 수 있을까?

우리는 인생에 대한 확신과 통제감이 부족할 때 문제의 원인이 무엇이든 모든 순간에 '지금 이곳의 나'를 선호하게 된다는 사실을 간과한다.

교통사고를 겪거나, 다리가 부러지거나, 여러 사람 앞에서 발표할 때 좋은 반응을 얻지 못하거나, 좋지 못한 이별을 하거나, 직장에서 해고당하거나, 대학 불합격 통지를 받거나 등등, 사분면의 왼쪽 하단 구석에 놓이게 되는 다양한 경험은 우리를 곧장 '지금 이곳의 나'에게 다시 집중하도록 이끌며 똑같은 영향을 준다. 이는 긴장의 중심에서 나타나는 고유한 특성으로, 왼쪽 하단 구석에 근접할수록 시야가 좁아지고 더욱 강렬한 감정에 휩싸인다.

한 가지 흥미로운 점이 있다. '지금 이곳의 나'를 우선하는 방식은 모든 의사결정과 행동을 한꺼번에 초월한다. 출근길에 자동차가 고장 나면 우리는 '지금 이곳의 나'에게 집중한 상태로 사무실에 도착한다. 이러한 사고방식은 삶에 대한 확신과 통제감을 회복할 때까지 직장에서도 그대로 유지된다. 관리자가 설정한 조직의 목표보다는 개인적인 자동차 문제에 신경 쓰느라 정신이 없다. 그 외에 감지하기 힘든 결과도 있다. '지금 이곳의 나'를 우선하느라 업무를 그리 전략적으로 해내지 못할 가능성이 크다. 당장 눈앞에 닥친 자동차 문제를 신경 쓰느라 시간적으로 멀리 떨어진 미래나 지리적으로 먼 거리까지 고려하기는 어려워진다. 한편 외국인 혐오와 국수주의에 빠질 가능성도 있다. 어디에서 무엇을 하든 기분은 곧 감정이 된다. 우리는 삶에서 느끼는 확신과 통제감을 철저하게 구분해서 다루는 데 능숙하지 않다.

자신감이 떨어지면 그 이유와 상관없이 '지금 이곳의 나'라는 선호가 다음 의사결정과 행동을 주도하기 쉽다. 이러한 정보를 바탕으로 사람들이 어떻게 행동할지 합리적으로 예측하는 작업은 그리 어렵지 않다.

예측 방법을 보고 놀라는 독자도 있을 것이다.

[그림 5.1] '계절성 우울증'과 '컴포트 푸드'의 구글 트렌드 도표

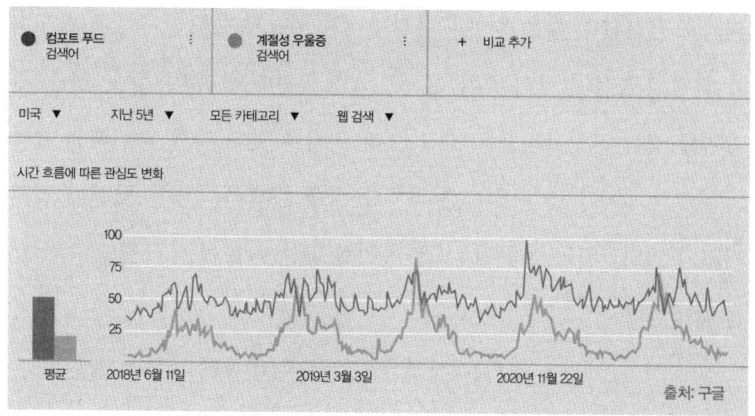

예를 들어 2020년 3월 초에 팬데믹이 엄습하자 도미노 피자 그룹의 주가가 급등했다.[2] 학생들은 이 주가 차트를 보고 다 알고 있었다는 듯 미소를 지었다. 자신감과 음식을 다룬 이전 강의에서 학생들은 '이별 후' 가장 즐겨 먹은 음식을 서로 공유했다. 벤앤제리스 초콜릿 퍼지 브라우니 아이스크림의 뒤를 이어 피자와 중국 음식처럼 몇 분 만에 집 앞까지 배달되는 음식과 지방을 많이 함유한 다양한 간식이 상위권을 차지했다. 몇 년 전 한 학생은 적절하게도 이러한 음식들을 5F와 허무주의에 연결 지어 '염병할 될 대로 돼라 음식fuck-it foods'이라고 부르기도 했다.

자신감이 떨어지면 식단에도 '지금 이곳의 나'라는 사고방식이 자연스럽게 반영된다. 건강한 음식 선택과 장기적인 식단 계획은 뒷전으로 밀려나게 된다. 당장 미래가 불확실한데 장기 계획이 무슨 소용이 있겠는가?

[그림 5.1]을 보면 추억이 깃든 정든 음식을 의미하는 '컴포트 푸드comfort food'와 '계절성 우울증seasonal depression'의 구글 검색량이 매우

유사하게 바뀌는 것을 알 수 있다. 앞서 자신감이 낮을 때 찾게 되는 음식으로 학생들이 꼽은 음식과 마찬가지로 컴포트 푸드는 지방과 탄수화물 함량이 높은 경향이 있다. 컴포트 푸드는 따뜻한 추억, 향수, 전통, 가족과 분명한 연결고리를 갖고 있는데 '지금 이곳의 나'를 우선하는 궁극의 요리로 볼 수 있다. 익숙한 정든 음식을 선택하는 것은 낯선 모험과 거리가 멀다. '지금 이곳의 나'를 우선할 때는 어떻게든 가장 익숙한 것을 갈망한다.

친숙한 음식을 선호하는 경향은 단순히 허리둘레를 넘어 훨씬 많은 것에 영향을 준다. 로커보어 locavore(현지에서 재배된 식품과 음식을 소비하는 행위―옮긴이)와 팜투테이블 farm to table(농장에서 재배한 유기농 농산물을 유통 단계를 거치지 않고 곧장 식탁까지 연결하는 행위―옮긴이) 운동 역시 자신감이 낮은 환경과 관련이 있다. 금융위기가 터지자 월마트는 경제적으로 지역 농산물 판매를 늘리기 위한 계획에 착수했다. 당시 월마트는 높은 경유 가격에 대응하여 농산물의 이동 거리를 줄이고 연료비를 절감하는 '푸드 마일 food mile' 정책을 시행했다.[3] 이는 '지금 이곳의 나'를 우선시하는 소비자의 태도와도 잘 맞아떨어졌다. 자신감이 낮아질 때는 소중한 사람들, 지역 사회 등 우리와 가까운 관계가 더욱 안전하고 높은 가치를 지닌 것으로 인식되기 마련이다. 이 때문에 금융위기 이후에 지역 수제 맥주 양조장과 명장이 운영하는 제과점이 자연스레 급증했다. '지금 이곳의 나'라는 흐름에 맞춰 등장한 소규모 업체들은 주류 판매를 장악한 앤하이저부시 인베브 Anheuser-Busch InBev나 식품 판매를 장악한 몬델리즈 인터내셔널 Mondelez International(나비스코 소유) 등의 글로벌 대기업과 대조를 이룬다.

자신감이 낮을 때의 의사결정을 잠시 살펴보면 우리가 '지금 이곳의 나'를 선호한다는 사실을 어렵지 않게 발견할 수 있다. 자신감이 낮은 시대는 경제, 정치, 사회, 심지어 문화에 걸쳐 '지금 이곳의 나'를 사차원으로 담고 있다. 1960년대 후반부터 1980년대 초반은 모든 면에서 '지금 이곳의 나'를 드러내며 대변혁을 일으킨 시대였다. 폴라로이드 카메라와 소니 워크맨이 큰 인기를 끌면서 '자신감'은 '자기 확신'으로 바뀌었다. 즉 과거 경험이나 외부 근거에 기반한 자신감이 스스로에 대한 믿음과 내면에서 비롯되는 자신감으로 전환된 것이다. 최근에는 이러한 추세가 아이폰, 커피 캡슐, 셀카로도 이어졌다.

어쩌면 독자에게는 지금까지 내 입맛에 맞는 사례만 선별해 다룬 것처럼 보였을지도 모르겠다. 각자 자신감이 떨어졌을 때 자신이 무엇을 선호했는지 떠올려보기를 바란다. 다음에 비행기를 탔을 때 예기치 못한 난기류를 만난다면 잠시 행동을 멈추고 자신이 무엇에 집중하고 있는지 생각해보자. 사회, 지리, 시간 면에서 볼 때 그 집중의 범위는 어떠한가? 아마도 난기류라는 경험이 지나갈 때까지는 '지금 이곳의 나'에게 집중할 가능성이 크다.

'시야선호'의 확대

긴장의 중심 깊은 곳에서 '지금 이곳의 나'의 결정과 행동은 눈앞에 닥친 위협에 충동적으로 반응한 결과다. 그런 만큼 빠르고 격렬한 반응이 나오는 것도 그리 놀랍지 않다.

하지만 야생 곰이 텐트에서 멀어지거나 롤러코스터에서 내릴 때처럼 자신감 사분면에서 오른쪽 상단 안전지대를 향해 이동하며 긴장이 풀리기 시작할 때 어떤 일이 일어나는지 생각해보자. 먼저 선호도가 바뀌고 긴박한 행동이 줄어들 것이다. 무언가를 해야 한다는 극심한 시간적 압박이 사라지고 충동적 행동이 줄어든다. 좀 더 신중하게 행동하게 되는 것이다.

초점도 넓어진다. 자기 자신만 생각하기보다 타인의 상태가 괜찮은지, 다음에 무엇을 하고 싶은지 물어보게 된다. 더 사교적으로 바뀌고 서로 연결된다. 공통된 관심사가 생긴다. 마찬가지로 시간적 시야가 확장되어 다음에 무엇을 할 것인지 생각하기 시작한다. 얼마 전까지만 해도 알 수 없다고 느꼈던 미래가 이제 더 명확해 보인다. 마지막으로, 물리적 시야가 확대된다. 주변의 가까운 영역을 넘어 더 넓은 영역을 고려하게 된다. 사회적, 지리적, 시간적으로 선호와 초점이 확장된다. 나는 이를 '시야 선호Horizon Preference'가 확대된다고 표현한다.

나는 시야 선호가 모든 자신감 수준에서 조용히 감정과 행동을 연결하는 자연스러운 전달 메커니즘이라고 생각한다. 자신감 스펙트럼의 가장 아래쪽인 긴장의 중심 깊은 곳에서는 극단적으로 '지금 이곳의 나'를 우선하는 경험을 하게 된다. 반면 스펙트럼의 반대편에 있는 안전지대에서는 극단적으로 '언제 어디서나 우리Us-Everywhere-Forever'를 우선하는 경험을 하게 된다.

자신감이 최고조에 이르면 집단적 관심사, 광범위한 지역, 장기적 기간을 적극적으로 받아들인다. 비유하자면 자신감이 넘치는 상태에서는 먼 우주에 있는 목표에 도달하기 위해 야심 찬 장기 전략 목표를 세우며 타인과 함께 노력하고, 너그럽게 협동하는 모습을 보이게 된다. 공통 목

[그림 5.2] **자신감 사분면과 시야 선호**

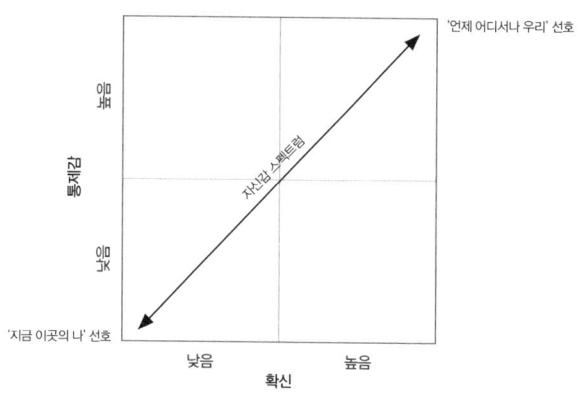

표인 달을 향해 열심히 함께 나아가는 것과 같다.

눈에 띄지 않는 시야 선호는 감정에 기반하여 행동을 규정한다. 마치 사회적, 물리적, 시간적 시야 등 삼차원으로 느끼는 감정에 따라 주변 시야를 자동으로 자연스럽게 조정하는 가변 렌즈 고글을 착용한 듯한 기분을 선사한다. 우리가 바라보는 세상은 기분에 따라 축소되고 확장된다. 취약성은 좁은 시야를 강요하는 반면, 자신감은 더 넓고 확장된 시야를 제공한다.

시야 선호를 이해하고 세 가지 차원이 우리 감정과 행동을 어떻게 동시에 연결하는지 쉽게 알아볼 한 가지 방법은 여행 계획을 세울 때 의사결정과정을 떠올려보는 것이다.

우리는 자신감이 바닥을 치면 집에 혼자 있고 싶어 한다. 불확실한 세상에서 무력감을 느끼며 현관 밖으로 나서지 않는다. 아무도 집에 초대하지 않으려 한다. 내면으로 기울어져 자신을 고립시킨다. 주변 사람들과 장소, 미래 등 너무도 많은 것이 불투명해진다.

하지만 자신감이 최고조에 달하면 수년 후 낯선 사람들과 문화가 있는 머나먼 곳으로 떠나는 화려한 여행을 계획한다. 자신감이 충만한 상태에서 내리는 선택은 부의 축적을 넘어 훨씬 깊은 믿음에 기반한다. 미래에 세계 어느 곳이든, 심지어 우주에 착륙하더라도 높은 확신으로 통제할 수 있다는 믿음에 이끌린다. 정상에 오르면 사회적, 지리적, 시간적으로 시야가 완전히 선명해진다. 세계는 평평하다. 자신감이 추락할 일은 전혀 없다(실제로 토머스 프리드먼의《세계는 평평하다》는 전 세계 소비자 자신감이 정점을 찍을 무렵에 폭넓은 찬사를 받으며 큰 인기를 끌었다).[4]

이와 같은 개인의 여행 계획에 관한 설명은 경영 기획에도 광범위하게 적용된다. 안전지대에서 자신감이 최고조에 이른 기업들과 그 주주들은 시야가 완전히 선명해져서 어디서든 무엇이든 가능하다고 믿게 된다.

추상성 선호

위의 마지막 요점을 더 잘 이해하려면 시야 선호의 중요한 네 번째 요소인 추상성 abstraction에 대한 상대적 선호도를 들여다볼 필요가 있다.[5]

창문 너머 지평선을 바라보면 멀리 있는 물체가 가까이 있는 물체보다 잘 보이지 않는다는 사실을 금방 알아차린다. 이때 쌍안경이 없으면 사물을 식별하기 어렵다. 멀리 있는 물체는 난해하게 보인다. 이와 같은 시각화 원리는 미래를 생각하는 방식에도 적용된다. 예컨대 다음 주보다 5년 후 모습을 상상하기가 더 어렵다. 1년 후 일정은 이번 주말 일정보다 더 추상적으로 느껴진다. 사회적 상호작용과 관계에도 똑같은 원리가 적용된다. 예를 들어 '직계가족'보다 상대적으로 거리감이 있는 추

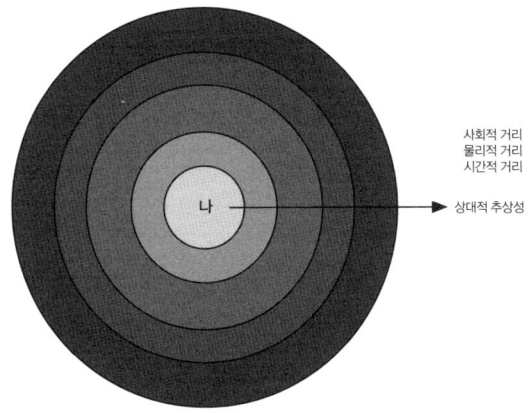

[그림 5.3] **사차원으로 느끼는 상대적 근접성**

상적인 친척을 나타내기 위해 종종 '먼 사촌'이라는 용어가 사용된다. 이처럼 우리는 시각과 지리적 거리의 원칙을 주변의 현실 세계뿐만 아니라 훨씬 더 많은 것들에 연관시킨다.

[그림 5.3]에서 보듯이 우리 주변에는 사람, 장소, 미래의 사건으로 채워진 일련의 보이지 않는 동심원이 있다. 이 동심원은 모두 상대적 추상성에 대한 인식, 즉 우리가 상대적으로 느끼는 확신과 통제감 수준에 따라 배열된다. 좀 더 현실적으로 실재하는 대상으로 인식되는 사람, 장소, 사물은 가장 안쪽 반경에 자리하고, 좀 더 추상적인 대상은 바깥쪽에 자리한다.

우리는 위협을 느끼면 취약해지고 자신감이 떨어진다. 낯설고 잠재적으로 위험한 무언가가 어떻게든 우리 내면에 침투한다. 게다가 그 대상이 심리적으로 가까이에 있으면 위협이 매우 현실적으로 와닿는다. 친숙하고 신뢰하는 대상들에 둘러싸인 기분이 들지 않고, 불청객이 찾아왔음을 감지하게 된다.

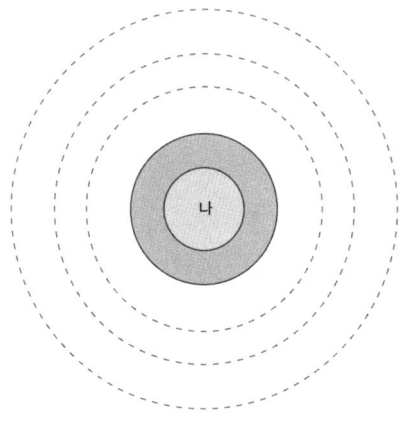

[그림 5.4] 코로나19에만 집중하는 반응

앞서 설명했듯이, 한 영역에서 일어난 심각한 취약성을 해결하기 위한 충동적이고 단기적인 사고방식은 다른 영역에 오래 지속적으로 영향을 미친다. [그림 5.4]에서 알 수 있듯, 긴장의 중심에서 나타나는 위협에 집중하느라 다른 많은 것에 주의를 기울이지 못한다. 긴장의 중심에서 어려움을 겪는 사람이 많아지면 결국 리더도 그들처럼 어려움을 겪게 된다. 대규모 조직을 이끄는 경영진은 본질적으로 추상적인 특성이 있다. 최고경영진과 일선 직원 사이의 모든 관리 단계는 중요한 역할을 하며, 각 단계는 리더가 심리적으로 더 멀리 떨어져 있는 듯한 인상을 준다. 직원들의 마음속에 CEO는 바깥쪽 반경 어딘가에 자리한 존재다. 이는 코로나19 사태를 직접 겪으면서 개별 리더뿐만 아니라 세계보건기구와 기타 국제기구 등 많은 기관에서 나타난 현상이다. 각 개인이 '지금 이곳의 나'를 우선시하는 상황에서 심리적으로 멀리 떨어져 있는 리더십은 큰 영향을 미치기 어렵다.

리더십이 효과가 없는 이유와 긴장의 중심에서 그토록 감정적으로 변할 수 있는 이유를 이해하려면 시야 선호를 이루는 마지막 요소를 살펴볼 필요가 있다. 다소 어려운 용어로 들릴 법한 '심리적 거리 왜곡Psychological Distance Distortion'이다.

심리적 거리 왜곡이 의사결정에 주는 영향

심리적 거리 왜곡은 간단히 말해 사회적, 지리적, 시간적 거리에 대한 인식이 고정되어 있지 않음을 의미한다. 우리가 느끼는 감정에 따라 달라지는 것이다.

시간에 대한 인식을 살펴보자. 자신감이 높은 상태일 때, 자신감 사분면의 오른쪽 상단 영역인 안전지대에 있을 때는 시간이 수월하고 빠르게 흘러간다.[6] 즐거운 시간을 보낼 때는 시간이 '쏜살같이' 빠르게 지나간다. 사무실에서 보내는 날보다 휴가 기간이 훨씬 빨리 흐른다. 좋아하는 일에 '몰입'하다 보면 몇 시간이 훌쩍 흘러 있어 무척 놀라곤 한다. 시간 가는 줄 모르는 것이다.

반면에 자신감이 낮은 상태일 때, 왼쪽 하단 영역에 있는 긴장의 중심에 있을 때는 시간이 느리게 흐른다. 가파른 얼음 비탈에서 넘어진 후 구조대가 오기를 기다리는 그 몇 분이 몇 시간처럼 느껴진다.[7] 초, 분, 시간 단위는 표준화된 시간의 척도이지만, 우리가 느끼는 시간은 기분에 따라 달라진다.

결과적으로 기분과 분위기에 따라 우리를 둘러싼 주변 반경에 아코디언 현상이 나타난다. 자신감이 높으면 반경 간 거리가 줄어든다. 멀리 떨어져 있는 반경이 바로 옆에 있는 것처럼 느껴지고, 10년 후에 벌어질 일이 내일 벌어질 일과 별반 다르지 않게 느껴진다. 낯선 사람도 가까운 가족처럼 느껴진다. 시각화하기 어려운 추상적 대상이 이제 선명하게 보이기 시작한다.

자신감이 무너지면 이 모든 것이 뒤집힌다. 반경이 폭발적으로 늘어나고, 갑자기 다음 주에 어떤 일이 벌어질지 알 수 없게 된다. 익숙했던 도심조차 외국처럼 추상적이고 낯설게 느껴진다. 시간이 느리게 흐르는 듯 느껴지는 것도 당연하다. 방금까지만 해도 매우 현실적으로 와닿았던 것이 이제는 매우 추상적으로 느껴진다.

심리적 거리 왜곡을 설명한 내용이 병원에서 중요한 진단을 앞두었을 때, 응급실에서 초조하게 진료를 기다릴 때 시간이 왜 그토록 오래 느껴지는지 이해하는 데 도움이 되기를 바란다. 우리는 자신감이 떨어지면 자연스럽게 더 조급해진다. 운송 중개 서비스 애플리케이션인 우버에서 예약한 기사가 예정 시간 10시가 아닌 10시 2분에 나타나면 우리는 마치 비행기를 타야 할 때 느끼는 초조한 감정을 느낀다. 기다리는 동안 매 순간을 초 단위로 확인하며 숫자를 센다. '1001, 1002……' 그렇게 매 순간이 더디게 흘러간다.

이제 한 무리의 사람들이 어떤 기분을 느낄지 상상해보자. 군중의 분위기가 가라앉으면 집단이 느끼는 조급증이 강화되면서 무너지는 시간 선호가 미치는 영향과 시간 왜곡의 효과가 더욱 확대된다. 시위대가 거리로 나서는 모습에서 이러한 현상을 실시간으로 확인할 수 있다. 군중은 즉각적인 만족을 추구하며 **지금 당장** 조치를 취하라고 요구한다.

내부 프로젝트의 진행이 늦어질 때 비즈니스 리더는 종종 '지금 이곳의 나'에게 집중하는 시간 왜곡을 경험한다. **지금 당장** 조치가 요구되는 상황에서 고위급 임원들의 조급한 태도가 뚜렷해진다. 하지만 막상 입장이 바뀌면 많은 리더가 다른 모습을 보인다. 리더들은 파업 중인 노동자들이 자신감이 낮아진 상태에서 요구하는 긴급성을 과소평가하기 쉽다. 예컨대 직원들의 즉각적인 임금 인상 요구를 불합리하다며 무시하기도 한다.

시간 선호가 매우 다른 두 집단이 서로 대립할 때 긴장이 빠르게 고조된다. 가령 한쪽에서는 즉각적인 조치가 필요하다고 여기지만, 다른 쪽에서는 문제를 철저히 검토하고 전략적으로 계획을 수립한 후 시간을 두고 신중하게 실행해야 한다고 믿는다. 이 두 집단은 합의에 도달하기 어려워진다. 리더는 취약해진 사람들을 대할 때마다 그 개인이나 집단이 거의 틀림없이 시간 선호 왜곡을 경험하고 있을 것이라는 점을 기억하고 신속하게 대응해야 한다.

하지만 시간 왜곡은 우리가 경험하는 세 가지 거리 왜곡 중 하나에 불과하다. 자신감에 따라 달라지는 인식의 변화는 사회적 거리와 물리적 거리를 인식할 때도 똑같이 나타난다.

마라톤 선수들에게 물어보면 어느 구간이 더 길게 또는 짧게 느껴졌는지 바로 알려줄 것이다. 거리가 같다고 해서 다 같은 코스가 아니다. 마라톤 코스에서 오르막 자체보다는 상대적인 자신감이 경주를 경험하는 방식에 더 큰 영향을 미치는 경우가 많다(물론 이때도 자신감은 중요한 역할을 한다. 자신감이 있을 때는 그렇지 않을 때보다 언덕이 더 평평하게 느껴진다).[8] 피곤하거나 불안한 상태에서는 1마일이 10마일처럼 느껴진다. 같은 거리를 걷더라도 날씨가 화창할 때보다 비가 내릴 때 훨씬 멀게 느껴진다.

이처럼 우리가 느끼는 감정에 따라 진정한 의미가 달라진다.

공급 부족에 대한 두려움은 다른 취약한 감정과 마찬가지로 거리 선호를 쉽게 무너뜨린다. 우리는 부족하다고 여겨지는 것은 무엇이든 가까이에 비축해두려는 경향이 있다.[9] 1970년대 중동 석유파동 때도 비슷한 현상이 나타났다. 당시 가정용 기름통 구매가 급증했고(내 부모님도 기름통 하나를 갖고 계셨다), 전략적인 석유 비축이 시작됐다. 팬데믹 당시에는 그로 인한 공급 부족으로 전 세계 구매와 공급망 관리가 '근거리 공급'과 현지 비축, 만일의 사태에 대비하는 과정으로 대체되면서 시장에 왜곡이 일어나고 행동에 변화가 나타났다.[10] 예컨대 집에 새로운 식료품 저장소를 추가하거나 여분의 냉동고를 둘 공간을 확보하고, 만에 하나 정전이 발생했을 때 '지금 이곳의 나'를 위해 전력을 공급할 수 있도록 가정용 발전기를 설치하는 등 많은 소비자가 행동에 나섰다.[11] 최근 러시아가 우크라이나를 침공하자 석유와 가스의 물리적 거리 선호에서도 이와 비슷한 변화가 포착됐다. 유럽 각국의 지도자들은 입장을 바꿔 국가의 자급자족과 국내 에너지 공급 확대를 촉구하기 시작했다.

이러한 대응은 마지막 심리적 거리 왜곡 요소인 사회적 거리로 이어진다. 사회적 거리는 상대적으로 그리 명확하지 않으며 신뢰라는 개념으로 가장 잘 설명할 수 있을 것이다. 우리는 자신감이 낮으면 타인을 덜 신뢰하게 된다. 타인을 더 불확실한 존재로 여기고 덜 의지하는 것이다. 결과적으로 자신감이 낮으면 가까운 가족조차 낯선 사람처럼 느껴지기도 한다.

팬데믹 기간에 백신과 접종 계획을 놓고 사회적 분열이 일어나면서 많은 사람이 이러한 현상을 몸소 경험했다. 한때는 동질감을 느꼈던 가족 구성원에게서 이전과 다른 인상을 받고, 과거에 신뢰했던 사람들과 사회적으로 거리감을 느꼈다. 타인의 의도와 목적에 의문을 품는 사람들도 생겨났다. 합의점을 찾기는 더욱 어려워졌다.

위기 상황에서는 시야 선호와 심리적 거리 왜곡의 영향을 쉽게 관찰할 수 있다. 하지만 이 두 가지 요소를 직장에서도 흔히 볼 수 있다. 기업은 그 영향력을 인식하는 것이 중요하다. 이유 불문하고 고객과 직원이 무력감과 불확실성을 느낀다면 비즈니스 리더는 '지금 이곳의 나'에 기반한 해결책을 내세워 대응해야 한다.

시야 선호와 자신감의 상관관계

기업들은 많은 시간과 비용을 들여 금리, 인플레이션, 소비자 지출 등 경제 요소와 자사의 실적이 어떤 상관관계가 있는지 알아본다. 소비자심리와 소비자 자신감을 어떻게 변화시키는지까지 살펴보는 기업도 있다. 하지만 이들은 이러한 요인들이 수익에 미치는 영향에만 초점을 맞추고, 시야 선호라는 관점에서 기업을 폭넓게 바라보는 경우는 거의 없다. 결국 변화하는 사회적, 시간적, 지리적 선호가 기업에 동시다발적으로 미치는 영향을 간과하게 되고, 이에 대처하는 계획을 세우지 못한다. 하지만 시야 선호를 포괄적으로 이해하는 조직은 종종 자신감 하락이 불러오는 산업 파괴와 협소한 선호도를 조정하고 대비하며, 더 나아가 그러한 변화를 활용할 수도 있다.

예를 들어 국제 유람선 회사를 운영한다고 가정해보자.

카니발 크루즈 라인 같은 회사의 대표라면 경기 침체기에 '지금 이곳의 나'라는 흐름이 달갑지 않을 것이다. 자신감이 떨어지면 여행객들은 외국 문화와 먼 여행지에 대해 이전보다 두려움을 느낄 뿐만 아니라 향후 여행을 계획하기는커녕 고려조차 하지 않을 가능성이 크다. 위기에서 살아남으려면 고객을 유치해야 한다. 더 저렴한 가격에 작은 유람선을 타고 이동하는 근거리 여행을 제공하고 전액 환불이 가능한 상품을 제공해야 할 것이다. 모든 상품이 '지금 이곳의 나'라는 사고방식을 반영하도록 재조정돼야 한다.

회사 인력이 다문화로 구성되어 있는데 직원들이 자연스레 외국인을 혐오하게 된다면 사내에 여러 문제가 발생한다. 오랫동안 지속된 부정확한 고정관념은 내분을 불러올 가능성이 크다. 기업이 서비스를 제공하는 지역에서 민족주의가 심해지면서 발생하는 문제도 있다. 복잡한 정치 환경은 국내외에서 이러한 문제를 더욱 가중하며, 자신감이 낮아질수록 규칙과 규정이 엄격해진다. 게다가 규칙을 만드는 사람들도 '지금 이곳의 나' 또는 '내 집에서는 내 규칙을 따를 것'과 같은 사고방식에 기반해 의사결정을 내리므로 모든 정책 변화가 일관성이 떨어진다는 점도 문제다.

만일 내가 운영하는 기업이 어렵고, 대출기관과 주주가 실질적인 위험으로 파산을 염두에 둔다면(오랫동안 파산할 가능성이 희박하다고 믿었던 경우) 그들도 '지금 이곳의 나'를 우선할 가능성이 크다. 자기자본조달은 거의 불가능할 것이며, 그나마 이용할 수 있는 신용대출은 훨씬 높은 이자와 막대한 양의 담보를 요구하고, 엄격하게 제한된 약정을 제시하고, 만기를 짧게 유지하려 할 것이다.

비즈니스 리더와 경영진은 여러 전선에서 동시다발적으로 전투를 치러야 한다. 이 같은 문제를 예상하고 이에 대비할 수 있다면 경쟁에서 한발 앞서 나갈 수 있다.

카니발 크루즈 라인의 경영진을 비판하려는 의도는 아니다. 다만 팬데믹이 닥쳤을 때 이 기업은 시야 선호 하락이 불러온 예측 가능한 광범위한 피해에 안타깝게도 대비하지 못했다. 그러나 대비하지 않은 기업은 카니발 크루즈 라인 한 곳만이 아니었다. 수년 동안 성공을 거둔 여행 관련 기업들의 경영진은 대부분 순진하게도 소비자 자신감이 하락하는 위기에서 자기 회사가 벗어나 있다고 생각했다.

2017년 9월, 당시 아메리칸 항공 CEO 더글러스 파커Douglas Parker는 증권분석가와 기자들에게 한때 극심한 변동성을 겪었던 여행업계가 금융위기 이후 회복세를 보이면서 급진적인 변화를 거쳤으므로 이제 다시는 손실을 보지 않을 것이라고 말했다. 그는 팬데믹이 닥치기 전에 관광객으로 넘쳐나는 인기 여행지의 상황을 설명하는 데 널리 사용된 표현인 과잉 관광, 이른바 '오버투어리즘Overtourism'이 영원히 지속될 것이라 여겼다.[12] 파커는 아무리 최악의 해가 올지라도 세계 최대 항공사의 세전이익이 약 30억 달러에 달할 것으로 전망했다.[13]

그러나 2020년, 아메리칸 항공은 89억 달러의 손실을 기록했다.[14]

방금 여행업계에 관해 공유한 사실을 살짝 바꾸면 2008년 주택 위기 때 발생한 일에도 그대로 적용해볼 수 있다. 당시에도 시야 선호의 붕괴는 대출자와 대출기관에 큰 혼란을 불러왔다. 주택 가격이 폭락하고 대출자들이 남은 주택담보대출금을 갚지 못하게 되자, 대출자들은 만기가 길어 추상적인 30년 만기 주택담보대출보다 '지금 이곳의 나'를 위해 쓰는 신용카드와 자동차 대출기관에 대금을 우선 지불하기로 결정했다.

그리스 부채위기 때도 비슷하게 선호도 변화가 나타났다. 그리스에서는 은행 현금자동입출금기에서 인출한 현금을 보관하려고 금고가 내장된 침대 매트리스를 구매하는 사람들이 생겨났다. 미국에서 금융위기가 터졌을 때도 비슷한 움직임이 있었다.[15]

방금 이야기한 사례는 시야 선호가 무너졌을 때 발생할 수 있는 부정적인 측면을 잘 보여준다. 하지만 민첩한 사람에게는 이것이 긍정적인 측면으로 작용하기도 한다. 시야 선호가 중요한 이유가 바로 여기에 있다. 기업에서 시야 선호를 조정하고 활용할 수 있다면 '지금 이곳의 나'라는 사고방식은 기회를 의미한다.

특히 고객에게 빠르게 응답하는 배관공은 '지금 이곳의 나'를 우선시하는 고객의 요구를 만족시키며 성과를 쌓을 수 있다. 응급실에서 일하는 의사와 간호사, 그 외에 응급 구조대원도 마찬가지다. '지금 이곳의 나'에 집중하면서 개인과 기업의 긴급한 요구 사항을 해결하는 기업과 직업군은 자연스럽게 그들과 상호작용을 하게 된다.

'지금 이곳의 나'를 우선시하는 환경이라면 기업 분야와 무관할지라도 '지금 이곳의 나'를 선호하는 고객에게 맞추어 제품과 서비스를 재조정해야 할 때다. 1960년대 후반, 폴라로이드는 자사에서 만든 즉석카메라가 당시 '지금 이곳의 나'라는 사고방식에 완벽하게 부합하는 제품임을 입증했다. 오늘날 세상에는 원하는 것을 원하는 시간과 장소에서 제공하도록 설계된, '지금 이곳의 나'와 꼭 맞는 제품과 서비스로 넘쳐난다. 넷플릭스나 스포티파이 같은 스트리밍 서비스는 알고리즘 기술을 기반으로 개인 사용자가 현재 느끼는 기분과 딱 어울리는 '지금 이곳의 나' 서비스를 제공하는 전문 업체다. 아마존, 인스타카트, 우버이츠, 도

어대시 같은 제품 배송업체도 마찬가지다. 그밖에 소셜미디어도 예로 들 수 있다. 직장에서의 '지금 이곳의 나' 사고방식을 떠올려보자. 트위터, 인스타그램, 스냅챗, 틱톡 등은 '지금 이곳의 나'를 우선하는 모든 충동적 욕구를 충족시킨다. 다소 부적절한 메시지나 이미지를 소셜미디어에 공유하기로 한 그 짧은 순간의 결정이 장기적으로 미칠 영향까지 고려하는 사람은 거의 없다.

하지만 이러한 기업들은 세계화에 대한 반발, 정치적 양극화, 사회운동이 심해지는 환경에서도 성장을 지속해왔다는 점을 유념해야 한다. '지금 이곳의 나'라는 사고방식은 인기 제품과 서비스뿐만 아니라 훨씬 다양한 분야에서 두드러진다. 게다가 오늘날의 환경은 50년 전 폴라로이드가 대성공을 거둔 시기의 정치적, 사회적 격변과도 맞닿아 있다. 오늘날의 상황은 전혀 특별하지 않다.

■

우리가 어떤 감정을 갖든 그 감정에서 자연스럽게 선호하게 되는 시야가 있다. 자신감이 낮을 때는 '지금 이곳의 나'에게 집중하고, 자신감이 높을 때는 반대로 다른 것에도 관심을 가진다. 우리는 취약하다고 느낄 때 추상성에 저항한다. 우리에게는 현실적인 것이 필요하다.

따라서 긴장의 중심에서는 고객과 다른 중요한 구성 집단의 '지금 이곳의 나'에 기반한 요구 사항을 능숙하게 처리할 리더가 필요하다. 다행히 이러한 기술은 쉽게 식별해 개발할 수 있으므로 긴장의 중심에서 불가피하게 맞닥뜨릴 위기의 순간에 더 잘 대비할 수 있다.

06

긴장의 중심에서
더 잘 대처하는 방법

　누구나 좋든 싫든 미래에 위기를 맞닥뜨리게 된다. 제품 결함, 형편없는 고객 서비스, 골칫거리인 제3자, 경기침체 등 위기의 원인이 무엇이든 기업과 개인이 언제 긴장의 중심에 빠지게 될지가 관건이다.

　기업의 위기관리계획은 대부분 특정 위협에 초점을 맞추어 그 위협을 피하지 못했을 때 취해야 할 조치를 담는다. 특히 기업의 재정이나 평판에 치명적인 결과를 초래할 만큼 충격이 큰 사건을 주요 대상으로 삼는다.

　기업에서 인식하는 위협은 종종 동종 기업들의 사례에 근거한다. 이를테면 어떤 기업에서 사이버공격을 당했을 때 다른 기업의 CEO와 이사회, 규제당국 등은 이 위협에 대비하지 못한 채 무방비 상태로 노출되는 상황을 들키고 싶어 하지 않는다. 이는 기업들이 업계에 널리 알려진 문제에 주로 집중하게 하는 원인이 된다. 때로는 다른 조직이 겪은 안타까운 중대한 사건이나 업계의 사전 준비 부족에 대해 사후에 대응하고 대비하는 데 초점을 맞추기도 한다. 기업들은 정례적으로 최후의 전쟁을 치르기 위한 계획을 수립한다.

이러한 종류의 대비가 무가치하거나 중요하지 않다는 의미는 아니다. 하지만 조직에서 특수성에만 집중하면 각 사례를 일회성 사건으로 받아들이기 쉽다. 결과적으로 특정 사안의 복잡성을 가장 잘 이해하는 전문가가 그 사안을 중심으로 상향식 계획을 수립하게 된다. 기업 전체의 위험관리 부서나 감사 부서가 대개 이 과정을 감독하지만, 일반적으로 이들의 광범위한 감독 역할은 계획의 실재와 적절성을 보장하는 데 그친다. 이들은 위기가 발생했을 때 담당 전문가가 그 위기에서 조직을 회복시킬 수 있을 만큼 적절한 지식과 기술을 갖추고 있다고 바라면서 규정 준수에만 중점을 둔다.

여러 위기가 각기 다른 양상을 띠는 듯 보여도 공통점이 많다는 점을 인식할 때 비로소 위기관리를 개선시킬 수 있다. 9.11 테러, 코로나19 팬데믹, 2008년 주택 위기는 각각 매우 다른 이유로 유발됐지만, 모두 비슷하게 강렬한 무력감과 불확실성, 극단적인 '지금 이곳의 나'라는 사고방식을 조성했다. 이 세 가지 사건은 자신감을 뒤흔들었고, 충격을 받은 사람들을 자신감 사분면의 왼쪽 하단 구석으로 밀어 넣었다.

하지만 위기의 순간에는 세 사건 모두 '문제'가 아닌 '위협'으로 묘사됐다. 두 표현에는 차이가 있으며, 모든 위기 속 현실을 보여준다. 위협의 근원(제거해야 할 매우 구체적인 문제), 그리고 위협이 초래하는 취약성과 기타 반응(긴장의 중심에서 일어나는 모든 주요 사건에 수반되는 일반적 반응) 이 두 가지 문제가 동시에 해결돼야 한다.

원인이 명확한 위기 계획은 유용하지만, 분명히 틈이 존재한다. 역사가 보여주듯, 모든 기업이 위기를 대비해 계획을 세우지는 못한다. 게다가 계획이 수립되더라도 구체적인 계획은 문제 제거에만 초점을 맞춘다. 조직과 다른 주요 집단이 느끼는 광범위한 위협을 무시한다. 결과적으로 폭풍이 지나간 후에도 불확실성과 무력감은 오래 남고 신뢰 회복은 더디게 진행된다.

위기관리 개선

위기를 관리할 때 문제의 원인이 무엇이든 간에 위기 상황에서 발생하는 불확실성과 무력감을 사후가 아닌 실시간으로 해결하고 절차를 마련하여 구체적인 계획으로 보완하는 편이 더 낫다.

앞서 위기 상황에서 리더가 취약성 중심의 접근 방식을 취하는 것이 왜 중요한지 설명했다. 다시 3장으로 돌아가서 그 과정과 단계를 살펴보길 바란다. 이 과정은 당사자들의 관점을 넓히고 단순히 문제가 아닌 위협을 제거하는 방향으로 사고방식을 전환한다. 이를 통해 리더는 복합적인 문제의 현실을 바로 직시해야 한다.

언뜻 이러한 접근 방식은 위기 상황에서 CEO와 이사회가 요구하는 신속하고 격렬한 대응에 반하는 것처럼 보일 수 있다. 그러나 응급실에서는 이 접근 방식을 실습하고 준수하면 상황에 신속하게 대응할 수 있을 뿐만 아니라 자원을 제일 중요한 사안에 더 집중시킬 수 있다는 사실을 매일 입증하고 있다. 게다가 이 방식은 위기 대응팀이 상황에 따라 태세를 전환할 수 있도록 구조화된 틀을 제공한다. 이는 근본적으로 대부분의 위기 계획에서 볼 수 있는 구체적인 세부 사항이 아니라 구조화된 문제 해결 과정에 뿌리를 둔다. 따라서 이 방식은 모든 위기 상황에 적용할 수 있다.

예를 들어 2018년 10월에 라이언 에어 보잉 737 맥스 여객기가 추락했다. 뒤이어 6개월도 채 지나지 않은 2019년 3월에는 에티오피아 항공이 운항하던 보잉 737 맥스가 추락했다. 두 번째 사고가 발생한 후 보잉이 취약성 중심의 접근 방식을 취했다면 어땠을까? 항공기 제조사인 보잉은 고객사들이 승객석에서 비즈니스를 운영한다는 사실을 이미 충분히 인지했을 것이다. 만약 고장이 발생한다면 치명적인 결과가 초래되어 최종 고객인 항공사 승객은 완전히 무력해지므로 고도의 확신이 요구되는 항공기를 제공해야 한다. 자신감 측면에서 보면 여객기 운영 환경은 보통 본질적으로 취약하므로, 보잉은 자신감 사분면의 오른쪽 가장자리에 붙어 있어야 사업을 지속할 수 있다.

보잉이 두 번째 항공기 추락 사고가 발생했을 때 취약성 중심의 접근 방식을 취했다면 '외국인 조종사 문제(첫 번째 항공기 추락 사고 후 보잉의 대응)'와 매우 구체적인 '737 맥스 항공기 문제(두 번째 항공기 추락 사고 후 대응)'를 넘어 승객, 조종사, 항공사의 극심한 취약성 경험'이라는 관점으로 초점을 곧바로 확대했을 것이다.[1] 보잉의 여객기 사업에 대한 실존적 위협도 명백해졌을 것이다. 이러한 인식이 확대됐다면 보잉의 우선순위와 집중 분야가 자사 항공기의 특정 기계적 문제가 아닌 공급처인 항공사와 조종사, 승객이 느끼는 극심한 무력감과 불확실성으로 전환됐을 가능성이 크다. 보잉은 후자의 경우를 훨씬 심각한 문제로 여겼다. 그동안 신뢰할 수 있는 항공기 제조업체로서 쌓아온 명성이 위태로워질 수 있기 때문이다.

예컨대 보잉은 이 사태로 인해 규제당국이 항공기를 제재할 때까지 가만히 기다리지 않았다. 신뢰가 깨진 상황에서 사후에 느리게 대응하기보다 긴급하고 적극적으로 예방 조치를 취하는 편이 훨씬 낫다는 점을 인식하고 즉시 조치를 취했다. 항공기를 고치는 것도 중요하지만 무엇보다 최대한 빠른 신뢰 회복이 절실했다.

특정 문제가 발생한 후 극도로 취약한 경험이 이어지며 위기가 재연될 때 기업이 취해야 할 조치의 유형을 들여다보면 놀라울 정도로 간단하다. 기업의 위기관리팀은 고객, 평직원, 주주, 대출기관 등 다른 사람들이 느끼는 확신과 통제감을 회복할 최선의 방법을 정해야 한다. 기업은 이들의 신뢰 없이 존재할 수 없기 때문이다.

기업들은 명백한 문제를 해결하고 기업 내부의 자신감을 되찾는 것이 위기관리의 유일한 목표라고 배웠다. 위기 계획을 관통하는 단어가 있다면 바로 '회복'이다. 목표는 간단하다. 가능한 한 빨리 이전 상태로 돌아가는 것이다. 리더들은 위기 상황에서 조직이 얼마나 빨리 문제를 통제하고 이전 상태를 회복할 수 있는가에 따라 성공이 좌우된다는 말을 반복적으로 들어왔다. 조직은 '효과적이고 단호한 조치'를 취하여 즉시 업무에 복귀할 수 있을 때 찬사를 받는다. 이러한 분석에서 속도는 위기 회복을 결정짓는 중요한 성공 요인이다.

따라서 계획을 수립할 때 대체로 '집중'과 '신속'은 핵심 원칙이 된다. 명백한 문제에 집중하는 것 외에는 선택의 여지가 거의 없다. 포괄적으로 심사숙고하는 것은 고려 대상에서 제외된다. 일의 속도를 늦추고 불필요한 복잡성을 가중하기 때문이다. 이사회는 당장 만족스러운 대응을 원한다. 위기 계획의 목적은 사람들이 해야 할 일을 인식하고 필요할 때 그 일을 신속하게 수행하도록 만드는 것이다. 계획을 수립해놓으면 모든 사람이 그 계획을 사용할 수 있다.

대부분의 비즈니스 리더가 위기를 권위적으로 관리하려 한다는 사실은 그리 놀랍지 않다. 이사회는 경영진이 상황을 강력하게 통제하기를 기대한다. 그들은 CEO가 운전대를 양손으로 잡고 있으면 나머지 구성원들을 모두 차에 태워 목적지까지 가장 빠르게 갈 수 있다고 믿는다. 이사회는 엄청난 확신을 원한다. 일반적으로 위기에 놀란 이사회는 더 이상 충격을 겪지 않길 바란다.

말하자면 위기 상황에서 이사회가 바라는 것은 집에 수도관이 터졌을 때 배관공에게 바라는 것과 매우 유사하다. 바로 문제를 제거할 전문 지식을 갖춘 누군가가 즉시 대응해주기를 바라는 것이다.

하지만 이 권한이 기업 환경에서 행사됐을 때 자신감 사분면에서 어떤 양상을 보일지 생각해보자.

다행히 이 접근 방식이 성공하면 확신이 빠르게 회복되고 실제로 강한 확신이 생길 것이다. 위기 상황에서 CEO는 일반적으로 운에 맡기지 않는다. 그들은 기업을 긴장의 중심에서 승객석으로 끌어와 사분면의 맨 오른쪽 가장자리에 놓는다[그림 6.1].

안타깝게도 모두가 안심할 수 있는 안전지대가 아닌 승객석 오른쪽 가장자리의 맨 하단에 자리 잡는 경우가 제일 많다. 한때 조직 전반에 걸쳐 이뤄졌던 의사결정은 결국 최고경영진에 의해 엄격하게 통제된다. 위기가 발생한 후 기업은 보안이 엄격한 감옥이 있는 사분면의 오른쪽

[그림 6.1] **권위주의적인 위기 대응**

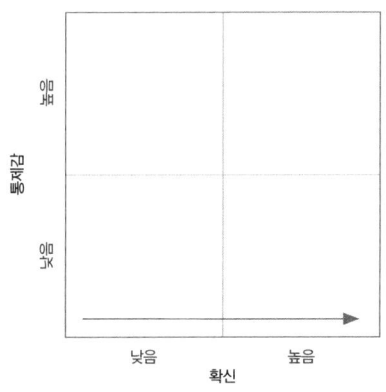

하단 구석에 자리 잡는다.

이러한 환경은 평직원과 심지어 중간 및 고위 관리자에게도 감옥처럼 느껴진다. 문제는 이들이 승객석으로 밀려나는 것이 합당한지는 차치하고, 이 상황을 위기에 대한 처벌로 여긴다는 점이다. 무엇보다 위험을 감수할 수 없는 환경을 조성한다는 점은 심각한 문제다. 승객석의 오른쪽 하단 구석은 발사대에서 매우 멀리 떨어져 있고, 자신에게는 권한이 없다는 사실을 조직 내 모든 구성원이 인지하는 영역이다.

부디 오해하지 않기를 바란다. 분명히 이러한 접근 방식이 필요한 순간이 있다. 혼란스럽고 폭력적이며 불안한 상태, 목숨이 위험한 일촉즉발의 상황을 떠올려보자. 이러한 순간에는 사람들에게 약간의 통제권을 허용해도 위기가 지속될 수 있다. 이러한 이유로 전면적인 봉쇄 조치가 취해진다. 하지만 폭풍이 지나고 평온이 찾아와도, 리더들은 또다시 토네이도가 기습적으로 닥칠까 봐 두려워 여전히 통제권을 움켜쥔다. 최고경영진은 직원들에게 다시 권한을 부여하고 의사결정 책임을 분배하기를 마지막까지 미루려 한다.

　이러한 결과를 피하려면 리더는 다음과 같은 점을 인식하려 노력해야 한다. 직원들에게 확신과 통제감이라는 개념을 심어주고 싶다면 위기 상황에서도 의사결정권을 최대한 조직 내부에 깊숙이 유지해야 단기적으로나 장기적으로 더 큰 성공을 거둘 수 있다. 직원들에게 수동적으로 리더를 따라주기를 요구하면 목표를 달성하지 못한다. 리더는 위기 상황에서 직원들과 결과에 대한 주인의식을 공유해야 한다. 그래야만 직원들은 폭풍이 지나갔을 때 자신이 위협을 해결하는 데 기여했다고 느낀다. 최고경영진뿐만 아니라 다른 직원들도 확신을 품고 통제를 할 수 있다고 느낄 때 기업에 대한 신뢰가 회복된다.

　권위주의적인 위기관리 방식에는 두 번째 문제가 내재되어 있다. 경영진이 아무리 다르게 생각할지라도 신뢰가 없으면 리더는 고객을 긴장의 중심에서 승객석의 맨 오른쪽으로 이끌 수 없다. 직원들과 달리 고객에게는 선택권이 있고 리더를 따르지 않기로 결정할 수도 있다. 기업의 위기가 고객에게 영향을 미칠 때 큰 문제가 발생한다. 이는 경영진에 대한 신뢰가 매우 낮은 경우에 해당한다. 나쁜 일이 발생하면 고객은 비즈니스 리더를 비난하기 쉽다. 경영진은 애초에 위기가 발생하지 않도록 예방해야 한다. 고객들은 기회가 생기면 긴장의 중심에서 승객석으로 끌려가기보다 다른 업체를 찾아 떠날 것이다. 고객의 입장에서는 자신을 승객석에 밀어 넣더니 돌연 도로변에 버리고 갈 법한 위험한 운전자가 그리 좋아 보일 리 없다.

　위기 상황에서 고객과 가장 가까운 직원에게 의도적으로 권한을 위임하면 지친 고객의 마음을 진정시키는 데 큰 도움이 된다. 심리적 거리는 매우 중요하다. 위기가 발생했을 때 화려한 임원 직함은 그다지 의미가 없다. 오히려 임원실과 현장 사이에 존재하는 심리적 거리만 더욱 벌려놓을 뿐이다. 응급실 환자는 병원장이 누구인지 궁금해하지 않는다. 병원장을 만나고 싶은 마음도 들지 않는다. 고객들은 자신감이 낮을 때 자신에게 무엇이 필요한지 가장 잘 알아차리고, 자기 마음을 헤아려서 구체적으로 지금 이곳에서 자신이 겪는 문제를 가장 잘 도와줄 사람과 상대하고 싶어 한다. 비즈니스 리더가 이러한 현실을 무시하는 것은 어리석은 일이다.

위기 리더십 역량 평가

기업이 간과하기 쉬운 또 다른 현실이 있다. 바로 긴장의 중심으로 갑자기 추락한 기업의 리더에게는 어려운 결단이 요구된다는 점이다. 자신감이 떨어지고 신뢰가 깨진 상황에서 이사회와 리더는 자체적으로 최고경영진의 변화가 필요할지 고민해야 한다.

간단히 말해, 긴장의 중심에서 리더십을 발휘하는 것은 위기가 발생하기 전 안전지대에서 리더십을 발휘하는 것과 크게 다르다. 대체로 이사회에서는 이 차이를 뒤늦게 인식하고, 관련 조치를 취할 때까지 더 오랜 시일이 걸린다. 그들은 어떤 환경에서도 필요한 기술과 능력을 갖춘 '전천후' 리더를 잘 고용했다고 믿는다. 자신감 사분면의 네 영역을 모두 훌륭하게 헤쳐 나갈 수 있는 리더가 거의 없다는 사실을 인식하지 못한다. 위기를 극복하려 고군분투하는 리더가 상황을 악화시키는 데도 그저 지켜보기만 하는 이사회가 많다. 직장 동료, 고객, 이사회 사이에는 집단적 취약성이 형성된다.

이사회가 마침내 행동에 나설 때는, 투자자들이 주식시장이 급락한 후 바닥을 찍자 시장이 회복되리라는 기대를 버리고 주식을 팔아 현금화할 때와 다르지 않다. 나는 이러한 상황을 여러 번 목격했다. 이는 조직이 자신감 스펙트럼의 바닥에 빠르게 도달하고 있다는 신호이며, 나는 이를 중요한 지표로 주목하게 되었다. 놀랍게도 CEO를 갑자기 교체하는 시점에 기업의 주가가 최저치를 기록하는 경우가 상당히 많다. 이사회가 행동에 나설 때쯤이면 이미 무력감과 불확실성이 만연해진 상황이다.

역설적으로 이사회는 자신감이 극도로 낮아질 때까지(위기가 절정에 치달을 때까지) 행동에 나서지 않고 가만히 기다리다가 일반적으로 위험을 최소화할 '안전한' 사람, 즉 이사회가 볼 때 위험을 전혀 감수하지 않을 게 확실한 사람을 데려온다. 이사회는 이미 저절로 꺼질 불을 이제야 끄겠다며 의도적으로 누군가를 선임한다.

뒤늦게 그럴 게 아니라 이사회는 위기가 닥치기 전에 다음과 같은 세 가지 질문을 던져야 한다.

- CEO는 위기 상황에서 효과적으로 기업을 이끌 자신감이 있는가?
- 사람들은 CEO가 위기 상황을 효과적으로 헤쳐 나갈 수 있다고 믿는가?
- CEO는 위기 상황에서 기업을 효과적으로 이끌 기술을 갖추고 있는가?

이 세 가지 질문에 대한 답은 모두 심리에 기반한다. 신뢰는 전적으로 주관적인 요소다. 그렇지만 각 질문과 관련하여 고려해야 할 객관적 요인도 있다.

긴장의 중심에서 벗어나야 할 때 CEO의 자신감을 가로막는 마음가짐이 있다면 바로 자기 불신이다. 비난, 수치심, 후회로 가득한 긴장의 중심의 왼쪽 하단 구석에 도달했을 때 자연스럽게 무력감과 불확실성이 동반된다. 우리는 긴장의 중심에 도달하게 만든 원인을 두고 한탄한다. 그저 문제가 끝나기를 바라고, 더 나아가 과거로 돌아가고 싶어 한다. 우리 욕망은 과거에 머물러 있다. 마음을 어지럽히는 오늘의 불확실성보다 어제가 훨씬 좋아 보이기 때문이다. 현재의 결함에 관해 악담을 퍼부으면서도 과거의 모든 결함과 어려움을 간과한다. 그저 이전 상태로 돌아가기만을 간절히 바란다.

리더도 이러한 심리에서 자유롭지 못하다. 특히 재임 기간 중에 일어나는 모든 일에 당연히 책임을 지고자 하는 리더는 더욱 그렇다. 어떻게든 자신이 위기를 허용했거나 초래했다고 여기는 리더는 그 위기를 해결하는 데 어려움을 겪을 것이다. 문제를 지나치게 개인적인 감정으로 받아들이기 때문이다. 그들에게 위기는 기업이 아닌 **본인**의 실패다. 그러나 동시에 두 문제를 해결할 수는 없다. '지금 이곳의 나'라는 관점은 언제나 '나'를 먼저 내세운다.

파격적인 승진을 거쳐 새로운 직함을 받게 된 리더가 있을 것이다. 이들은 아직 자신이 리더가 될 만큼 충분한 지식을 갖추지 못했다고 느낄 수 있다. 이들을 따라야 하는 팀원들과 이 신임 리더를 처음부터 회의적인 시각으로 바라봤던 이사회도 같은 심정일지 모른다. 이러한 분위기는 신임 리더의 자신감에 도움이 되지 않는다. 이는 심리적인 거리와 생소함이 빚어내는 저주다. 리더가 되고 나서 긴장의 중심을 한 번도 경험해보지 못한 사람들에게도 똑같은 감정이 일어날 수 있다.

　리더가 스스로 되뇌는 이야기는 사실 여부와 상관없이 리더의 행동에 영향을 미친다. 위기가 닥치면 반드시 누가 책임을 떠맡으며 조직을 이끌고 있는지 솔직하게 평가해야 한다. 리더는 진정으로 자신이 그 일을 해낼 수 있다고 생각하는 걸까? 리더가 그렇게 생각하지 않는다면 그 일을 능숙하게 해낼 수 없다.

　한편 다른 사람들의 자신감이 과대평가되는 경우가 너무도 많다. 안전지대에서 오랫동안 성공적으로 실적을 쌓으면 후광효과가 일어나고 리더의 전능함에 대한 믿음이 널리, 때로는 걷잡을 수 없을 만큼 퍼진다. 다들 반복된 승리가 리더를 위기에 적절히 대비할 수 있게 만들어준다고 여긴다. 이전 성공이 자신감 사분면의 어느 지점에서 이뤄졌는지에는 그다지 관심을 기울이지 않는다. 대부분은 긴장의 중심 이외의 영역에서 거둔 성공이다.

　이사회는 리더와 심리적으로 가깝다고 느낄지 모른다. 리더가 본질적으로 다른 사람들에게서 심리적인 거리감을 느낀다는 사실을 인식하지 못하기 때문이다. 경영진의 관계는 겉으로 보이는 것보다 훨씬 취약하다. 마지막으로, 이사회는 리더에 관해 자신하지 못하면 자연스럽게 그 리더를 감시하고 비판하는 수준이 높아진다는 사실을 인식하지 못한다. 그것은 치부가 드러나고 칼날이 겨누어질 **가능성**이 아닌 **시점**의 문제다. 자신감이 높을 때는 무시되거나 용인됐던 약점들이(철저한 감시도 없었다) 이제 언론의 도마 위에 오를 것이다.

　상황이 더 악화되면 조직의 결속력마저 광범위하게 공격받는다. 모두가 '지금 이곳의 나'만 생각하는 상황에서 탄탄한 지지기반이 없는 리더는 기회를 잡지 못한다. 위기가 닥치기 전에 내분이 일어난다면 이는 곧 치열한 전투로 이어질 수밖에 없다. 이사회는 이러한 현실을 받아들이고 타격을 입은 리더를 게임에서 끌어내려야 한다. 리더십의 취약성은 저절로 개선되지 않는다.

위기에 대응하는 리더십 기술

긴장의 중심을 다루는 데 필요한 기술이 부족한 리더들이 있다. 안전지대의 상단에서 성적이 우수한 슈퍼볼 팀을 코치할 때는 훌륭한 리더였을지 몰라도 위기 상황을 성공적으로 헤쳐 나갈 때 필요한 역량이 부족할 수 있다. 여기서 말하는 '필요한 역량'이란 단순히 폭풍우를 뚫고 기업을 성공적으로 이끈 경험만을 의미하지 않는다. 다른 기술들도 필요하며, 이는 일반적으로 기대하는 수준과 다르다.

러시아의 우크라이나 침공은 많은 군사전문가와 정치 전문가를 당혹스럽게 했다. 정치인으로 변신한 전직 코미디언이 공격적이고 경험이 풍부하며 권위주의적인 블라디미르 푸틴에게 제대로 맞설 수 있으리라고는 생각하지 않았기 때문이다. 전문가들이 보기에 볼로디미르 젤렌스키는 이 위기를 감당할 만한 능력이 없는 인물이었다.[2]

나는 그런 시각에 동의하지 않았다.

유럽 부채위기가 발생한 2013년 초, 당시 이탈리아의 전직 TV 코미디언 베페 그릴로와 그가 공동으로 창당한 정당인 오성운동 Five Star Movement이 총선을 휩쓸며 다른 정당보다 25퍼센트 더 많이 득표했을 때 전문가들은 지금과 비슷한 평가를 내놓았다.[3] 그때도 전문가들은 코미디언이 그 정도로 대중적인 반응을 끌어낼 수 있다는 사실에 당혹스러워했다. 금융위기가 한창이던 2008년, 미국 TV 프로그램〈새터데이 나이트 라이브〉출연자인 코미디언 알 프랭컨이 미네소타주 연방 상원의원에 당선됐을 때도 많은 정치 전문가가 비슷한 당혹감을 느꼈다.

코미디언이 당선된다는 게 말이 되는가!

물론 데이터 규모가 매우 작긴 하지만, 그릴로와 프랭컨의 사례는 젤렌스키와 같은 리더십 유형이 기대 이상으로 잘 작동할 것임을 시사한다. 젤렌스키는 위기 상황에 필요한 주요 기술들을 갖추고 있었다. 나는 한 걸음 더 나아가 위기 속에서 조직을 이끄는 리더의 잠재력을 평가할 때 조직이 살펴야 할 기술들을 코미디언이 두루 갖추고 있다는 점을 짚고 싶다.

코미디언이 성공하려면 다음과 같은 기술이 필요하다.

- 의사소통 능력, 변화를 빠르게 읽고 지휘하는 능력
- 인내심, 잦은 거절을 극복할 수 있는 능력
- 창의력, 긴장을 늦추지 않고 남들과 다르게 생각하는 능력
- 예리한 관찰력, 다른 사람들이 놓치는 것을 볼 수 있는 능력
- 공감력, 타인과 관계를 형성하는 능력

우리는 일반적으로 이러한 기술을 최고경영진의 자격요건으로 여기지 않지만, 위기 상황에서는 이 모든 기술이 리더에게 요구된다.

그렇지만 코미디언만 훌륭한 위기관리 리더십을 갖춘 것은 아니다. 대체로 이사회에서 쉽게 떠올리지 못하는 또 다른 집단이 있다. 바로 정

신질환자들이다. 정신과 의사이자 기분장애 전문가인 나시르 가에미는 《광기의 리더십》에서 조증과 우울증 경험이 어떻게 유용한 위기관리 리더십 기술로 이어지는지 자세히 설명한다.[4] 러시아의 우크라이나 침공 직후, 가에미는 리더십에 관해 다음과 같은 칼럼을 썼다. "조증은 트라우마 회복탄력성 그리고 창의성과 관련이 있다. 우울증은 공감력을 높이고 자기 환경에 관해 현실적으로 평가할 수 있게 해준다. 위기 상황에서 리더는 무엇보다 회복탄력성을 갖춰야 한다. 리더는 급히 도망치거나 겁을 먹거나 망설여서는 안 된다. 창의력을 발휘하여 도무지 해결책이 없을 것 같은 상황에서도 탈출구를 찾아야 한다."[5]

발명가들도 비슷한 기술을 보유하고 있다. 초진 간호사와 여러 호스피스 종사자들도 마찬가지다. 나는 기업이 조직 내에서 특정 경력을 갖춘 전문가나 개인에게 리더 역할을 맡겨야 한다고 제안하는 것이 아니다. 긴장의 중심에서 효과적으로 발휘되는 리더십이 기업 이사회와 최고경영진이 생각하는 것과 다르다는 점을 강조하고자 한다. 위기가 닥치면 이사회는 할리우드 영화에 나올 법한 리더십 유형에 따라 현직 리더와 다음 후보자를 평가한다. 이들은 긴장의 중심을 성공적으로 탐색하는 데 필요한 구체적 기술보다는 겉모습과 자신감 연극에 초점을 맞춘다.

지난 역사를 돌이켜보면 위기 상황에서는 불확실성과 무력감이 팽배한 환경에 익숙한 개인, 즉 창의성, 회복탄력성, 공감력, 행동과 같은 기술을 성공적으로 발휘한 경험들로 검증된 리더가 조직을 더 잘 이끈다는 점을 알 수 있다. 오늘날 기업들은 무슨 수를 써서라도 위기 환경을 피하려고 하므로 거의 모든 기업에 이러한 자격을 갖춘 위기관리형 리더가 없는 실정이다. 그러다 보니 기업들은 정작 위기가 닥쳤을 때 실제로 필요한 리더십 기술이 무엇인지 알지 못한다.

긴장의 중심에서 효과적인 의사소통

긴장의 중심에서는 위기 환경에 적합한 특정 기술을 갖춘 리더가 필요한 만큼, 구체적인 의사소통 유형도 요구된다. 긴장의 중심에 있는 사람들이 선호하는 '지금 이곳의 나'를 가장 잘 반영하려면 리더는 다음 다섯 가지 특성을 염두에 두고 의사소통을 구성해야 한다.

신속성 | 긴장의 중심에서는 시간에 대한 인식이 상당히 왜곡된다. 몇 초가 몇 시간처럼 흘러가고 우리는 자연스레 조급해지기 쉽다. 긴장의 중심에서 의사소통이 더디게 진행되거나 빈번하지 않으면 리더가 정보를 숨긴다고 해석된다. 지연되면 무력감과 불확실성을 악화시킬 뿐이다.
위기 상황에서 모든 메시지는 신속성에 초점을 맞춰야 하며, 지시된 조치들도 전부 즉각적으로 이뤄져야 한다. 위기가 지나갈 때까지 리더는 끝없이 현재가 이어질 것만 같은 환경에서 다른 사람들이 '지금 이곳의 나'에게 집중하고 있다는 사실을 명심해야 한다. 사람들은 **지금** 무엇을 해야 할지 알고 싶어 한다.
자신감 있는 리더들은 위기 상황에서 미래로 시선을 돌리고 싶어 한다. 다른 사람들은 여전히 위기를 겪고 있는데 이들은 이전에 하던 일로 돌아가 전략적으로 나서기를 원한다. 하지만 모든 메시지는 긴급한 현재 상황을 강조하고 다뤄야 한다. 폭풍이 지나갈 때까지 내일의 일은 내

일에 맡겨야 한다. 그러지 않으면 현실을 제대로 구별하지 못하거나 현실과 완전히 동떨어진 사람처럼 보일 것이다.

완전성 | 자신감이 낮을수록 철저한 검토가 필요하다. 이는 불확실성을 제거하는 하나의 방법이다. 우리는 현재 일어나고 있는 일과 그 일이 일어나는 이유를 더 많이 파악하고 싶어 한다. 따라서 위기를 관리해야 하는 리더는 자신감이 높을 때보다 낮을 때 더 많은 사람에게 더 많은 정보를 제공해야 한다. 그러나 위기 상황에서 많은 리더가 이와 정반대되는 행동을 취한다. 말하자면 정보의 확산을 제한하는 동시에 정보를 공유하는 집단을 축소한다.

한 집단이 다른 집단보다 중요한 정보를 먼저 알게 되면 리더는 신뢰를 잃게 된다. 위기 상황에서는 모든 정보가 중요하며(정보는 확신을 준다), 그 정보가 모든 이해관계자에게 전달되지 않으면 의도적으로 그들을 배제하려는 결정으로 해석된다. 리더는 심리적인 거리를 좁혀 다른 사람들이 어느 때보다 리더를 가깝게 느끼도록 만들려 노력해야 한다.

현실성 | 우리는 위기 상황에서 추상적인 것을 싫어한다. 정보를 해석할 시간도 없고 해석하고 싶은 호기심도 들지 않는다. 아무리 나쁜 소식일지라도 진실을 원한다. 나쁜 소식이어도 진실이라면 확신을 안겨준다. 게다가 위기 상황에서 리더가 나쁜 소식을 전하지 않으면 사람들은 더 심각한 현실을 숨기고 있다고 생각하게 된다.

현장 직원들은 비공식 소셜네트워크를 이용하여 리더가 원하든 원하지 않든 서로 현실을 공유한다. 리더가 절대 알리고 싶지 않을 언론과 고객, 규제 기관, 그 밖의 다른 모든 사람에게 그 정보를 공유한다. 직원들의 자신감이 낮고 '지금 이곳의 나'를 우선시하는 사고방식이 만연해지면 조직에 여러 틈이 생기게 된다. 누구나 타인에게 알리고 싶은 자신만의 이야기를 갖게 된다.

리더는 추악한 진실이 드러날 것이라고 단순히 예상하는 것이 아니라 기대해야 한다. 만약 리더가 먼저 진실을 밝힐 기회가 있었는데도 밝히지 않았다면 후에 사람들을 속였다는 비난을 받게 된다. 그런 일이 발생하면 더 이상 아무도 리더를 신뢰할 수 없어진다. 거짓말을 하는 리더를 신뢰하는 사람은 없다(강조하건대 매번 그의 말이 사실이 아닌 거짓말이라는 인식이 앞서게 된다).

단순성 | 우리는 위기 상황에서 복잡한 것을 싫어한다. 복잡한 메시지는 인지 범위가 이미 좁아진 사람들을 혼란스럽게 하고, 무력감과 불확실성을 강화한다. 이 문제를 해결하려면 유행어, 약어, 전문용어를 쓰지 않으면서 누구나 이해할 수 있는 언어로 메시지를 전달하려 노력해야 한다. 리더는 기업에 관해 아무것도 모르는 중학생이나 노인 세대 등에게 어떻게 메시지를 전달할지 고민하고 내용을 구성해야 한다.

진정성 | 위기 상황은 리더가 대중이 원하는(또는 리더가 대중이 원한다고 생각하는) 새로운 개성을 드러내기보다 진정성을 내보일 때다. 리더는 메시지를 전달하는 어조나 옷차림 등을 통해 정체성을 보여줘야 한다. 신뢰의 기반이 되는 친숙함이 관건이다. 리더의 진정한 목소리를 들려주고 언제나 리더 본연의 모습을 드러낼 수 있어야 한다. 위기가 발생했

을 때 할리우드 영화에 나올 법한 위대한 리더처럼 보이고, 말하고, 행동해야 한다고 믿는 리더들이 놀라울 정도로 많다. 그러나 위기는 연기할 시점이 아니다.

마지막 세 가지 조언

나는 리더가 안전지대로 이동하기 전에 긴장의 중심에서 고려해야 할 세 가지 권장 사항을 짚어보려 한다.

1. 제로섬 사고방식에 대비하기

우선 자신감 스펙트럼의 맨 하단에서 무력감과 불확실성을 동반하는 제로섬 zero-sum(한쪽이 이득을 보면 다른 한쪽은 손실을 보고 이득과 손실의 총합이 0이 되는 상태―옮긴이) 사고방식을 과소평가해서는 안 된다. 긴장의 중심은 중요한 요소가 부족해서 희소성을 느끼는 환경이다. 세상은 유한하다. 따라서 우리는 성공과 실패를 다르게 측정하게 된다. 타인의 이익이 곧 내게는 손실이고 내 이익이 타인에게 손실이라고 믿는 것이다.

보통 스포츠와 정치 분야에서는 제로섬 사고방식의 개념을 쉽게 받아들이지만, 기업에서는 이를 간과하는 경향이 있다. 조직이 긴장의 중심으로 더 깊숙이 들어가면 제로섬 사고방식의 영향으로 주주, 관리자, 채권자, 직원의 이해관계가 충돌하고 긴장이 고조되는 모습을 볼 수 있다. 즉 누군가의 욕구는 타인의 희생을 전제로 충족된다.

'우리 모두 함께 승리할 수 있다'라는 안전지대의 사고방식에 익숙한 합의 추구형 리더는 긴장의 중심을 이루는 현실적 요소에 적응하는 데 많은 어려움을 겪는다. 긴장의 중심에서는 절충안을 찾지 못한 채 의사결정을 내려야 한다. 누군가는 상실감을 느끼고 타인의 이득에 질투와 분노를 품은 채 떠나간다.

리더는 제로섬 사고방식에 놀라기보다 이를 예상하고, 충동적이고 감정적인 의사결정에 따른 결과에 대비해야 한다. 리더가 타인이 점점 더 느끼는 취약성에 공감하고 손실을 관리하는 방식은 긴장의 중심에서 매우 중요한 기술이다.

2. 타인과 비교하지 않기

리더는 본질적으로 경쟁을 벌이기 때문에 수익성, 영업이익, 주가 등락, 보상 등 다양한 지표를 기준으로 자신과 조직을 다른 리더와 조직에 비교한다.

안전지대에서는 이러한 비교가 동기를 부여하기도 하지만, 긴장의 중심에서는 오히려 자신감을 저하시킨다. 업계 전반에 걸쳐 자신감이 똑같이 하락하지 않는 한, 긴장의 중심에 있는 사람들은 늘 부족함을 느낄 수밖에 없다. 원래 남의 떡이 커 보이기 마련이다. 긴장의 중심 깊숙이 빠진 조직일수록 상대적으로 번영의 격차가 더 크게 드러나며, 데이터는 현재 조직이 겪는 절망감을 더욱 강화한다.

만일 리더가 조직을 비교하고 싶다면, 오늘과 어제 매출처럼 단기간에 측정된 최근 성과만을 비교해야 한다. 기준을 당면한 기간으로 유지하면 가시적이고 달성 가능한 목표에 에너지와 노력을 집중할 수 있다. 이로써 명확하고 구체적인 진행 상황을 매일 추적하여 자신감의 기반을 다지게 된다.

매출이나 부채 비용이 소폭 개선되는 것은 크게 기뻐할 일은 아니다. 하지만 긴장의 중심에서는 대체로 개선이 더디고 점진적으로 이뤄진다. 신뢰는 쉽게 무너지지만 회복하기까지 오랜 시일이 걸린다. 따라서 리더는 이에 낙담하지 않고 일일 지표를 활용하여 진행 상황을 객관적으로 보여주는 편이 좋다. 자신감이 축적되고 시야 선호가 확대되면 일일 목표를 연간 목표로 간편하게 확장하여 높은 성과를 낸 팀에 한 번 더 동기부여를 할 수 있다.

3. 자원봉사

이 마지막 제안은 긴장의 중심에 있는 리더에게 부담스러운 조언처럼 들릴지 모르겠다. 하지만 내 이야기를 끝까지 읽어주길 바란다.

일반적으로 위기관리 리더들은 자원봉사를 할 시간을 좀처럼 낼 수 없다고 생각한다. 그들은 당면한 취약성 문제와 그로 인해 비롯된 결과를 다루는 데 모든 에너지와 노력을 집중적으로 쏟아부어야 한다고 여긴다. 물론 그럴 수 있다. 하지만 나는 타인을 위해 선행을 베푸는 일만큼 자신감을 높여주는 행동이 없다는 점을 짚고 싶다. 봉사는 우리가 확신과 통제감, 가치 있다고 여겨지는 기술과 능력을 갖추고 있음을 의미한다. 타인을 위해 타인과 함께하는 봉사는 인적 관계를 형성하며 위기 상황에서 고립감을 느끼는 리더에게 혼자가 아니라는 사실을 상기시킨다.

리더는 위기 상황에서 재충전할 방법을 계획할 때(폭풍이 닥치기 전에 미리 고려해야 할 사항이다) 자원봉사를 선택지에 추가해야 한다. 타인을 위한 봉사가 직관에 반하는 행동처럼 느껴지지만, 봉사는 자신감과 유대감에 꼭 필요한 활력을 제공한다.

비즈니스 리더에게 적용되는 동일한 원칙이 우리 모두에게 적용된다. 긴장의 중심은 피할 수 없는 환경이므로 이를 피하는 데 모든 에너지를 집중해서는 안 된다. 그보다는 불확실성과 무력감으로 이뤄진 환경을 의도적으로 찾아내어 익숙해지고, 필요한 관련 기술을 개발하는 등 위기에 대비하는 편이 좋다.

나는 학기를 마칠 때마다 학생들에게 연극학과에서 즉흥극 강의를 들으라고 권한다. 학생들이 훌륭한 코미디언이 되기를 바라기 때문이 아니다. 즉흥극은 학생들을 단기간에 위험이 낮은 긴장의 중심 환경으로 밀어 넣으면서 즉석에서 통제하고 확신을 확립하는 경험을 쌓도록 도와준다. 많은 아웃워드 바운드Outward Bound(영국에 설립된 아웃도어 체험 교육기관으로 각국에 네트워크가 형성되어 있다—옮긴이) 프로그램에서도 비슷하게 경험을 통한 학습 기회를 청소년에게 제공한다. 마지막으로, 나는 학생들에게 이미 긴장의 중심을 경험했고 안전지대로 돌아가는 방법도 알아낸 적이 있다는 사실을 기억하라고 격려한다. 긴장의 중심에 깊숙이 들어가면 그 사실을 잊어버리기 쉽다.

끝으로 한 가지 덧붙이자면, 긴장의 중심에서는 반복되는 경험뿐만 아니라 매번 성공적으로 위기를 극복했다는 기억이 회복 탄력성을 길러준다.

이제 잠시 멈춰 휴식을 취해보자. 다음 목적지는 안전지대다.

3부

성장 아니면 퇴출, 안전지대

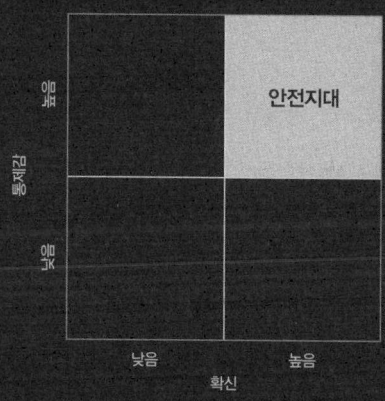

안전지대에서 하늘은 신중한 자를 돕는다. 지나친 파티 분위기에 저항할 수 있는 사람은 최악의 상황을 피하며 자신감이 떨어질 때 다수가 알아차리지 못하는 기회를 가장 잘 포착할 수 있다.

07

자신감이 높은 환경

1965년, 예일대 학부생 프레드 스미스Fred Smith는 초기 정보기술업계가 직면한 물류 문제를 설명하는 경제학 논문을 썼다. 그의 설명에 따르면, 긴급히 필요한 컴퓨터부품과 전자부품을 운송하는 업무는 더디게 진행되고 비용이 많이 들었다. 기술업계가 부품을 가장 빠르게 운송하기 위해 활용하는 항공화물 운송업체는 대체로 자사 항공기를 보유하지 않았다. 대부분이 화물보다 승객 수송에 집중하는 상업용 여객 항공사에 전적으로 의존했다. 스미스는 이러한 단점을 지적한 후 시간에 민감한 배송을 신속하고 안정적으로 제공할 시스템을 고안했다. 그는 공급업체와 제조업체에서 훨씬 확실하게 배송을 통제할 수 있는 또 다른 선택지로 이 시스템을 제안했다.[1]

스미스는 이 논문으로 담당 교수에게 평균 학점을 받는 데 그쳤지만,

논문에서 설명한 내용을 토대로 글로벌 배송 및 물류 회사를 설립했다. 그 회사가 바로 페덱스다.

나는 자신감 사분면의 오른쪽 상단 영역인 안전지대에서 기업을 운영하는 모습을 상상할 때 1995년경에 승승장구한 프레드 스미스와 페덱스가 떠오른다. 회사 매출이 100억 달러에 육박하고 민간 항공기 500대를 보유하게 되자 스미스는 회사를 책임지고 통제하고 있다는 확신을 느꼈다. 이러한 그의 자신감은 그해 주주 서한에 여실히 드러난다.

지난 수년 동안 세계에서 가장 광범위한 특송 물류 인프라를 공격적으로 구축하고 신중하게 개선한 결과, 페덱스의 직원과 고객, 주주는 미래의 이득을 누릴 수 있는 유리한 위치에 서게 되었습니다.
페덱스는 앞으로도 자사 네트워크에 전략적으로 재투자하여 빠르게 성장하는 세계 특송 유통업계에서 독보적인 리더로 자리매김할 것입니다. 더 많은 고객에게, 다양한 장소에서, 더 빠르고 안정적으로 비용 면에서도 효율적인 서비스를 제공할 수 있을 것이라 확신합니다.
페덱스는 이 서비스를 '전 세계에 정시 배송 The World On Time'이라고 부릅니다.[2]

페덱스의 지난 역사를 살펴보면, 자신감 상승과 빠르게 확장하는 시야 선호가 산업에 어떤 영향을 미치는지 생생하게 드러난다. 페덱스는 미국 테네시주 멤피스를 하나의 거점으로 삼고, 고객의 요구를 충족하기 위해 소수의 국내 노선(제록스의 본사가 있는 뉴욕주 로체스터 등)을 엄선하여 운항하기 시작했다. 페덱스는 전반적인 배송 과정을 집중적으로 통제하며 부품을 배송하는 데 그치지 않고, 익일 배송 보장이라는 약속까지 이행하기에 이르렀다. 배송 지연을 줄이고 비용을 절감하여 고객의 기존 기대치를 획기적으로 바꾸었다. 페덱스는 익일 배송의 대명사가 되었고, 제조업체와 고객이 당연하게 받아들이는 서비스 업체로 자리 잡았다.

1980년대에 소비자 자신감이 높아지면서 페덱스의 운영 방식은 긴장의 중심에서 벗어나 안전지대로 나아가는 사회의 변화를 반영했다. 페덱스가 자신감 스펙트럼을 따라 위로 올라가면서 시야 선호가 확대됐다. 페덱스의 스타트업(신생기업) 정신을 이룬 '지금 이곳의 나'라는 사고방식은 더욱 광범위하고 전략적인 '언제 어디서나 우리'라는 사고방식에 기반한 계획과 실행으로 대체됐다. 페덱스 소유의 항공기 규모와 범위가 확대되면서 보유 대수도 늘어났다. 고객의 관심이 늘어나면서 캐나다, 아시아, 유럽, 중동 등 세계로 노선이 확장됐다. 필리핀과 프랑스에 거점을 추가하면서 연결편과 상호연계가 급증했다. 이후 페덱스가 킨코스를 인수하면서 소매 소비자가 고객으로 추가되어 업무 복잡성과 상호 의존도도 증가했다.

1995년, 페덱스는 "언제나 확실하게 긍정적으로Absolutely, Positively Anytime"라는 슬로건을 내걸었다. 이는 당시 페덱스에 관해서는 물론이고 전 세계에 대해 사람들이 느낀 확신과 통제감을 그대로 소비자에게 투영했음을 보여준다. 사람들은 자신감이 치솟으면서 모두 언제 어디서나 원하는 것을 얻을 수 있다고 믿게 되었다.

변화를 겪은 것은 상품뿐만이 아니다. 1990년대에는 세계 금융시장과 국제 자본 흐름의 규모가 폭발적으로 증가하면서 '언제 어디서나 우리'라는 사고방식이 세계경제에 광범위하게 확산됐다. 자신감이 높아지면서 경영 효율성을 극대화하고 비용을 최소화하는 '적시' 공급망 관리가 제조업 부문에 도입됐다. 증권화를 비롯한 혁신적인 금융상품도 등장했다. 하룻밤 사이에 위스콘신주와 메인주에 있는 고객들의 신용카드 대금이 월스트리트로 흘러 들어갔다. 이 자금이 한데 묶여 커다란 대출 풀loan pool을 형성한 후 여러 조각으로 나뉘어 홍콩부터 오슬로에 이르기까지 세계 투자자들에게 팔려나갔다. 20세기 말에 접어들자 세계는 자본과 상품을 적시에 한 지역에서 다른 지역으로 옮기는 매우 효율적인 컨베이어 벨트 체계로 빠르게 이동했다.

'언제 어디서나 우리'라는 시야 선호를 열렬히 수용한 사회에서 프레드 스미스와 페덱스가 이득을 얻고 이를 기회로 삼았듯이, 다른 많은 기업도 비슷한 행보를 보였다. 1990년대는 그러한 성공 사례로 가득하다. 아마존을 창업한 후 바닥부터 다지며 대기업으로 키워낸 제프 베조스, 은행과 보험사와 금융회사를 합병해 시티그룹을 설립한 샌디 웨일, 제너럴 일렉트릭을 거대한 금융산업 대기업으로 탈바꿈시킨 잭 웰치 등이 대표적인 예다. 이들은 모두 빠르게 증가한 자신감을 '언제 어디서나 우리'를 내세운 공격적 비즈니스 전략에 훌륭하게 반영한 아이콘이 되었다. 국제적인 규모, 혁신, 극도의 효율성, 광범위한 제품 범위, 상호 의존성은 당시 기회를 포착해 성공을 거둔 조직들의 특징이었다.

'언제 어디서나 우리' 시야 선호

낮은 자신감은 내면에 집중하게 하는 동시에 상당한 심리적 거리를 고려하려는 의지를 꺾어버린다. 하지만 높은 자신감은 정반대 방향으로 나아가게 한다. 점점 안정감을 느끼면 소심한 마음을 버리고 외향적이고 솔직한 면모를 보이게 된다. 우리는 사회적, 지리적, 시간적으로 낯선 것을 받아들이게 되고, 좀 더 대담해지며 더 많은 위험을 감수한다. 이국적인 곳에서 휴가를 보낼 계획도 세운다. 기업들은 해외에 제조 시설을 짓거나 임대하기도 한다. 해외 진출이 주는 심리적 거리감을 두려워하기보다 아직 개척되지 않은 거대한 기회라고 여긴다. 마치 "서부로 가게나, 젊은이!"를 외치는 것과 같다.

극단적인 추상성에는 무한한 가능성이 담겨 있다.

그 이유는 다음과 같다.

우리 | 자신감이 커지고 확신과 통제감을 강하게 느낄수록 타인과 연결되어 영향력을 넓히고자 하는 욕구가 생긴다. 사교적이고 포용적인 자세를 갖고, 자신과 외모가 다르거나 다른 행동을 하는 사람들도 더 신뢰하게 된다. 우리는 자연스레 다양성을 받아들인다. 타인과 형성하는 관계에서 서로 다른 점보다는 공통점을 찾는다. 이기심이 사회적 관대함, 즉 '모두를 위한 하나, 하나를 위한 모두'라는 사고방식으로 대체되어 함께하면 우리 모두 승리할 수 있다고 믿는다. 안전지대는 희소성이 아닌 풍요가 특징인 환경이며 집단의 성공을 공유하고 축하하는 영역이다.

어디서나 | 확장하려는 의지, 연결하고 싶은 욕구 외에도 우리는 주변에 더 안전하고 친숙한 세상을 경험한다. 자신감이 생기면 더 먼 거리를 열심히 탐험하고 여행한다. 물리적인 거리는 더 이상 장벽이 아니다. 다

리를 건설하고 철도를 깔고 배와 비행기를 띄워 사람들을 연결하면 된다. 자신감이 높아지면 멀리 떨어진 지역에서도 고향에서처럼 쉽게 성공할 수 있다고 믿게 된다.

자신감이 넘치는 시대에 전형적으로 나타나는 행동 중 하나는 탐험이다. 사람들은 아무도 가보지 않은 미지의 장소로 나아간다. 1960년대 초 미국은 달에 가는 데 전념했고, 최근에는 대단히 자신감이 넘치는 고위층 인사들이 우주 관광에 열광했다.

언제나 | 마지막으로, 우리는 자신감이 높을 때 안정을 주는 배경을 인식하고, 자신감이 높을수록 그 안정이 오래 지속되리라고 믿는다. 자신감이 부족하면 오늘 이후를 생각하지 못한다. 반면 안전지대에 있으면 광활한 미래를 상상하고 미래지향적으로 생각한다. 내일은 무한한 가능성을 의미하기에 우리는 미래를 내다본다. 그 결과 흔히 10년, 20년, 심지어 50년 단위로 계획을 세우고, 생각하고, 행동한다.

우리는 이와 동시에 빨리 움직여야 한다. 시간은 쏜살같이 지나간다. 지금 행동하지 않으면 타인이 먼저 행동할 테니 다들 긴박하게 움직인다. 안전지대는 다른 사람이 누리는 좋은 기회를 놓칠까 봐 걱정하는 마음FOMO, Fear Of Missing Out으로 가득 차 있다. 기회를 놓칠지도 모른다는 두려움이 의사결정을 주도한다. 바로 이 때문에 사람들은 애플 스토어에서 신제품을 구매하기 위해, 그리고 새로 개봉하는 영화의 첫 상영회에 참석하기 위해 기꺼이 긴 줄을 선다. 더 기다리기보다 당장 욕구를 충족하는 것이 우선이다.

■

낮은 자신감은 제약으로 작용하지만, 높은 자신감은 사회적, 지리적, 시간적으로 자유를 선사한다. 우리의 심리적 시야는 광활하다. 1995년 프레드 스미스와 페덱스처럼 우리는 가능한 한 빨리 움직여 모든 것을 아우르고 싶어 한다. 세상은 기회로 가득하고, 무엇이든 가능하다고 여긴다.

우리는 안전지대에 있을 때 편안함을 느끼고 힘이 난다. 세상이 확실해 보인다. 사업을 투자하고 성장시키기에, 감정에 따라 행동하기에 이보다 더 좋은 시기는 없다고 믿게 된다. 새로운 지역에 새로운 공장을 짓고, 새로운 시장에 추가로 새로운 매장을 열고, 새로운 고객에게 서비스를 제공하기 위해 새로운 제품군을 추가하는 데 전념한다. 어디서나 무엇이든 확장성이 두드러진다.

안전지대의 영향력을 보여주는 사례는 쉽게 찾을 수 있다. 패스트푸드 업계에서는 프랜차이즈 매장 수를 늘리는 동시에 새로운 메뉴를 추가한다. 마찬가지로 소매 의류업계에서는 새로운 디자이너를 영입하여 부유한 소비자층을 겨냥한 새로운 럭셔리 라인을 선보인다. 은행은 합병으로 역량을 높이고 영업 거점을 추가하여 더 많은 지점에서 다양한 방식으로 더 많은 고객에게 서비스를 제공한다. 이처럼 기업은 제품과 서비스, 제조와 유통, 지역과 고객 부문에서 거듭 성장하는 데 초점을 맞춘다.

복잡한 네트워크가 급증하면 정보, 상품, 자본, 사람을 더 빠르고 효율적으로 이동시킬 수 있는 더 나은 인프라가 필요하다. 안전지대에서는 연결을 구축하고 활용하는 것이 관건이다.

공격적인 플레이와 위험부담

긴장의 중심에서는 취약성을 얼마나 잘 제거하고 손실을 회피하는지에 따라 생존이 좌우된다. 하지만 안전지대에서는 이익을 얼마나 잘 극대화하고 자신감 사분면의 오른쪽 상단 구석으로 얼마나 안정적으로 멀리 나아가는지에 따라 성공이 측정된다. 안전지대에서는 공격적인 플레이로 점수를 올리고, 수익을 확보하고, 새로운 위치를 추가하고, 현실이든 상상이든 모든 기회를 활용하는 것이 중요하다. 거창하고 대담한 목표를 위협적이라고 여기기보다 그 대범한 목표를 쉽게 달성할 수 있으리라 기대하며 적극적으로 방법을 찾아낸다(짐 콜린스 같은 연구자들은 안전지대에서 성공적으로 목표를 달성한 사람들을 담아낸《좋은 기업을 넘어 위대한 기업으로》같은 베스트셀러를 출간했다).[3] 안전지대의 좌우명은 기업의 유기적 성장에서 인수에 이르기까지 "승리를 위해 수단과 방법을 가리지 않는다"이다.

높은 확신과 통제감을 느낄수록 무엇을 해야 할지 '알게' 된다. 사용 설명서는 필요 없다. 유일한 관심사는 어떻게 하면 더 빠르고, 효율적으로, 더 많은 곳에서 한 번에 해낼 수 있을지다. 폭발적인 성장은 단순히 어떤 목표가 아니라 최종 목표를 달성하기 위한 필수 수단일 뿐이다. 그 목표는 바로 최초가 되는 것, 어마어마한 규모로 타의 추종을 불허하는 독보적 지배력을 갖추는 것이다. 안전지대에서는 보상과 인정이 중요하다. 결국 가장 많이 보유하고, 일하고, 벌어들이고, 판매하는 자가 승리한다.

페덱스 같은 '성공 사례'는 안전지대에 있는 기업에 영감을 주는 신화가 된다. 자신감이 넘치는 시대에는 대담하게 위험을 감수하고 엄청난 보상을 거둔 이야기를 담은 잡지 표지 기사와 CEO 서적 등이 넘쳐난다. 그래서 그러한 성공을 열망하는 당대 비즈니스 리더들에게 참고 자료로 끊임없이 제공된다.

링크드인의 공동 창업자 리드 호프먼이 내세운 '공격 전략'인 '블리츠스케일링 Blitzscaling(전격전을 의미하는 독일어 'Blitzkrieg'와 규모 확장을 의미하는 영어 'Scale up'의 합성어로 짧은 기간에 기업의 규모를 급격하게 키우는 성장 전략—옮긴이)'과 같은 유행어도 생겨난다. 호프먼은 스타트업이 초고속으로 성장하여 "시장을 깜짝 놀라게 하고, 제일 먼저 장기적인 경쟁우위를 구축하며, 새로운 시장 리더로서 투자자들의 주목을 받을 것"을 장려했다.[4] 안전지대 시대는 수많은 리더십 용어와 MBA 사례 연구로 우리 상상력을 자극하며 기회를 잡으라고 부추긴다. 그 외에도 이 시대에는 열정적인 리더들의 성장 욕구를 충족하고 시대의 에너지와 흥분을 활용하려는 컨설턴트, 채용 담당자, 투자 은행가들이 넘쳐난다. 골드러시 때 삽을 판매한 장사꾼처럼, 자신감이 높은 시대에는 가장 공격적인 최고경영진을 지원하고 그들의 노력을 가속화하는 집단이 훌륭한 성과를 낸다.

고위 경영진을 위한 첫 번째 규칙이 있다. 바로 대담하게 위험을 감수한다는 점이다.

새로운 주택을 매입할지 고민할 때 이러한 사고방식이 어떻게 작용할지 생각해보자. 안전지대에서는 승진과 급여 인상이 예정된 직업이 매우 안정적이라고 여긴다. 실직은 상상도 할 수 없는 일이다. 물론 이러한 배경을 바탕으로, 우리는 연봉과 마찬가지로 주택의 가치가 앞으로 오르기만 할 것이라고 상상하며 더 많은 대출을 떠안고 더 큰 주택을 더 비싼 가격에 매입한다.

안전지대에서는 비즈니스 리더들도 똑같은 방식으로 생각한다. 그들은 높은 레버리지를 이용해서 공격적으로 사업을 확장한다. 이러한 확장은 비즈니스 리더는 물론이고 대출기관도 기록적인 수익을 기대하기 때문에 가능한 일이다. 안전지대 시대는 어마어마한 성공을 암시하는 할리우드 영화에 나올 법한 이미지로 가득하다. 우리는 성공 사례, 사람들이 극찬하는 가능성과 약속, 그리고 그것들을 가장 잘 엮어 이야기하는 사람들에게 마음을 빼앗긴다. 안전지대로 더 멀리 나아갈수록 그들의 이야기는 더욱 기상천외하고 매혹적으로 들린다. 앞으로 펼쳐질 무한한 잠재력을 떠올리면 위험을 감수하지 않을 수 없다.

안전지대의 인식 왜곡

자신감을 품고 위험을 감수하는 행동이 당연해 보이지만, 이때 고려해야 할 몇 가지 중요한 세부 사항이 있다.

하나는 인식 왜곡이 위험을 감수하려는 의지에 미치는 영향이다. 우리가 느끼는 방식은 주변 세계를 인식하는 데 영향을 준다. 자신감 있는 야구선수가 '보는' 공은 더 크고 느리게 움직인다. 미식축구에서 필드 골field-goal을 차는 선수가 '보는' 골문은 더 넓고 크로스바는 더 낮다. 골프선수가 '보는' 홀컵은 더 크고, 축구선수가 '보는' 골문은 더 크다.[5]

이러한 사례의 일관성을 고려하면, 경기장 밖에서도 자신감이 주도하는 인식 왜곡이 존재할 수 있음을 그리 어렵지 않게 상상할 수 있다. 이는 안전지대에 있는 최고경영진과 기업 이사회의 의사결정에도 큰 영향을 미친다. 운동선수가 자신감을 가질 때 더 쉽게 성공할 수 있다는 것을 '이해한다면' 경영진과 이사회도 과감하게 행동하게 된다. 더 많은 자금을 빌리고, 더 공격적으로 확장하고, 더 큰 규모로 더 높은 가격에 기업을 인수하는 등 과감하게 도전하며 한 방을 노리지 않을 이유가 없다.

높은 자신감은 철저한 검토에 영향을 미친다. 둘은 반비례 관계에 있다. 기분이 좋을수록 집중력이 떨어지는 것과 같은 이치다. 높은 확신과 통제감을 느끼면 걱정할 게 별로 없으니 긴장을 풀고 여유를 부려도 된다는 생각이 든다. 맑은 날에 혼잡하지 않은 고속도로의 직선구간을 운전할 때처럼 안전지대는 주의를 기울일 필요가 거의 없고 실제로 우리는 주의를 기울이지 않는다. 굳이 불필요하게 노력할 이유가 있을까?

결과적으로 우리 행동에서 놀라운 역설이 나온다. 안전지대에서는 잠재적인 위험에는 최소한의 주의를 기울이면서 가장 유리한 결과를 기대하고 가장 큰 위험을 과감하게 감수한다. 사분면의 오른쪽 상단 구석으로 이동할수록 이러한 행동은 더욱 극단적으로 변한다[그림 7.1].

2020년 말의 암호화폐 열풍을 떠올려보자. 당시 투자자들은 상승하는 자신감에 힘입어 우르르 시장에 뛰어들었지만, 정확히 무엇을 매수하고 있는지 이해하는 사람은 거의 없었다. 투자자들은 잠재적 수익에 매료된 채 자신이 감수하는 위험 수준을 간과했다. 2022년 FTX 거래소 붕괴 사례에서 볼 수 있듯, 투자자들은 선관주의 의무 due diligence(일반적으로 선량한 관리자로서 적절히 신중하게 주의를 기울일 의무―옮긴이)를 전혀 이행하지 않았다.[6]

금융 역사를 통틀어 이와 유사한 행동 사례는 셀 수 없이 많다. 주택가격 버블이 절정에 달하던 때 소득도 없고 직업도 없는 대출자에게 신

[그림 7.1] 자신감 변화가 위험 감수와 철저한 검토에 미치는 영향

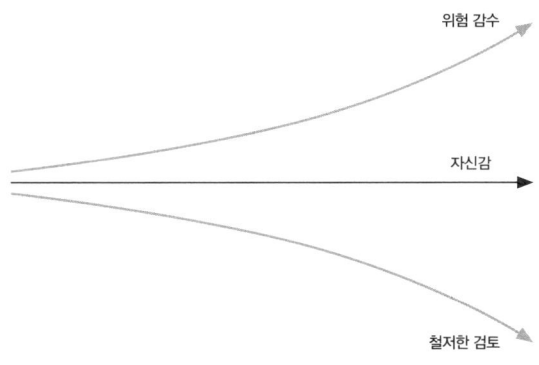

용대출을 해준 대출기관부터 19세기 중반 안전지대에서 라틴아메리카에 존재하지도 않았던 유령 국가 포야이스Poyais(스코틀랜드 사기꾼 그레거 맥그레거는 '포야이스'라는 허구의 나라를 만든 후 스스로 왕이라 칭하며 국채 매각에 나섰다. 그의 거짓말에 속은 200명이 부자가 되기를 꿈꾸며 이 가상의 나라로 이민을 떠났지만, 상당수가 열악한 환경과 무더위, 굶주림, 열병으로 목숨을 잃었다―옮긴이)의 토지를 앞다퉈 사들인 투기꾼에 이르기까지, 사람들은 눈 하나 깜짝하지 않고 막대한 위험을 감수했다.[7]

무력감과 광기

앞서 언급했듯, 긴장의 중심에서는 별도로 개입하지 않으면 취약하다는 느낌이 쉽게 강해진다. 그곳에서는 자기강화적으로 작용하는 부정적 감정과 행동이 우리를 점점 깊은 절망으로 밀어 넣는 악순환의 고리가 형성된다. 마치 긴장의 중심을 이루는 평면이 자신감 사분면의 왼쪽

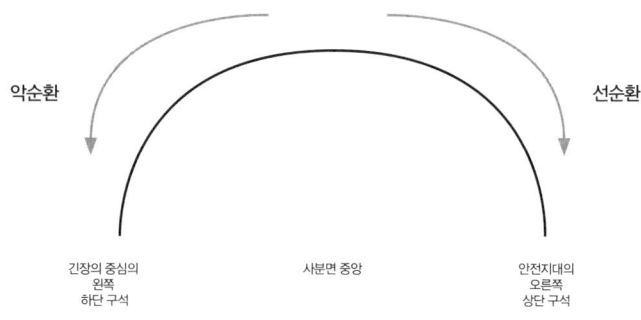

[그림 7.2] **선순환과 악순환**

하단 구석을 향해 아래쪽으로 기울어져 있는 것과 같다.

안전지대에서도 이와 똑같은 개념이 정반대로 적용된다. 악순환보다는 좋은 기분과 더욱 낙관적인 행동이 서로 영향을 주는 선순환이 쉽게 생겨난다. 마치 안전지대가 아래쪽으로 기울어진 것처럼, 따로 방해받지 않는 한 선순환은 우리를 사분면의 오른쪽 상단 구석으로 나아가게 이끈다.

지난 20여 년간 투자자의 행동 패턴을 관찰한 결과, 자신감 스펙트럼은 안전지대의 오른쪽 상단 구석에서 긴장의 중심의 왼쪽 하단 구석까지 이어지는 직선으로 이뤄진 평면이 아니었다. 나는 사분면 중앙의 중간 지점이 높이 있는 호의 형태와 가깝다고 본다. 양쪽에서 중앙을 바라보면 우리는 자연스럽게 극단을 향하게 된다. 마치 자신감 스펙트럼의 양극단이 강한 자성을 띠듯 양극단에 가까워질수록 그 당기는 힘에 대항할 수 없게 된다.

긴장의 중심에서 빠져나오는 방향을 생각해보자. 왼쪽 하단의 깊숙한 구석에서는 마치 깊은 구덩이의 밑바닥에 닿아 있는 것처럼 느껴진다. 우리는 처음 밖으로 기어 나오려 할 때 애를 먹는다. 조금이라도 위로 올라가려면 치열하게 힘을 쏟아야 한다. 그러다 지쳐서 쉽게 뒤로 나가떨어지고 다시 아래로 빨려 들어가면 절망으로 무너질 것만 같은 기분이 든다.

안전지대를 벗어나 긴장의 중심에 진입할 때도 똑같이 가파른 경사를 느낄 수 있다. 방해받지 않는 한 악순환은 가속화되고 사분면의 왼쪽 하단 구석으로 점점 빠르게 우리를 끌어당기는 것처럼 보인다. 구석에 가까워지면서 느끼게 되는 공포와 불확실성, 무력감이 치솟는다. 이는 우리가 자신감 스펙트럼의 가파른 경사를 따라 점점 빠르게 내려가다가 그 끝에서 급락할 수밖에 없음을 암시한다.

우리는 자신감 스펙트럼의 반대쪽 끝에서 점점 더 큰 확신을 느끼고 점점 더 강한 통제력을 갖는다. 이때는 갑자기 굴러떨어진다기보다 자유 낙하를 즐기는 듯한 기분이 든다. 거대한 성공이라는 강력한 순풍에 이끌려 점점 사분면의 오른쪽 상단 구석으로 더 빠르고 강하게 나아가는 것처럼 느껴지기도 한다. 마치 자전거 경주에서 결승선을 향해 페달을 밟아 속도를 높이며 내리막길을 마구 내달리는 것과 같다.

안전지대의 오른쪽 상단 구석 가까이에서 급격히 올라가는 자신감은 금융시장에서 쉽게 관찰된다. 자신감 스펙트럼에서 공황의 반대편에는 광기가 있다. 나는 직장에서 여러 번 광기를 경험했으며, 이를 사회적 소용돌이라고 표현하고 싶다. 극도의 자신감, 질투, 탐욕, 기회를 놓칠지도 모른다는 두려움 사이에서 발생하는 이 소용돌이에 모든 이가 빨려 들어간다. 투자자들은 사분면에서 오른쪽 상단 구석의 끌어당기는 힘에 저항할 수 없다.

비즈니스 리더도 다르지 않다. 극도의 자신감, 질투, 탐욕, 기회를 놓칠지도 모른다는 두려움 등 똑같은 요인이 경기순환의 정점에서 한데 어우러져 기업들이 초대형 인수를 위한 입찰전에 공격적으로 뛰어들도록 이끈다.

금융 매체에서는 투자자와 비즈니스 리더가 승리감에 취해 무적이라고 느낄 때 광기가 발생한다고 말하지만, 나는 이러한 표현이 시장의 분위기를 완전히 담아내지 못한다고 생각한다. 시장이 극단에 이르면 모든 이가 스스로 무적이라고 느낀다. 아무것도 자신에게 해를 끼칠 수 없다고 믿게 되고, 그러한 감정은 널리 공유된다.

무적 상태는 많이 논의되는 개념은 아니다. 하지만 안전지대의 상단에서 우리 행동을 관찰하고 이해할 때 지나친 자신감보다 훨씬 유용한 관점이 되기도 한다. '지나친 자신감'은 특히 자기 능력을 비롯해 무언가를 지나치게 과신하고 있음을 의미한다. 사실 부족한 신념이 행동을 주도할 수 있다. 우리는 모든 위협을 과소평가해서 그 영향을 간과하거나 무시하기 쉽다. 모든 의사결정에 잠재적으로 내재되어 있는 불리한 점을 과소평가한다. 우리가 앞으로 경험할 수 있는 잠재적 피해도 과소평가한다. 자신감을 가질수록 이렇게 과소평가하는 경향이 짙어져 검토를 소홀히 하기 쉽다. 안전하다고 여겨지는 환경에서는 철저한 검토가 불필요하게 시간을 낭비하는 행위로 느껴지기 때문이다.

많은 의사결정 전문가들이 안전지대의 오른쪽 상단 구석에서 내린 선택이 비합리적이라고 말한다. 나는 그러한 의견에 동의하지 않는다. 우리가 느끼는 무적 상태를 고려할 때, 안전지대에서 내린 의사결정은 지극히 합리적이고 논리적이며, 우리가 느끼는 극도의 확신과 통제감을 완벽하게 반영한다.

게다가 우리는 자신감이 최고조에 달하면 그러한 감정이 영원히 지속될 것이라고 믿는다. 어떤 분야에서든 무적이라는 극단적 추론이 정점을 찍는다. 그것이 시장이든 스포츠 팀이든 리더든 상관없다. 무적이므로 영원히 해를 입지 않을 것이라고 믿게 된다. 당연히 이러한 행동은 돌이켜보면 우스꽝스럽고, 이후에는 자연스레 자신감이 급격하게 추락하는 계기가 된다.

대중의 눈에는 안전지대의 환경이 흔들림 없어 보이지만 실제로는 매우 취약하다. 높은 확신과 통제감을 영원히 유지하며 어떤 문제도 발생하지 않으리라는 믿음을 바탕으로 체계와 과정이 정립된다. 모든 것이 효율성에 맞춰 최적화되고, 모든 안전장치가 내던져진다.

무언가 불가피하게 잘못되기 시작하면 다시 정밀한 검토가 강화되고, 뒤따른 붕괴는 그러한 상황의 구조적 공허함을 드러낸다. 그렇게 되면 절대 실패할 수 없을 것 같았던 무적의 환경이 자체 무게에 짓눌려 축소되고 무너져 내릴 수밖에 없다. 지나치게 낙관적인 추상성은 지나치게 빈약한 실체에 근거한다.

극도의 자신감을 이루는 5F

앞서 자신감이 극도로 낮아지면 나타나는 다섯 가지 특성을 살펴봤다. 극도로 높은 자신감의 다섯 가지 특성은 다음과 같다.

환상적Fantastic | 안전지대는 놀라울 정도로 기분이 좋을 뿐만 아니라 상상력을 자극하는 환경이다. 모든 것이 현실과 완전히 다르지는 않더라도 상당히 동떨어져 있는 것처럼 느껴진다. 지나치게 엉뚱하거나 해석할 수 없는 생각은 사람들의 마음을 사로잡을 수 없다.

화려한Flashy | 유명인부터 자동차, 패션에 이르기까지 사분면의 오른쪽 상단 구석에서 받아들이는 문화적 상징은 화려하고 매력적이다. 누구보다도 대담하고 아름답게 돋보이는 것을 공통된 목표로 추구한다.

미래지향적Futuristic | 모든 시선이 앞으로 다가올 막대한 기회와 가능성에 쏠린다. 기술, 교통, 대중매체, 건축, 디자인 등 각 분야에서 이전에는 볼 수 없었던 극한의 혁신에 초점을 맞춘다.

축제Festive | 자신감이 절정에 달하면 유쾌한 축하 행사를 대규모로 벌인다. 풍요, 폭식과 폭음, 유흥이 넘쳐난다. 모두가 즐거운 시간을 보낸다. 무엇이든 많으면 많을수록 더 즐겁기 마련이다.

광란Frenetic | 사분면 오른쪽 상단 구석에서는 일의 속도가 빠르고 활기차며, 종종 거칠고 무절제한 방식으로 진행된다. 자신감 스펙트럼의 양극단은 빠르고 격렬한 환경이다. 한쪽 끝은 절망과 기존의 안정이 지속되기를 바라는 강렬한 욕구로, 다른 한쪽 끝은 제약 없는 열정과 미래에 대한 끝없는 열망으로 가득 차 있다.

이제 안전지대의 상단에서 나타나는 사기Fraudulent, 허구Fictitious, 거짓Fake 등 세 가지 특성을 추가로 살펴보자. 긴장의 중심 깊숙한 곳과 마찬가지로, 안전지대의 오른쪽 상단에서도 사기꾼이 등장한다. 면밀한 검토가 거의 이루어지지 않으며 쾌활한 군중이 스스로 무적이라고 믿는 환경에서는 부도덕한 사람들이 이익을 얻을 수 있는 기회가 넘쳐난다.

사람들은 이미 과거를 통해 충분히 교훈을 얻었다고 생각하지만, 실제로는 그렇지 않다. 각양각색의 시장 광기를 보여주는 사례가 무수하다. 1820년대에 그레거 맥그레거는 군중의 마음을 사로잡아 포야이스에 투자하도록 이끌었다. 닷컴버블이 일던 시절에 엔론의 경영진은 분식회계로 투자자와 규제당국을 속였고, 그 뒤를 이어 최근에는 버나드 메이도프와 독일 와이어카드의 사기 행각이 드러났다.

때로는 광기가 절정에 달한 시점에 사기 행각이 뻔히 드러나기도 한다. 2021년 암호화폐 버블이 꺼지기 직전, 투자자들은 가치가 거의 없거나 당장 뚜렷한 목적성이 없는 그저 그런 디지털 화폐들, 이른바 '잡코인Shitcoins'을 매수하려고 앞다투어 시장에 뛰어들었다.[8]

투자심리가 하락세로 돌아서자마자 잡코인의 가치는 당연히 제일 먼저 폭락했다. 역사는 버블이 후입선출LIFO, Last In, First Out 방식으로 터진다는 점을 반복적으로 보여준다. 파티에 가장 늦게 도착한 사람이 항상 가장 먼저, 종종 시끌벅적하게 소란을 일으키며 자리를 떠난다. 사람들은 안전지대의 맨 오른쪽 상단에서만 무모하게 위험을 감수한다. 이러한 경향은 일단 심리가 돌아서기 시작하면 빠르게 증발한다.

2007년 5월, 당시 연방준비제도이사회 의장 벤 버냉키는 서브프라임 모기지 연체율 상승이 미국 경제에 해를 가하지 않을 것이라고 말했다.

하지만 그는 LIFO의 중대성을 과소평가했다.[9] 주택 버블이 절정에 달하던 시기에 대출기관이 대출 신청자의 상환능력을 제대로 검증하지 않은 채 모기지대출을 연장해주는 이른바 '닌자 대출Ninja Loans'이 큰 인기를 끌었다. 당시 대출기관과 대출자는 시장 침체에 영향을 받지 않을 것이며 주택 가격은 상승 곡선만 그릴 것이라고 믿었다. 늘어나는 서브프라임 모기지 연체율은 주택 버블이 정점에 달했을 뿐만 아니라 자신감이 더 떨어지면 비교적 위험이 낮은 모기지의 상환조차도 위태로울 수 있음을 암시하는 LIFO 지표였다.

■

사분면의 오른쪽 상단은 '안전지대'라는 이름에 걸맞게 모든 것이 쉽고 친숙하게 느껴지는 영역이다. 이러한 배경을 고려할 때 이 영역은 당연히 호황기를 의미한다고 볼 수 있다. 그러나 사람들이 안전지대를 즐기며 그곳을 떠나지 않으려고 애쓰는 동안, 리더는 안전지대의 불가피한 단점을 인식할 필요가 있다. 스스로 무적이라고 여기는 강렬한 믿음은 후에 뼈아픈 충격을 경험하도록 이끈다.

이제 그 이유를 더 깊이 이해할 수 있도록 자신감이 사고방식에 미치는 영향을 살펴보려 한다. 자신감은 기본적인 인지과정을 극적으로 변화시킨다.

08

자신감과 인지적 편안함

안전지대에서 우리가 특정 방식으로 행동하고 느끼는 이유를 더 잘 이해하려면 원더우먼 같은 당당한 태도와 큰 목소리로 자신감이 결정된다는 고정관념을 깨야 한다. 자신감은 본질적으로 감정적 또는 신체적 경험이 아니라 인지적 경험이다. 머릿속에서 벌어지는 현상에 따라 자신감이 좌우된다. 즉 자신감이 있을 때 우리 뇌는 편안함을 느낀다.

간단히 말해, 자신감은 인지적 편안함cognitive ease과 같다.

'인지적 편안함'이라는 용어에서 알 수 있듯, 자신감이 있으면 모든 일이 수월하게 느껴진다. 다음에 무엇을 해야 할지 생각할 때 머뭇거리거나 긴장하지 않게 되고, 다음 사건이 자연스레 펼쳐진다. 마치 일을 처리하는 방법을 정확히 이해한 상태로 자동조종장치를 작동시키는 것과 같다. 인지적 편안함은 밝고 화창한 날에 텅 빈 고속도로에서 자동차를 운전하며 느끼는 감정에도 비유할 수 있다. 이후 안전하게 집으로 돌아와 차고에 자동차를 주차했지만, 어떻게 집까지 도착했는지 명확하게 기억하지 못할 것이다. 물론 차를 운전해서 집에 왔지만, 운전이라는 행위 자체에 주의를 기울이지 않았기 때문이다.

심리학자들은 '유창성 fluency'이라는 용어로 인지적 편안함이라는 경험을 설명한다.[1] 나는 이 단어가 주는 느낌을 좋아한다. 유창성은 인지적으로 편안한 정신상태에 있을 때 노력 없이 자연스럽게 행동하게 된다는 인상을 준다. 외국어에 유창하다는 표현은 그 언어를 자유자재로 구사한다는 뜻이다. 말하는 내용에 대한 확신이 있고 통제를 할 수 있으니 단어와 구절이 자연스럽게 이어진다. 더 이상 머릿속에서 내용을 실시간으로 번역하지 않으며, 특정 동사를 활용하고 불규칙 명사를 복수형으로 만드는 방법을 고민하지 않는다. 우리가 말하고 있다는 사실을 깨닫기도 전에 이미 적절한 단어가 입 밖으로 나온다.

보통은 안전지대에 있는 비즈니스 리더를 묘사할 때 '매끄럽다'는 표현을 쓰지는 않지만, 원한다면 쓸 수도 있다. 자신감 있는 리더는 행동이 자연스러워 보이고, 다음에 해야 할 말과 행동을 정확히 아는 것처럼 보인다. 그들은 모든 측면에서 탁월한 인지적 편안함을 드러낸다. 안전지대에 있는 리더는 증권분석가와 나누는 대화, 이사회 발표, 영업 회의 등 다양한 환경에서 질문에 신속하게 답변하고 앞으로 펼쳐질 밝은 미래를 자세히 설명하면서 타인에게 동기를 부여할 만큼 매우 편안해 보인다.

경기장에서 경기하는 인기 운동선수와 무대에 선 연예인은 안전지대에 있을 때 똑같이 '내 집' 같은 편안함을 느낀다. 그들은 진땀을 빼지 않으면서도 경기장과 공연장을 지배하는 것처럼 보인다.

심리학자 대니얼 카너먼은 《생각에 관한 생각》에서 "인지적으로 편안한 상태에 있을 때는 보이는 대상을 긍정적으로 받아들이고, 들은 내용을 믿고, 직관을 신뢰하며, 현재 상황이 편안하고 익숙하게 느껴질 정도로 기분이 좋아진다"라고 썼다. 이러한 설명은 일이 잘 풀릴 때 최고경영진의 기분과 경기장의 분위기를 확실히 잘 보여준다. 카너먼은 인지적으로 편안한 상태와 대조적으로 인지적 압박cognitive strain을 경험할 때 "더 바짝 경계하고 의심하며, 자신이 하는 일에 더 많은 노력을 기울이고, 편안함을 덜 느끼게 된다"라고 설명했다.[2] 이를테면 경영진은 너무 긴장한 탓에 이사회 앞에서 예측이 왜 빗나갔는지 설명하려다 말을 더듬고, 운동선수는 공을 놓치고, 가수는 수년간 부른 곡의 가사를 잊기도 한다.

카너먼이 의도하지는 않았을 테지만, 그의 설명은 각각 우리가 안전지대와 긴장의 중심에 있을 때 행동하고 느끼는 방식과 일치한다.

이는 이중 처리 이론dual process theory을 논한 키스 스타노비치와 리처드 웨스트가 두 가지 사고 처리 체계를 설명하기 위해 만든 '시스템 1'과 '시스템 2' 사고라는 용어와 일맥상통하며, 카너먼도 이를 자세히 설명했다.[3]

시스템 1은 당면한 작업이 단순할 때 유용하다. 빠르게 충동적으로 처리하므로 답을 효율적으로 찾을 수 있다. 우리는 시스템 1 사고방식을 사용하여 '2, 4, 6, 8'을 시작으로 '96, 98, 100'까지 쉽게 2의 배수를 셀 수 있다. 반면에 시스템 2 사고방식에 의존하여 17의 배수를 계산한다. 시스템 2는 신중하고 노력과 집중이 필요하며 더디다. 또한 뭔가 이해되지 않을 때 우리에게 필요한 중요한 문제 해결 도구를 제공한다. 이는 뇌의 전륜구동 장치와 같아서 우리는 막막할 때만 시스템 2를 가동하고 이에 의지한다.

17의 배수를 세는 것은 비유하자면 뇌를 전륜구동으로 움직이게 하는 꽤 복잡한 작업이다. 먼저 종이 위에 '17'이라는 숫자 두 개를 위아래로 적고 천천히 덧셈을 해야 한다. 일의 자리에서 7과 7을 더하여 14를 만든 후 다시 1을 십의 자리의 다른 두 개의 1과 더하면 최종적으로 34를 얻게 된다. 이렇게 겨우 첫 번째 합이 도출된다.

나는 강의 때 학생들에게 짝을 지어 먼저 2의 배수를 세면서 최대한 빨리 배구공을 앞뒤로 패스하라고 시킨다. 다들 웃으면서 공을 빠르게 패스하고 숫자도 빠르게 센다. 정말 대학 강의가 맞는지 의아해하기도 한다. 이 활동은 우스꽝스러워 보일 것이다. 시스템 1이 명확하게 작동하므로 신체적, 인지적 노력은 최소화된다.

그 후 자신감이 생길 즈음 나는 17의 배수를 세면서 공 던지기를 반복하라고 말한다. 속도와 노력의 변화가 즉각적으로 나타난다. 학생들이 시스템 1 사고방식으로 2의 배수를 세는 동안에는 공이 빠르게 앞뒤로 움직인다. 하지만 시스템 2를 활용하여 34, 51, 68, 85를 계산하는 동안에 학생들의 뇌는 고통스러울 정도로 가만히 있거나 압박감 속에서 계산하며 진땀을 흘린다. 때로는 산수에 너무 집중한 나머지 공을 던지거나 잡는 행위를 잊어버리기도 한다. 학생들은 멀티태스킹이 인지적으로 불가능하다는 사실을 깨닫게 된다. 운전을 하면서 문자메시지를 전송하는 행위가 얼마나 위험한지 알 수 있다. 우리 생각과 달리 시스템 2가 작동하면 한 번에 한 가지에만 집중할 수 있다.

우리는 안전지대에서 자신감을 느낄 때 반사적이고 수월한 시스템

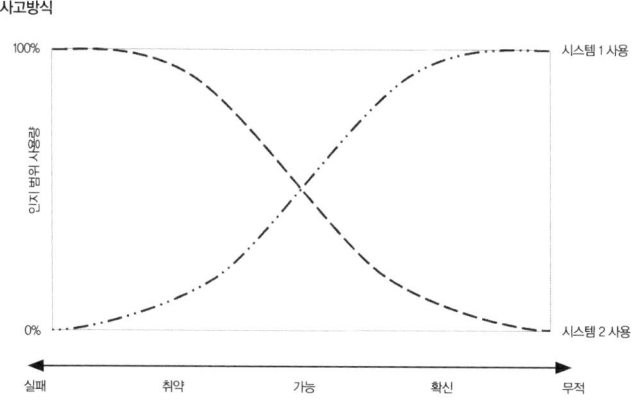

[그림 8.1] 인지 처리에 따라 달라지는 자신감의 영향

1 사고방식에 의존한다. 인지적으로 편안함을 느끼기 때문에 굳이 생각할 필요가 없다. 우리 뇌는 본질적으로 에너지를 효율적으로 사용하려 하므로(게으르므로) 생각하려 하지 않는다. 이 상태는 긴장의 중심에서와 대조를 이룬다. 긴장의 중심에서는 취약하다고 느끼게 되며, 이 문제를 해결하기 위해 시스템 2가 에너지를 소모하며 훨씬 더디게 작동한다. 우리는 불확실성과 무력감에 직면하면 대응해야 할 필요성을 느낀다. 시스템 2 사고방식은 어떻게 대응해야 할지 파악하도록 도움을 준다.

지나치게 단순화해서는 안 되겠지만, 자신감 스펙트럼 전반에 시스템 1과 시스템 2 사고방식을 겹쳐보면 [그림 8.1] 같은 형태가 된다.

위 그림에서 가로축은 상대적인 자신감을 낮은 수준에서 높은 수준까지(왼쪽에서 오른쪽으로) 측정하고, 세로축은 시스템 1과 시스템 2가 인지 범위를 얼마나 사용하는지 측정한다. 왼쪽에서 오른쪽으로 이동하면서 자신감이 높아질수록 시스템 2 사고방식이 점점 줄어드는데, 걱정할 일이 적어지면서 시스템 1이 시스템 2를 대체한다. 마치 두 시스템이 한

쌍의 조광 스위치처럼 작동하여 한쪽이 올라가면 다른 쪽이 자연스럽게 내려가게 된다.

우리는 자전거 타는 법을 처음 배울 때처럼 스스로가 취약하다고 느낄 때 시스템 2 사고방식에 기댄다. 균형을 유지하는 동시에 전방을 주시하려다 보니 지치고 만다. 한 번에 너무 많은 것에 집중해야 해서 부담도 느낀다. 하지만 결국에는 '아하' 하며 깨닫는 순간을 경험한다. 앞서 설명했듯, 점점 방법을 익혀 능숙해지는 것이다. 처음에는 극심한 인지적 압박을 경험하며 시스템 2 사고방식에 크게 의존하다가, 때로는 순식간에 인지적 편안함을 느끼며 시스템 1으로 전환한다. 더 이상 자전거를 타며 균형을 잡는 행위에 깊이 신경 쓰고 생각할 필요가 없다는 사실을 깨닫고는 '내가 해냈어'라고 외치며 기뻐한다. 그 이후부터 특별한 일이 발생하지 않는 한 자전거를 탈 때 거의 전적으로 시스템 1에 의존하게 된다.

새로운 기술을 익히는 과정은 [그림 8.1]의 왼쪽에서 오른쪽으로 이동하는 여정이다. 학습 기간은 길어지거나 짧아질 수도 있다. 시스템 2에서 시스템 1 사고방식으로 전환할 때 성공했다고 볼 수 있다. '아하!' 하며 깨닫는 순간이 시스템 1로 갑자기 전환되는 시점이다.

자신감을 잃게 되면 이 과정이 반대 방향(오른쪽에서 왼쪽으로 이동)으로도 작동한다. 우리는 2020년 3월, 팬데믹이 닥쳤을 때 이러한 현상을 경험했다. 그때까지만 해도 코로나19가 중국 내에서 '억제'되고 있었기 때문에 미국인들은 시스템 1 사고방식을 사용하여 이 질병에 대처했다. 특별히 걱정할 필요가 없다고 생각해서 빠르고 게으른 사고방식에 기대어 상황을 판단했다. 그러다 갑자기 팬데믹이 현실로 다가오자 당장 억지로 코로나19에 집중하며 시스템 2 사고방식으로 전환해야 했다. 순식간에 발생할 수 있는 모든 위험에 압도됐고 모든 가능성을 고려하다가 끝내 지쳐버렸다. 식료품점에 가는 것처럼 평범한 일상이 갑자기 폭탄 해체 작업처럼 복잡하게 느껴졌다. 코로나19를 과소평가했다가 한순간에 과대평가하기 시작했다. 두려움의 기저에는 인지 과부하가 있었다. 우리 뇌는 점점 커지는 불확실성과 무력감을 충분히 빠른 속도로 처리하지 못했다.

자신감이 극도로 낮아졌을 때의 5F 반응을 떠올려보자. 그러한 행동들의 인지적 배경에 과부하가 걸리는 것을 이해하면 다섯 가지 반응을 연결하는 데도 도움이 될 것이다. 단순하고 매우 감정적이며 충동적인 반응은 시스템 2의 능력을 모두 소진한 후 돌연 시스템 1로 돌아가는 지점에 도달했음을 시사한다. 계획을 세울 수 없는 상황에서는 가장 기본적이고 원초적인 행동 과정에 기댈 수밖에 없다.

비즈니스에서 활용되는 인지적 편안함

나는 인지 처리의 갑작스러운 전환이 진정한 의미의 전환점이라고 본다. 자신감이 높아지면서 '아하' 하고 깨닫는 순간은 시스템 1이 시스템 2를 대신하게 되는 시점이다. 이제 더 이상 고도의 집중력이 필요하지 않다. 자신감이 떨어지면서 '아, 젠장' 하는 순간은 정반대되는 신호다. 확신과 통제감이 사라지면 주의를 기울이는 수밖에 없다. 이때는 상황을 파악하는 데 도움이 되는 시스템 2가 필요하다. 이러한 전환점이 발생하고 그에 따라 많은 사람이 한꺼번에 처리 방식을 전환하게 되면 행동과 의사결정에 극적인 영향을 미칠 수 있다.

이러한 점을 고려할 때 비즈니스 리더는 고객과 직원의 인지 처리에 더 많은 주의를 기울여 성과를 개선할 수 있다. 성과 개선을 위한 몇 가지 방법은 다음과 같다.

빠른 친숙화

[그림 8.1]에 표시된 시스템 1 사용량의 S자 궤적이 대부분의 성공적인 기업이 경험하는 S자형 성장 패턴 곡선과 일치한다는 점은 우연이 아니다. 둘 다 자신감 상승이 미치는 영향과 상대적인 업무의 용이성을 반영한다.

자전거 타는 법을 처음 배우는 아이처럼 새로운 벤처기업은 대부분 처음에 균형을 잡는 데 어려움을 겪는다. 고객은 제품을 이해하지 못하거나 애초에 이 제품을 사용해야 하는 이유조차 공감하지 못한다. 기업은 고객의 인정을 받고 인지적 편안함을 얻은 후에 비로소 성장하기 시작한다. 고객층이 확대되고 더 많은 고객이 제품을 능숙하게 사용하게 되면 매출이 폭발적으로 증가한다. 이전보다 많은 사람에게 제품을 많이 더 수월하게 판매할 수 있고, 궁극적으로 대중의 자신감이 최고조에 달할 때 매출이 정점을 찍는다.

아이폰이 출시됐을 때도 이러한 궤적을 목격했다. 애플은 전례 없는 S자형 성장곡선을 경험했다. 아이폰은 순식간에 전 세계에 보급됐다.[4] 사용자는 아이폰의 매우 직관적인 인터페이스 덕분에 거의 즉각적으로 시스템 2에서 시스템 1 사고방식으로 전환할 수 있었다. 인지적 편안함을 거의 즉시 달성한 것이다.

인지적 편안함이 자신감과 성공에 미치는 중요한 영향력을 고려할 때, 인지적 편안함에 집중하는 조직이 거의 없다는 사실이 놀라울 정도다. 특히 비즈니스 초기 단계에서는 인지적 편안함을 최우선에 두고 중점적으로 고려해야 한다. 투자자가 자본을 제공하고 고객이 새로운 제품을 구매할 때는 먼저 모두 판매되는 제품을 이해하여 편안함을 느껴야 한다. 이는 마케팅 자료와 제품 기능이 시스템 1을 중심으로 전달돼야 한다는 뜻이다. 카너먼의 표현을 다시 빌리자면, 고객 경험이 친숙하고, 진실하고, 긍정적이며, 수월하게 느껴져야 성공으로 이어진다.[5]

많은 발명가와 기업가에게 먼저 제품이 친숙하게 느껴져야 한다는 생각은 노골적인 모순까지는 아닐지라도 불필요한 걸림돌처럼 들린다. 이들에게 혁신은 어떤 것을 의도적으로 새롭고 다르게 만들어 시장에 내놓는 것을 의미한다. 이들은 참신함이 중요하다고 믿는다. 실제로 잠재적인 경쟁자가 우위를 점할 수 있다는 우려 때문에 잠재 고객, 투자자, 대출기관에 신제품의 세부 정보를 거의 제공하지 않고 핵심 정보를 숨기려는 선구자들이 많다. 그들은 친숙함을 높이는 데 주저한다.

흔히 새로운 사람에게 친구를 소개하는 방식을 떠올려보자. 우리는 소개하기 직전에 친구에게 그 사람이 다른 지인과 '비슷하다'고 속삭이거나, 친구와 비슷한 직업이나 취미 또는 스포츠 등 관심사를 가졌다고 말한다. 우리는 심리적으로 멀리 떨어져 있는 이 새로운 낯선 사람을 의도적으로 친구의 가장 가까운 인맥과 연관시키거나 두 사람의 공통점을 찾으려 노력한다. 이처럼 명확하고 단순한 관계는 왠지 모르게 낯선 사람이 친숙하게 느껴지도록 하므로 소개를 빠르게 진행할 수 있다. 여행도 마찬가지다. 우리는 낯선 도시를 이미 알고 있는 도시와 연관 지어 파악한다.

친숙함에서 가장 중요한 부분은 바로 인지적 편안함과 시스템 1 사고방식을 사용해 심리적으로 가까운 사람, 장소, 개념과 소통하는 능력이다.

새로운 제품과 서비스도 마찬가지다. 널리 알려진 다른 제품과 비교하여 공통점을 파악한 후 그로부터 확장해나가는 데서 수용이 시작된다. 사람, 장소, 사물에 대한 신뢰를 쌓으려 할 때 친숙함은 중요한 발판이 된다.

인류 최초의 자동차를 떠올려보자. 처음에 자동차를 '말이 없는 마차horseless carriage'라고 부른 이유는 운전자가 친숙하게 느끼도록 만들기 위해서였다. 마차는 시간이 흐르면서 1800년대 구식 경장輕裝 마차 형태에서 오늘날 도로를 달리는 미래형 자동차로 변모했다. 키보드가 수동타자기에서 전기타자기, 데스크톱컴퓨터로 바뀔 때도 디자인 면에서 비슷한 진화가 일어났다. 새로운 사용자들이 새로운 기술에 빠르게 익숙해지고 능숙해져야 대중화가 가능하다. 애플이 단일목적기계인 아이팟을 먼저 출시하지 않았다면 다양한 기능을 갖춘 아이폰을 도입하는 일은 훨씬 어려웠을 것이다. 이미 아이팟 운영 플랫폼에 익숙해진 고객들은 새로운 기기에서 전화를 걸고, 사진을 찍고, 인터넷에 접속하는 방법을 쉽게 알아낼 수 있었다. 아이폰의 기능이 매우 직관적이어서 사용자들은 기기를 교체한 후에도 시스템 1을 계속 사용하며 편안함을 느꼈다.

친숙함에는 또 다른 이점이 있다. 고객이 시스템 1 사고방식을 사용할 수 있을 때 새로운 제품과 서비스를 자연스럽고 긍정적으로 느끼며 경계를 낮추게 된다. 이는 타인에게 개인적으로 사람을 소개할 때 종종 간과되는 부분이다. 처음 소개하는 순간이 매우 중요하고 강력한 이유이기도 하다. 우리는 낯선 사람을 소개할 때 그 사람을 신뢰할 수 있고,

또 그래야 한다는 신호를 보낸다.

친숙함과 신뢰를 성공적으로 구축하면 대화에 참여하는 모든 사람에게 대화가 수월하게 느껴진다. 이제 취약성과 시스템 2 사고방식은 자신감, 인지적 편안함, 시스템 1 사고방식으로 대체된다. 곧이어 모두가 안전지대에 들어선다. 시스템 1은 인지적 승인을 내리고, 이는 더 폭넓은 수용으로 향하는 순풍 역할을 한다.

이 경제 주기에서 애플, 아마존, 페이스북, 넷플릭스 등 큰 성공을 거둔 기업들을 살펴보면 사용자가 시스템 1 사고방식을 즉시 사용하여 상호 작용할 수 있도록 만들었다는 공통점이 있다. 이들의 플랫폼은 가능한 한 인지적 편안함을 제공하는 데 중점을 두었다.

단순화

기업은 고객이 제품이나 서비스를 이용할 때 들이는 노력에 관해 이야기할 때 종종 힘들거나 복잡한 육체적 노력과 연관시킨다. 클릭 횟수나 조립 단계, 이동하거나 작업하는 과정을 떠올리는 것이다. 물론 이러한 루틴을 더 효율적으로 만들면 도움이 된다. 하지만 기업들은 가장 중요한 고객 노력이 인지 분야에 있다는 사실을 종종 간과한다. 인지적 노력을 성공적으로 관리하면 고객은 자신감을 느끼고 제품을 쓸 때 시스템 1 사고방식를 사용할 수 있다.

이렇게 생각해보자. 나는 독자에게 옷에 불이 붙었을 때 대처하는 방법을 단계별로 자세히 설명할 수도 있지만, 단순하게 '멈추기, 엎드리기, 구르기' 방법을 보여줄 수도 있다. 그런데 실제로 옷에 불이 붙으면 화재 진압에 대해 깊이 생각할 겨를이 없으므로 간단하게 세 단계로 구성된 과정을 기억하는 편이 훨씬 쉽다. 이처럼 사람들은 선택권이 주어지면 후자를 전략적으로 선택할 것이다.

그렇다면 기업에서 모든 것을 단순화해야 하느냐고 묻는다면, 나는 '예'와 '아니요'라고 답하겠다.

압박감을 느끼고 시스템 2 사고방식에 크게 의존할 때(새로운 것을 접하면 누구나 자연스럽게 시스템 2를 사용한다) 내용을 이해하기 쉽게 '단순화' 하면 인지적 편안함을 줄 수 있다. 이는 위기 상황에서 더욱 중요하다. 단순함은 아주 중요하다. '멈추기, 엎드리기, 구르기'부터 '응급처치의 ABC(기도 Airway, 호흡 Breathing, 순환 Circulation)'에 이르기까지 응급처치 교육은 단순화를 통해 인지적 편안함을 발달시키는 데 중점을 둔다. 전문가들은 비지스의 곡 〈Stayin' Alive〉를 부르면 심폐소생술CPR을 올바르게 수행할 가능성이 높다고 말한다. '분당 103회 가슴압박'이라는 이론은 기억하기도 어렵고 메트로놈 없이는 박자를 제대로 맞추기도 어렵다.[6]

추상성 제거

인지적 편안함은 단순히 복잡성을 줄이는 데 그치지 않고 추상성을 제거하여 대상을 완전하면서 동시에 매우 친숙하게 만든다. 그게 무엇이든 우리에게 자연스럽게 다가와 현실적으로 느껴지고 구체적이어야 한다. 가정을 제거해야 한다.

응급 구조대는 위기 상황에서 맥박, 체온, 호흡, 혈압 등 생체 신호를 측정하면서 곧장 이러한 조치를 취한다. 그들은 이를 토대로 다음 조치에 필요한 객관적 필수 데이터를 확보한다. 생체 신호와 의료경보 팔찌는 의식이 없는 환자가 자신을 드러내는 방법이다. 응급 구조대원은 의식을 잃은 환자의 상태를 알지 못해도 환자를 신속하게 익숙한 범주로 분류할 수 있다. 의사는 이전에도 이러한 상태를 경험한 적이 있기 때문에 문제를 인식할 수 있다. 생체 신호는 확신을 갖는 데 도움이 된다.

새로운 환자를 대상으로 응급치료를 해야 하는 상황에서는 불확실성을 제거해야 할 필요성을 즉시 인식한다. 그런데도 새로운 제품을 소개하는 기업에 똑같은 확신이 필요하다는 사실은 잊어버린다.

바로 여기에 혁신가들의 고충이 있다. 새로운 제품을 시장에 출시하면 그 가능성에 매료되는 사람들이 많다. 그들은 사람들이 신제품의 기능을 기대하고 그 잠재력을 극찬하길 바란다. 가능성은 이미 자신감이 넘치는 사람들을 들뜨게 한다. 하지만 긴장의 중심에 있는 사람들에게 가능성은 불확실성이 커진다는 것을 의미할 뿐이다. 결과적으로 추상성은 기껏해야 무시되거나, 최악의 경우 의심스러워하는 대중에게 외면당한다.

따라서 프로토타입prototype, 베타테스트beta test, 개념검증proof-of-concept 과정은 자신감을 구축하는 데 매우 중요한 역할을 한다. 조직은 이를 통해 새로운 아이디어에서 가정을 배제할 수 있다. 프로토타입은 완전한 기능을 갖춘 형태는 아니지만 제품의 가시적인 '실제' 형태다. 베타테스트와 개념검증 과정은 분명한 실현 가능성을 입증하는 것을 목표로 한다. 이 같은 노력으로 추상성을 제거하고 관련 당사자들이 프로젝트의 '실제 잠재력'을 알아차리도록 인지적 편안함을 제공할 때 위대한 성공을 거둘 수 있다. 리얼리티 TV 프로그램 〈샤크 탱크〉에서는 이처럼 역동적인 상황이 전개된다. 이 프로그램에 나오는 잠재적 투자자들은 예비 창업가들에게 내놓은 제품과 서비스의 특징을 매우 구체적으로 설명하라고 압박을 가한다.

건축 회사들은 더 나아가 매년 수백만 달러를 들여 프로젝트의 상세한 실물모형을 제작한다. 고객이 구매할 물건을 파악할 수 있도록 돕기 위함이다. 건축업자들의 모델하우스도 마찬가지다. 추상적인 제품을 보고, 듣고, 느끼고, 냄새 맡고, 맛보는 등 지각 가능한 형태로 변환하는 것은 신뢰를 구축하는 데 꼭 필요한 단계다. 지각은 가정을 없애고 맥락을 제공한다. 이러한 이유로 조리된 고기부터 어린이들이 갖고 노는 인형까지 모든 제품이 투명한 용기에 담겨 판매된다. 향수 지면 광고에는 종종 긁으면 향이 나는 스티커가 붙어 있다. 자동차 회사는 차 문이 닫힐 때 나는 소리에 집착한다. 제조업체들은 우리가 새로운 것을 평가할 때 방대한 지각 경험을 동원한다는 것을 잘 알고 있다. 감각을 사용할 수 있으면 자동차 안전과 같은 추상적 개념도 실제처럼 느껴진다. 청각 전문가들은 자동차 문이 닫히는 소리를 적절하게 설계하는 것이 "구매자에게 자동차의 품질, 장인정신, 안전성을 느끼게 하고 프리미엄 가격 책정을 정당화할 수 있는" 중요한 기회가 된다는 것을 안다.[7]

건물이든 자동차 문이든, 고객은 모형을 통해 새로운 제품이 자신의 지각 경험과 맞는지 정확히 파악할 수 있다. 적절한 모형은 인지적 편안함을 제공하여 고객이 더 빠르게 수용하도록 이끌며, 결과적으로 판매를 촉진한다.

모든 곳에 적용되는 인지적 편안함

신제품을 출시하고 판매할 때 추상성을 제거하고 인지적 편안함을 달성하는 데 집중해야 하는 이유는 쉽게 이해된다. 그러나 인지적 편안함이 자신감을 불러일으키고 고객을 안전지대로 이끄는 것은 제품 소개 단계에 국한되지 않는다. 이는 우리 삶의 모든 측면에서 일상적으로 일어난다. 숙련된 응급실 의료진은 추상성을 제거하고 친숙함을 조성하는 것이 직무에서 중요한 부분이며 환자의 불안을 낮추는 데 효과적이라는 사실을 잘 안다. 소방관, 구급차 기사, 경찰관 등 긴급 상황에 투입되는 다른 직업군도 마찬가지다. 위기관리의 핵심은 불확실성과 무력감을 제거하는 것이다. 인지적 압박을 줄이고, 다른 사람들이 시스템 2에서 시스템 1 사고방식으로 전환하도록 돕는 것이 큰 부분을 차지한다.

안타깝게도 사업장에서 이와 유사한 측면을 발견하는 기업은 거의 없다. 기업들은 경기침체기나 고객 신뢰가 낮은 시기에는 당연히 인지적 압박을 느낀다는 사실을 놓친다. 고객과 더 효과적으로 관계를 맺을 기회를 놓칠 뿐만 아니라 자기 발등을 찍는 결과를 초래한다는 것도 알아차리지 못한다.

2020년 3월 초, 패스트푸드 회사 임원의 입장을 상상해보자. 팬데믹이 계속 이어지는 상황에서 매장을 고객이 매번 확신과 통제감을 경험할 수 있는 '안전지대'로 만들려면 어떻게 해야 할까? 고객의 무너지는 자신감과 극단적인 시스템 2 사고방식에 맞춰 제품과 마케팅 전략을 재고해야 한다면 어떨까? 당시에 도로변 포장 매장과 배달 서비스에 집중하는 것 외에 고객에게 더 나은 인지적 편안함과 서비스를 제공하고 싶었다면 무엇을 어떻게 다르게 할 수 있었을까?

단순하게 가장 인기 있는 상품들을 모아놓은 '묶음' 상품에 주력했을 수도 있다. 고객에게는 '3번 메뉴'를 고르는 것이 각 구성품을 개별적으로 선택하는 것보다 훨씬 덜 복잡하기 때문이다.

직원들에게 신제품 판매를 중단하고 오랫동안 대중이 즐겨 찾던 메뉴를 되살리라고 지시할 수도 있다. 새로운 것을 받아들이려면 시스템 2 사고방식이 필요하다. 과거에 대한 그리움, 향수를 파는 건 강렬한 친숙함을 파는 것과 같다. 이는 소비자 자신감이 낮고 우리 주변의 모든 것이 이미 지독히 낯설게 느껴질 때 훨씬 안전한 전략이 되어준다. 마케팅 측면에서는 혁신을 강조하는 요소를 전부 배제하고 과거에 사랑받았던 이미지, 아이콘, 메시지로 대체할 수 있었을 것이다. 고객에게 그리운 옛맛처럼 느껴지는 상품을 만들 방법을 고민해볼 수도 있었을 것이다.

동시에 CEO는 더 많은 의사결정을 현장 운영자와 직원에게 넘길 수 있었을 것이다. 본사에서 중앙집중식 대응을 주도하기보다 고객과 제일 가까이에 있는 직원들에게 권한을 부여하는 것이다. 직원들의 성공과 실패 사례를 토대로 모범 사례를 익히며 새로운 일상 업무에 대응할 수 있었을 것이다. 의료진은 팬데믹에 맞서면서 효과가 있는 치료법과 그렇지 않은 치료법을 소셜미디어와 그룹 채팅에 실시간으로 공유하여 즉석에서 지속적인 개선 모형을 만들었다. 비즈니스 리더도 이러한 모형을 따라 도입해볼 수 있었을 것이다. 의료진은 자신과 환자에게 필요한 확신과 통제감을 되찾기 위해 새로운 규범을 확립하려 앞장섰다. 코로나19 확진자를 처리할 때 관행처럼 자리 잡은 많은 루틴은 인터넷에서 여러 사람에게 모은 정보와 도움으로 이뤄졌다. 가장 효과적인 해결책은 대부분 현장에서 제시됐다.

마지막으로, 메뉴를 축소하여 직원들이 고객에게 더 빠르게 식사를 제공하도록 만드는 방법도 있었다. 인지적 압박에 시달리면 자연히 조급해지고 짜증이 나기 마련이다. 자신감이 떨어진 상황에서 직원이 고객에게 더 빠르게 서비스를 제공하도록 지원하면 모두에게 도움이 된다.

고객이 '지금 이곳의 나'에게 집중하며 인지적 편안함을 간절히 원한다면 이러한 해결책들이 어디서든 고객을 만나는 데 도움이 되었을 것이다.

곤도 마리에와 그녀의 책을 낸 출판사는 주택 위기가 터진 후에 큰돈을 벌었다. 곤도의 사명은 '물건 정리'로 표현되지만, 그녀는 독자들이 '설레지 않는' 물건은 모두 버리고 궁극적으로 더 큰 확신과 통제감을 얻도록 지원하여 긴장의 중심에서 안전지대로 집을 바꾸는 사업을 하고 있었다고 볼 수 있다.[8]

컨테이너 스토어 같은 회사도 마찬가지다. 우리는 의식적으로 생각하지는 않지만 시스템 2가 아닌 시스템 1 사고방식을 쓰기 위해 쓰레기통, 바구니, 상자 등을 구매하여 비슷한 물건들을 같은 장소에 보관한다.

잠시 멈춰 생각해보면 응급실에서 일하는 의료진처럼 일상에서 고객에게 인지적 편안함을 제공하는 기업이 많다. 고객은 신뢰 없이 구매에 나서지 않는다.

서비스가 중단되고, 제품이 고장 나고, 고객 신뢰가 낮아지는 순간이 있다. 기업은 이러한 순간에 수반되는 인지적 압박과 시스템 2 사고방식에 적응하기를 잊어버린다. 심지어 어떤 조직은 모호하게 말하거나 장황하게 설명하면 주의와 책임을 돌릴 수 있다고 믿으며 문제를 더욱 악화시키기도 한다. 이들은 사람들에게 더 많은 시스템 2 사고방식을 요구하면 고객이 느낄 압박과 짜증을 가중한다는 사실을 깨닫지 못한다. 신뢰의 핵심은 인지적 편안함이라는 사실을 간과하는 셈이다.

이유가 어떻든 긴장의 중심에 있을 때 자신감이 부족하면 인지적 압박을 경험하게 된다. 그러면 기진맥진하게 시스템 2 사고방식을 사용할 수밖에 없다. '지금 이곳의 나'와 단순성을 선호하는 우리의 욕구에 가장 잘 부합할 때, 특히 제품이 훌륭한 데다가 친숙하여 자연스럽게 다가오고 간편하게 느껴지도록 지원할 때 엄청난 경쟁우위를 점할 수 있다.

지나친 생각과 부족한 생각

우리는 긴장의 중심에서 시스템 2 사고방식에 기대야 할 뿐만 아니라 그 때문에 지나치게 생각이 많아지곤 한다. 불확실성에 휩싸여 무력감을 느끼면 '만약 이러면 어쩌지?'라는 고민이 꼬리에 꼬리를 물고 이어진다. 게다가 이러한 순간에는 시간이 매우 느리게 흘러가는 듯 여겨지기 때문에 오래도록 추상적인 생각에 골몰하기 좋은 환경이 조성된다. 병원에서 중대한 진단검사 결과를 앞두고 기다려본 적이 있을 것이다. 예상치 못한 통증을 겪을 때마다 인터넷에서 온갖 질병을 검색하고 끊임없이 걱정하다가 밤잠을 설치게 된다. 최악의 상황을 상상하는 것이다.

직장에서도 이처럼 지나치게 생각하는 현상이 나타난다. 대규모 합병 이후 개개인에게 미칠 영향을 궁금해하는 직원들이 서로 이메일을 주고받고, 휴게실에서 '만약 이러면 어쩌지?'라는 주제로 토론을 벌인다. 관리자가 추상적인 표현추측을 배제하고 구체적인 정보세부 사항를 제공할수록 긴장의 중심에서 자연스레 발생하는 과도한 생각을 더 빠르게 줄일 수 있다.

자신감 스펙트럼의 다른 쪽 끝에는 훨씬 주목을 덜 받으나 그에 상응하는 기업의 위험이 존재한다. 바로 '부족한 생각'이다. 자신감이 지나치게 높고 시스템 1 사고방식이 직장에 가득하면 중대한 위험도 대충 검토한다. 우리는 거창하게 생각할 뿐이다. 그리고 안전지대의 오른쪽 상단 구석에 있는 기업들은 자신감이 낮은 환경에서 강력한 의심, 숙고, 조사의 대상이 되어야 할 추상적 개념에 대해 가장 적게 생각한다는 점에 주목해야 한다.

2021년 초 투자자들의 자신감이 최고조에 달했을 때, 극단적인 시스템 1 사고방식과 함께 극단적인 추상성을 끊임없이 요구하는 현상이 두드러졌다. 아직 구체적인 사업 분야가 결정되지 않은 기업인수목적회사SPAC부터 암호화폐와 대체불가능토큰NFT, 웹 3.0, 메타버스에 이르기까지 투자자들은 주로 설명이 거의 불가능한 것들을 선호했다. 그들은 심리적 거리, 시간, 장소, 친숙함 측면에서 멀리 떨어진 꿈의 기회에 현금을 쏟아부었다.⁹

얼마 지나지 않아 이러한 분야의 투자 상당수는 그 가치가 90퍼센트 폭락했고, 일부는 순식간에 파산했다.

닷컴버블이 절정에 달했을 때도 비슷한 현상이 일어났다. 당시 투자자와 기업 경영진 사이에서 극도의 인지적 편안함과 충동적인 시스템 1 사고방식이 유행했다. 이러한 분위기에 따라야 한다는 사회적 압박이 상당했다. 이에 저항하는 사람들은 '구식' 또는 '멍청이'라는 낙인이 찍혔다. 하지만 그들은 구식도 멍청이도 아니었다. 의심을 제기하는 사람들은 속도를 늦추고 다른 사람들이 추구하는 추상성에 시스템 2 사고방식을 적용했다. 결국 '임금님이 벌거숭이'라는 정확한 판단을 내렸다.

사건이 일어난 후에는 당연한 것처럼 보일 수 있다. 하지만 실시간으로 보면 의사결정의 빠른 속도와 극단적인 시스템 1 사고방식은 명백한 경고신호였으나 간과됐다. 2020년 3월, 자신감 스펙트럼의 반대쪽 끝부분에서도 이러한 현상이 일어났다. 사람들은 극도의 불확실성과 무력감에 대응하기 위해 지나치게 많은 생각을 했다. 미국인들의 시스템 2 사고방식은 과부하에 걸렸다.

■

우리는 자신감을 행동과 겉으로 드러나는 기분에 연관시킨다. 마음속에서 일어나는 현상과 자신감이 인지 처리와 어떤 관련이 있는지는 거의 고려하지 않는다. 둘의 관계를 고려하면 의사소통과 마케팅 효과를 개선할 수 있고, 자신과 타인의 감정에 대한 중요한 통찰도 얻을 수 있다. 우리의 인지 처리, 자신감 수준, 시야 선호가 균형을 이루게 된다. 이 세 가지 요소 중 하나를 파악할 수 있다면 나머지 두 요소도 빠르게 추론할 수 있다.

다음 장에서는 안전지대에서 효과적으로 대처하는 방법을 살펴본다. 안전지대에서 성공을 극대화하고, 무엇보다 그 상태를 유지하기 위해 취할 수 있는 단계를 알아보려 한다.

09

안전지대에서 더 잘 대처하는 방법

대부분에게 안전지대는 말 그대로 편안함을 느끼는 영역이다. 안전지대는 확신을 갖고 통제할 수 있는 환경으로, 편안함을 느끼고 성과를 낼 수 있는 곳이다. 그곳에서는 훈련과 경험이 아주 친숙하고 안정적으로 느껴진다. 자신이 완벽하게 준비됐다고 느끼며 앞으로 나아가려 한다.

비즈니스 리더에게 안전지대는 경영대학원에서 다루는 온갖 복잡한 급성장 전략을 성공적으로 수행할 방법을 두루 경험하는 영역이다. 수년 동안 쌓아온 실무 경험, 성공과 실패의 기억, 그리고 실패를 반복하지 않기 위해 차별화해야 할 것을 공유하는 곳이기도 하다. 그곳에는 높은 자신감을 커다란 이점으로 활용한 경영진의 회고록이 넘쳐난다. 마치 슈퍼볼 경기장으로 향하는 스타 선수나 매디슨 스퀘어 가든으로 향하는 록스타가 되어 활약하는 것과 같다. 우리에게 필요한 모든 전술서와 공연 목록이 갖춰져 있는 셈이다. 안전지대야말로 리더들이 손꼽아 기다려온 순간이며, 모든 노력과 수고가 마침내 빛을 발하는 곳이다.

하지만 안전지대에 도달하는 방식이 중요하다. 안전지대가 처음이라면(즉 링에 처음 오르는 경우) 그곳은 활력을 얻고 기회가 무궁무진한 세계처럼 느껴질 것이다. 의심에 얽매이지 않고 마침내 모든 것을 통제할 수 있다고 느끼면서 열심히 달릴 준비를 한다.

반면에 경기침체나 위기 상황에서 조직을 성공적으로 이끈 현직 리더라면 안전지대에 진입하면서 안도감을 느낄 것이다. 마치 거센 파도와 맞서 싸워 마침내 단단한 육지를 밟은 것만 같다. 모든 것이 다시 익숙하게 느껴지면서 확신과 통제감을 회복한다. 자기 자신과 팀에 대해 엄청난 성취감과 자부심도 느낀다. 긴 마라톤을 완주했으니 이제 승리를 축하하며 천천히 한 바퀴를 돌아야 할 때다. 마침내 해낸 것이다!

역설적으로 안전지대는 기존 리더와 기업 상당수가 도태되는 영역이다. 마침내 평온을 되찾았다는 마음에 안도의 한숨을 내쉬느라 새로운 경쟁이 시작됐다는 사실을 인식하지 못한다. 자신감이 높아지면 속도와 혁신을 요구하는 목소리도 더욱 커진다. 기존 리더들은 이처럼 극적으로 변화하는 사람들의 선호에 대비하지 못한다. 이들은 다시 정상에 오르며 자축하고 싶어 하지만, 대중은 이미 다른 방향으로 돌아서고 참신함을 원한다. 게다가 기존 리더들은 갑자기 불쑥 나타난 젊고 민첩한 토끼보다 전투 경험이 있는 노련한 거북이가 더 오래 버티면서 앞서 나갈 수 있다고 과신한다. "걔네가 뭘 알겠어?" 거북이가 말한다.

하지만 이렇게 생각하는 기존 리더와 조직이 토끼를 앞서는 경우는 거의 없다는 것이 현실이다. 경험이 풍부하고 검증된 거북이가 안전지대로 피신하는 동안 경험이 없는 신참 토끼들은 큰 이점을 갖게 된다. 이들은 자신감 넘치는 군중이 갈망하는 자신만만한 태도와 참신한 매력을 보여주고 전통에 얽매이지 않는다.

이는 자동차산업과 떠오르는 전기차EV의 사례에서도 드러난다. 2008년 금융위기 이후에 기존 자동차 회사들은 자신감을 되찾기 위해 수년간 노력했다. 2015년, 메리 바라가 GM의 CEO로 취임했을 때만 해도 GM은 "쇠퇴의 길로 접어든 거인"으로 묘사됐다. 바라의 취임 전 6년 동안 CEO 4명이 교체됐다. 그녀에게 GM을 안전지대로 끌어올리는 임무는 과거의 실수를 바로잡는 것과 같았다. 취임 첫해에 그녀는 사상 최대 규모의 제품 리콜을 처리해야 했다.[1]

한편 테슬라에서는 완전히 새로운 차세대 자동차를 출시했다. GM의 몰락에 지쳐 '지금 이곳의 나'에게 집중하고 있었던 GM 주주들은 바라에게 구체적이고 명확한 전략을 요구했다. 반대로 극도의 자신감에 차올라 '언제 어디서나 우리'를 내세운 투자자들은 일론 머스크가 그리는 대담하고 추상적인 계획에 사로잡혀 너도나도 테슬라에 투자하기 시작했다. GM의 대규모 자동차 제조에 들어가는 정밀한 부품과 볼트가 머스크의 대담한 미래형 자동차에 밀린 셈이다. 투자자와 고객들은 테슬라에서 잠재력을 보았다. 테슬라는 '무한한 가능성 주식회사'나 다름없었다. 머스크가 우주여행, 태양에너지, 암호화폐 분야에서 기술 진보의 중심 역할을 차지하게 된 것도 그리 놀랍지 않다. 이는 안전지대에서 추상적인 미래를 추구하는 대중의 명확한 욕구를 직관적으로 파악하고 활용한 머스크의 역량을 단적으로 보여준다. 시스템 1 사고방식으로 가득한 세상에서 마침내 그가 빛날 때가 찾아온 것이다.

GM은 전기차라는 새로운 미래를 준비하며 테슬라를 바짝 추격하려 했지만, 자신감과 관련된 엄청난 역풍에 직면하고 말았다. 2019년에 테슬라가 출시한 사이버트럭Cybertruck은 조롱의 대상이 되었지만, 이후 3개월 동안 테슬라의 주가가 세 배나 뛰면서 머스크는 큰 성공을 거두었다. 반면 바라와 GM은 시스템 2의 강도 높은 조사와 씨름해야 했다.[2] GM에 전기차는 과거와 다른 급격한 변화를 의미했다. 이 전환이 성공할 거라 믿었던 사람은 거의 없다. 앞서 언급했듯, 조직이 공격과 방어를 동시에 성공적으로 수행하기는 쉽지 않다. 특히 GM 같은 거대 기업이 지금까지 쌓아온 명성을 과감히 버리고 성공을 위해 공격에 나서야 하는 경우는 더더욱 그렇다.

메리 바라와 GM이 테슬라와 정면 대결을 하며 마주한 도전 과제는 매우 흥미로운 사례로 꼽을 수 있다. 하지만 기업 역사를 살펴보면 이들의 사례는 극히 일부분에 지나지 않는다. 안전지대 시대는 혁신을 내세우며 빠르게 성장하는 스타트업이 오랜 전통을 자랑하는 기존 기업에 맞서는 식의 다윗과 골리앗 사례로 넘쳐난다. 큰 인기를 끌고 있는 넷플릭스, 에어비앤비, 우버 등 최근 경제 주기에서 두드러진 파괴적 스타트업의 약진은 유구한 역사를 지닌 골리앗과 다윗의 대결로 볼 수 있다.

1990년대 신용카드 업체 MBNA와 모기지대출업체 컨트리와이드 등 '집중투자'와 '채권보증' 중심으로 고성장을 이룬 스타트업들이 대중의 인기를 얻자 미국의 주요 금융기관들은 GM 사례와 비슷하게 어려움을 겪었다. 신생 업체들은 테슬라의 전기차와 마찬가지로 새롭고 대단히 혁신적인 기술을 뚜렷한 장점으로 내세웠다. 이들은 기존 시스템이나 문화에 얽매이지 않았다. 최근 급증한 '핀테크' 기업들에서도 똑같은 행동 패턴을 엿볼 수 있다.

하지만 안전지대에서 빠르게 성장하는 스타트업만이 새롭게 떠오른 경쟁자는 아니다. 안전지대는 극적으로 업계 통합이 이뤄지는 환경이기도 하다. 이곳에서 기업들은 성장을 원하는 대중의 낙관적인 전망을 이용하여 수월하게 자본을 유치할 수 있다. 이 자본을 토대로 고도로 세분화된 산업의 개별 기업들을 연달아 빠르게 인수하고 대규모 기업을 형성하는 '롤업roll-up' 전략(인수합병 분야에서 기업들이 산업 내 다수의 소기업을 인수, 합병하여 하나의 큰 기업으로 통합하고 성장과 효율성을 극대화하는 전략 — 옮긴이)을 편다. 기업이 인수합병 시장을 활용하여 매출을 늘리고 비용을 줄이면 유기적 성장보다 훨씬 빠르게 수익을 늘릴 수 있다. 인수 기업은 혁신에 대한 찬사를 받기보다 마지막 한 푼의 비용까지 절감하여 서로 다른 시스템을 빠르게 통합하고, 다시 이 과정을 더 큰 규모로 반복하면서 통합 전문가로 우뚝 올라선다.

1990년대에 휴 매콜 주니어Hugh McColl Jr.가 진두지휘한 노스캐롤라이나 내셔널 은행North Carolina National Bank이 바로 그러했다. 그는 은행들을 차례로 인수합병하여 전국에 지점이 있는 뱅크 오브 아메리카Bank of America를 설립했다.[3]

웨인 하이징아Wayne Huizenga는 사업을 일궈 부를 쌓았다. 그는 쓰레기 운반 회사 여러 곳을 인수한 후 웨이스트 매니지먼트Waste Management를 창업했고, 이어서 대형 비디오 대여업체인 블록버스터 비디오Blockbuster Video와 미국 최대의 자동차 딜러사인 오토네이션AutoNation을 설립했다.[4] 시장에 자신감과 자본이 넘쳐날 때 사업을 효과적으로 통합해 성공을 입증한 기업들은 단기간에 거대 기업으로 성장할 수 있다.

페덱스 같은 기업들은 유기적인 내부 성장 또는 가맹점의 뜨거운 관심(그리고 자본)을 활용하여 안전지대에서 공격적으로 지리적 확장 전략을 펼친다.

어떤 경우든 안전지대에서 비즈니스 목표는 분명하다. 대기업으로 성장하는 것. 그렇지 않으면 퇴출된다. '혁신', '합병', '인수', '확장' 등은 안전지대 시대에 발행되는 보도 자료에 자주 등장하는 표현이다. 모두 대기업으로 빠르게 성장하는 것을 목표로 삼고 있음을 알 수 있다.

자신감 상승이 모두에게 주는 이익

안전지대에 있는 비즈니스 리더에게 중요한 문제는 목표의 달성 여부가 아니라 달성 방식을 알아내는 것이다. 그들은 현실에 안주할 수 없다. 하지만 인수합병 데이터와 기타 기업 활동 지표에 따르면 기존 대기업은 조치를 취하기까지 너무 오래 기다린다. 특히 대기업은 뒤늦게 멀리 앞서 나간 스타트업 경쟁업체를 따라잡기 위해 분주하게 움직인다. 심지어 뒤늦은 시작을 만회하려고 지나치게 많은 위험을 감수하는데, 이때는 이미 자신감 주기가 하락세로 돌아설 무렵이다. 이들은 자기도 모르는 사이에 남들이 돈을 쓸어 담는 모습을 지켜보다가 뒤늦게 투자에 뛰어드는 개인 투자자처럼 행동한다.

이러한 비즈니스 리더들은 안전지대에서는 재빠르게 행동하는 편이 엄청난 경쟁우위를 확보하는 데 유리하다는 사실을 뒤늦게 알아차린다.

눈에 잘 띄지 않는 안전지대의 이점

앞서 기업이 긴장의 중심에서 운영할 때 자연스럽게 직면하게 되는 많은 어려움을 짚어봤다. 낮은 자신감은 강한 역풍을 일으키며 성장을 방해한다. 안전지대에서는 바람의 방향이 바뀐다. 자신감을 갖고 시스템 2 사고방식에서 시스템 1 사고방식으로 전환하면 자연스럽게 가속도가 붙는다.

예를 들어 소비자 자신감이 상승하는 시기에는 고객을 설득하지 않아도 된다. 인지적 편안함이 향상된 덕분에 고객은 더 여유로운 마음으로 별다른 질문 없이 더 빠르게 구매한다. 고객들은 제품이 어떨지 무척 궁금해한다. 아이폰 출시를 앞두고 사람들은 캠핑 의자와 침낭, 배낭을 챙겨 와 애플 매장 앞에 줄을 섰다. 이들이 원한 것은 단 하나, 바로 새 아이폰을 누구보다 빨리, 묻지도 따지지도 않고 손에 넣는 것이었다.[5] 안전지대에서 혁신과 참신함을 열망하는 고객들에게 프로토타입과 개념 검증 과정은 신제품 출시에 불필요한 장애물처럼 느껴지는데, 실제로도 그런 경우가 많다.

안전지대에는 빠르게 판매 속도를 높이고 규모를 늘리는 데 도움이 되는 다른 이점도 있다. 자신감이 넘치는 대출기관은 더 낮은 금리와 더 느슨한 조건으로 더 많은 신용을 제공하면서도 대출 심사에 필요한 실사를 줄인다. 신용 공급은 자신감과 함께 자연스럽게 증가하므로 자신감 탄력성이 높은 편이다. 더 높은 레버리지로 더 높은 성장에 필요한 자본을 조달하는 작업은 안전지대에서 가장 수월하게 진행된다.

자기자본 공급은 더욱 폭넓게 이뤄진다. 특히 무한한 가능성을 제공하는 비즈니스의 경우 안전지대에서 자본이 더 풍부하게 공급된다. 고

성장 스타트업과 혁신적인 기술 기업은 안전지대 시대에 더 많은 대중의 관심을 받는다. 주식평가는 투자자의 심리를 반영한다. 기업에 대한 주주들의 신뢰가 높을수록 주가는 더 올라간다. 결과적으로 자신감이 높은 시대에는 온갖 형태와 규모의 기업들이 기존 주주들의 지분 희석을 최소화하면서 추가로 자기자본을 조달할 수 있다. 안전지대 시대는 즉각적으로 막대한 규모의 부를 창출하는 창업자가 많이 등장한다.

자신감 있는 공급업체 역시 비즈니스에 기회를 제공하며, 때로는 파트너십을 맺어 중요한 위치를 유지한다. 투자자와 마찬가지로 기업들도 미래에 더 큰 기회를 놓치고 싶지 않은 것이다.

자신감 있는 정책입안자들도 기업에 무궁무진한 혜택을 제공한다. 안전지대 시대에는 비즈니스에 커다란 기회가 주어진다. 이를테면 주정부와 지방정부는 비즈니스 투자에 대해 세금 혜택을 제공하고 규제 감독을 완화해준다.

1990년대를 떠올려보자. 전 세계적으로 자신감이 높아지면서 유로존eurozone이 통합됐고 워싱턴에서는 양당주의 시대가 열렸다. 정치적으로는 중도주의와 타협이 대두됐다. 세계가 친기업주의에 열광했고 비즈니스 규제 완화를 반겼다. 은행과 증권사를 분리한 대공황 시절의 금산분리 정책을 비롯해 한때는 타협 불가능했던 규칙과 규제가 이제 경제성장 속도를 늦추는 과속방지턱처럼 여겨졌다. 많은 규제가 통제하기 어렵고 불필요한 것으로 치부됐다. 조직 규모가 폭발적으로 증가하자 독점적 인수합병을 가로막는 규제 장벽이 점차 줄어들었다. 집권 여당이 공화당이든 민주당이든 1990년대는 높은 경제성장을 이루고 탄탄한 금융시장이 형성되던 시기였다.

마지막으로, 안전지대 시대에는 우리가 쉽게 간과하는 문화적, 사회적 순풍이 함께 작용한다. 풍요롭고 관대한 분위기가 더해져 직장도 세상도 커다란 조화를 이룬다. 취약성과 긴장을 덜 느끼면 폭력적인 행동도 줄어든다. 이러한 요인들은 그 자체만으로는 중요해 보이지 않지만, 투자와 성장의 속도와 강도를 높인다. 자신감이 낮을 때는 취약성이 켜켜이 쌓이고 엔진에 낀 모래를 한 알 한 알 제거해야 하지만, 자신감이 높을 때는 반대로 기름칠이 잘된 기계처럼 세상이 원활하게 돌아간다.

결과적으로 안전지대에 있는 비즈니스 리더에게 순풍은 강력하고 바다는 잔잔하다. 이때 누구나 자체적으로 빠르게 움직이는 배에 올라타 한 항구에서 다른 항구로 이동하고 싶어진다.

안전지대 시대에는 저 멀리 달에 가서 먼 우주를 탐험하겠다고 약속하는 사람들이 등장한다. 우리는 시스템 1 사고방식을 극대화하여 심리적으로 대단히 멀리 떨어져 있는 사람, 장소, 사물을 이해할 수 있다고 믿는다. 시간도 마찬가지다. 안전지대에서는 자연스럽게 미래지향적으로 생각하면서 수십 년은 족히 걸릴 대담한 계획을 세운다.

안전지대에서는 단순성을 요구하기보다 복잡성을 받아들인다. 복잡성이 목표를 달성하는 데 꼭 필요한 수단이라는 점을 인식하는 것이다. 예컨대 더 많은 제품을 더 많은 장소에서 더 많은 사람에게 한 번에 배송하는 것처럼 대규모 작업이 요구된다. 우리는 모두 페덱스 같은 기업이 등장하여 목표를 실현해주길 바란다. 동시에 자신감과 그에 수반되는 강력하고 추상적인 처리 기술을 바탕으로 모든 작업을 처리할 수 있다고 여긴다. 누구나 제2의 프레드 스미스가 될 수 있다고 믿는다.

기업가 정신 기르기

비즈니스 역사를 통틀어 반복적으로 입증된 사실은 안전지대에서 더 민첩하게 행동하는 다윗이 골리앗보다 막대한 이익을 거둔다는 점이다. 안전지대에서 리더의 성공을 좌우할 '훌륭한 관행'이 하나 있다면, 바로 더 빨리 움직이고 더 많은 위험을 기꺼이 감수하는 기업가정신을 발휘하는 것이다. 리더는 자신감을 잃지 않고 앞길이 똑바르고 명확해 보이기 전에 가속페달을 더 세게 밟아야 한다. 리더는 혁신과 확장을 원하는 조직 구성원들이 동종 업계를 추격하는 것이 아니라 선도하도록 격려를 아끼지 않아야 한다.

역설적이게도 일부 기업에 이는 오히려 비켜서는 것을 의미한다. 높은 잠재력을 지니고 빠르게 성장하는 사업부가 더디게 움직이는 기업 문화에 방해받지 않고 스스로 전속력으로 달릴 수 있도록 기회를 제공하는 것이다.

버지니아주 리치몬드에 본사를 둔 시그넷 은행은 1994년에 빠르게 성장하고 있던 신용카드 사업을 분할했다. 분할된 신용카드 사업(현재 캐피털 원 파이낸셜 코퍼레이션)은 그 후 6년에 걸쳐 주가가 13배나 상승했다! 이제 성장세가 둔화된 시그넷 은행은 매력적인 인수 대상이 되었다. 3년 후 퍼스트 유니언 은행이 전국 단위로 롤업 전략을 펼치면서 상당한 프리미엄을 지불하고 이 지방은행을 인수했다(2008년 금융위기 때 웰스 파고가 와코비아 코퍼레이션을 인수하면서 결국 퍼스트 유니언은 웰스 파고가 소유하게 되었다).[6]

안전지대에는 시그넷의 CEO 겸 회장을 지낸 로버트 프리먼Robert Freeman처럼 주주 가치를 극대화하기 위해 조직을 쪼갤 의지가 있는

CEO가 거의 없다. 사실 대부분은 더 큰 규모의 기업을 더 비싼 가격에 공격적으로 인수하는 정반대 방식을 취한다. 하지만 프리먼의 사례를 따르는 비즈니스 리더가 더 많아져야 한다. 특히 안전지대는 구매자보다 판매자에게 훨씬 유리하기 때문이다. 자신감이 높을 때는 항상 수요가 공급을 앞지르는 것처럼 느껴진다. 사업을 분리하고 투자자들의 요구를 주기 초기에 제공하면 회사에서 가장 빠르게 성장하는 부문에서 여러 번의 완전한 사업 확장을 실현할 수 있게 된다.

일반적으로 최고경영진은 경제 또는 산업 침체기에 긴장의 중심으로 깊이 빠져들어 재정적인 압박이 가중되기 전까지는 기업 해체를 고려하지 않는다. 기업이 긴장의 중심 깊숙이 빠졌을 때 절박한 심정으로 매각이 이뤄진다. 기업가치가 하락하고 매수 기업은 명확한 동기를 가진 매도 기업을 감지한다. 기업들은 종종 전성기 시절에 안전지대에서 인수한 사업부를 단돈 몇 푼에 매각하며 투자금을 제대로 회수하지 못한다.

조기 출구 전략의 중요성

자신감이 최고조에 달했을 때, 일반적으로 적절하다고 여기는 시점보다 더 일찍 가속페달을 밟아 안전지대에서 거둔 성공을 극대화할 수 있다면 어떨까? 남들이 가속페달을 밟을 때 반대로 가속페달에서 발을 떼고 브레이크를 밟아 속도를 늦추면 성공을 유지할 수 있을 것이다.

그러나 이는 말처럼 쉬운 일이 아니다. 앞서 언급했듯, 우리가 느끼는 강렬한 확신과 통제감보다 더 강력하고 달콤한 신호는 없다. 완전한 인지적 편안함은 매력적이다. 안전지대의 오른쪽 상단 구석에서 최고경영진이 내놓는 모든 전략과 과대 선전도 마찬가지다. 경제적 보상과 찬사가 쌓일수록 많은 리더가 언론의 목소리를 믿지 않기는 어렵다. 게다가 안전지대처럼 엄청나게 화려하고, 미래지향적이며, 들뜨고, 열광적인 환경에서는 신중한 태도가 필요하다고 타인을 설득하기도 쉽지 않다. 파티가 열리는 즐거운 분위기 속에서 신중하고 절제된 사고방식을 원하는 사람은 거의 없다.

취약성에 대응하는 세 가지 방법

그럼에도 무적의 감정에 대응하여 리더가 취할 수 있는 조치가 있다. 파티가 시작되기 훨씬 전에 이러한 단계를 거치는 것이 가장 바람직하다.

1. 지속적인 개선 문화 조성하기

한 가지 접근 방식은 '최고'가 아닌 '더 나은' 수준을 목표로 삼는 기업문화를 구축하는 것이다. '최고'는 도착지이며, 타인과 비교하는 데 초점을 맞출 수밖에 없다. 최고를 목표하게 되면 문제가 발생한다. 일단 목표를 달성하고 나면 모두가 성공적으로 경주를 마쳤다고 생각한다. 할 일이 끝났다고 여기고 마음을 놓는다. 그러면 지나친 자신감에 취해 어딘가에 그들을 제치고 산의 정상에 오르려는 또 다른 집단이 있다는 사실을 인식하지 못하기 십상이다.

'더 나은' 수준은 끝없는 여정을 암시한다. 저명한 첼리스트 파블로 카잘스는 80대가 되어서도 연습을 계속했는데, 그 이유는 "지금도 발전하고 있다고 생각하기 때문"이었다.[7] 오랜 기간 성공을 이어간 세계적인 운동선수들도 공통으로 이러한 태도를 보인다. 제2차 세계대전 이후 일본 산업계에 널리 확산됐고 《도요타 방식 The Toyota Way》 같은 책에서 다룬 가이젠改善, 즉 끊임없는 개선이 이들의 주된 관심사다.[8]

어떤 명칭을 붙이든 끊임없이 개신하려는 마음가짐은 좀처럼 사라지지 않는 자신의 취약성을 계속 인식하며 지나친 자신감을 경계한다. 현재 위치와 지금까지 이룬 성과에 상관없이 아직 확보할 수 있는 더 많은 확신과 통제감이 있다. 안전지대의 오른쪽 상단 구석에 도달했다고 느낄 즈음, 목표는 다시 손이 닿지 않는 곳으로 멀리 이동한다.

더 대담한 목표 설정은 비슷한 효과를 내기는 하지만, 자신감이 높은 시기에는 심각한 단점이 될 수 있다. 웰스 파고는 그 단점을 직접 경험했다. 경영진은 수년 동안 고객당 최소 8개의 금융상품 판매를 내부 목표로 삼고 '그레이트 이니셔티브Greight Initiative'를 추진했다. 하지만 이는 후에 터무니없는 목표로 드러났다.[9] 안타깝게도 이러한 결론에 도달한 시점은 이미 자신감이 떨어지고 조직 내에 사기 문화가 광범위하게 생겨났음이 철저한 조사를 통해 밝혀진 후였다. 당시 직원들은 경영진이 내건 목표를 달성하려고 허위 계좌 수백만 개를 개설했다. 한때 '일확천금'을 벌어들인 인물로 〈포브스〉 표지를 장식한 CEO 존 스텀프는 경질됐고, 결국 웰스 파고는 수억 달러의 벌금을 물어야 했다.[10]

리더가 점진적인 목표를 설정하고 '발전하는' 문화를 조성하더라도 특히 안전지대에서 적절한 통제가 이뤄지도록 주의를 기울여야 한다. 안전지대에서 성공을 거두면 높은 재정적 보상과 평판을 얻는다는 점을 고려할 때, 경영진과 기업 이사회는 타 업체가 목표를 달성하기 위해 기울이는 노력을 과소평가해서는 안 된다. 한 걸음 더 나아가, 기업이 안전지대에서 정점을 찍고 내려올 때 수많은 사기, 허위, 위조 활동이 끝내 밝혀진다는 점을 예상해야 한다. 안타깝게도 자신감이 극도로 높아지면 양심을 잃기 쉽다.

2. 지나친 자신감에 관한 빙고 카드 만들기

안전지대에서 지나친 자신감에 대응하는 두 번째 접근 방식은 지나친 자신감의 형태를 미리 객관적으로 정의한 후 실제로 나타날 수 있는 행동과 조치를 목록으로 작성하는 것이다. 말하자면 '지나친 자신감에 관한 빙고 카드'를 만드는 것으로 다음과 같은 행동이 포함될 수 있다.

- 분기별 실적 발표 때 들리는 박수와 웃음소리
- 대담한 전략을 요구하는 증권분석가
- 사상 최고의 주가수익비율 기록
- 사상 최저의 차입 스프레드 및 최장기 부채 만기
- 사상 최대 규모의 자사주 매입
- 기업 주식에 대해 쏟아지는 '매수' 추천과 전례 없는 목표가격
- 치열한 M&A 제안 및 사업 확장 계획
- 초대형 기업, 랜드마크 부동산, 기업을 차지하기 위한 업계의 '입찰 전쟁'
- 주로 대규모 확장 및 전환, 인수 등을 긴급하게 요구하는 이사회와 동종 업계의 압력
- 주요 산업 규제 완화와 자율 규제 이니셔티브
- 사상 최고의 성과, 주식 보상 및 임원 보수
- 경영진 유지에 초점을 맞춘 장기 고용계약 갱신
- 호화로운 해외 지역에서 이사회 및 임원 회의, 행사, 판매 콘퍼런스 개최

- 임원들의 새로운 고성능 자동차 교체, 별장 마련
- 새로운 회사 전용기 또는 호화로운 새 사옥 마련
- 골동품, 수집품, 예술품 등 인수
- 프로스포츠 경기장 명칭 사용권 구매
- 잡지 커버스토리, 하버드 비즈니스 스쿨의 기업 리더십 사례 연구, 세계경제포럼의 기조연설 요청, 경영진의 TED 강연
- CEO의 회고록 출간 문의

위 목록에서 몇 가지 예는 억지스러워 보일지 모른다. 하지만 무적의 환경을 수반하는 객관적 재무 및 운영 지표, 평판 관련 행동, 특정 업계의 특성, 사회적 또는 문화적 행동 등을 선별하여 이렇게 목록을 작성해놓으면 유용하다. 목표는 촘촘한 모자이크타일처럼 빼곡하게 점검표를 만드는 것이 아니다. 비슷한 사건이 필연적으로 발생하면 빙고 카드가 채워지고 있는지, 이제 자신감이 극한에 도달하여 가속페달에서 발을 떼야 하는지, 브레이크를 밟기 시작해야 하는지 검증할 방법이 필요하다.

궁극적으로 안전지대의 목표는 지나친 자신감을 아예 피하는 것이 아니라 최악의 상황을 모면하는 것이다. 앞서 언급했듯이 조직의 가장 치명적인 실수는 자신감이 최고조에 달했을 때 발생한다. 때로는 이러한 행동들이 자멸로 이어지기도 한다. 기업이 자신감 주기가 정점을 찍었을 때 최악의 위험을 피한다면 주기의 최저점에서도 생존할 가능성이 훨씬 크다. 이렇게 살아남은 기업은 엄청난 이점을 확보하게 된다. 악조건에서 살아남은 최고의 기업이 되면 기회가 넘쳐난다. 고객이 실패한 경쟁사를 떠나고, 업계는 통합될 수밖에 없기 때문이다.

기업이 안전지대에서 성공을 극대화하면 언론의 대대적인 관심과 주주들의 찬사를 받을 수 있지만, 그 성공이 불러올 후폭풍을 극복하고 성공해나가는 것이 훨씬 중요한 일이다. 자신감 주기의 정점에서 지나친 자신감을 내세우며 대중의 입맛에만 맞는 결정을 내리다가 장기적으로 자멸의 길을 걷지 않도록 주의해야 한다.

2021년, 배우 맷 데이먼은 한 암호화폐 광고에서 "하늘은 용기 있는 자의 편입니다"라고 말했다. 이는 보편적인 사실이 아니며, 광고 역시 시기적으로 다소 부적절했다. 시기가 중요하다. 하늘은 안전지대에 접어든 초기에 용기 있는 자를 돕는다. 따라서 초기에는 기업가처럼 행동하고 더 민첩하게 공격적으로 움직이는 것이 매우 중요하다. 일찍 행동하는 사람에게는 더 큰 보상이 주어진다.

안전지대의 상단에서 하늘은 신중한 자를 돕는다. 현재 환경을 인식하고 지나친 파티 분위기에 저항할 수 있는 사람은 최악의 상황을 피할 뿐만 아니라 자신감이 떨어질 때 다수가 알아차리지 못하는 눈앞의 기회를 가장 잘 포착할 수 있다.

3. 자신감의 정점에서 리더십에 대해 다시 생각하기

마지막으로, 자신감의 최정점과 안전지대의 오른쪽 상단 구석에 대해 살펴보자. 선견지명이 있는 리더라면 지나친 자신감이 팽배한 현재의 환경을 인식하고 위험을 감수하려는 조직의 욕구를 억제하기 시작하면서 경영진의 실력을 재평가해야 한다. 앞서 언급했듯, 효과적인 위기관리는 고유한 특성을 갖춰야 한다.

안전지대에서 최고경영진의 리더십에 일관되게 요구되는 경력 조건을 꼽는다면 입증된 과거의 성공일 것이다. 자신감이 높은 환경에서는 오랫동안 흠잡을 데 없이 탁월한 실적을 쌓은 매우 낙관적인 리더들이 넘쳐난다. 이들은 차오르는 자신감을 재정과 운영에서는 물론 사회적으로, 심지어 문화적, 정치적으로도 성공적으로 활용했다. 한때는 반골 기질이 있었을지 모르지만, 이제는 자신과 타인의 이익을 위해 시스템을 터득하고 적극적으로 활용하는 기성세대가 되었다. 안전지대는 영업 실적이 뛰어난 인재가 활동하는 환경이다. 인맥이 넓고 수익 창출 능력이 뛰어나며 높은 자신감을 돈으로 전환하는 방법을 아는 사람들이 주도하는 영역이다.

호황기에는 영업실적이 우수한 인재가 귀한 대접을 받는다. 하지만 자신감이 정점을 찍고 나면 필연적으로 자신감이 급격히 떨어지는 시기가 찾아오는데, 이때 그 우수한 인재는 쓸모가 없어진다. 그들의 자존심, 자신감, 카리스마, 큰 그림에 집중하는 능력은 호황기에 특히 유용하지만, 기업이 위기에 효과적으로 대응해야 하는 시기에는 꼭 필요한 요소가 아니다. 자신감이 최고조에 달하는 시기에는 많은 기업의 최고경영진과 이사회가 이처럼 영업실적이 우수한 사람들로 주로 구성된다. 하지만 그러한 조직은 위기 때 유독 취약한 모습을 보인다.

그러한 취약성을 보이는 이유 중 하나는, 조직이 안전지대의 상단에서 성과가 뛰어난 젊은 리더에게서 큰 잠재력을 발견한 후 그에게 성장 기회를 제공하는 경우가 많기 때문이다. 기업은 경쟁사에 인재를 빼앗기지 않기 위해 젊고 패기 넘치는 최고재무책임자CFO에게 주요 사업 부문을 맡긴다. 또는 가장 많은 영업수익을 올린 직원을 최고기술책임자CTO 또는 CFO로 승진시켜 경험을 쌓게 하고 향후에 그가 더 폭넓은 업무와 책임을 맡을 수 있길 기대한다.

2007년 9월, 리먼 브라더스는 주식시장이 정점을 찍기 며칠 전에 영업실적이 특출났던 에린 캘런을 CFO로 승진시켰다. 캘런은 하버드 대학을 수석으로 졸업하고 뉴욕대 로스쿨에 진학했으며, 이후 엘리트 국제법률 사무소인 심프슨 대처에서 근무하다가 투자은행으로 자리를 옮겼다. 그녀는 자신감이 정점을 찍은 시기에 조직이 선택하는 전형적 인재였다. 캘런은 자신감이 넘치는 환경에서 모든 업무에 탁월한 능력을 발휘했고 앞으로 더 큰 성공을 거둘 수 있다고 확신했다.

그러나 9개월 후 그녀는 좌천됐고, 1년 후 리먼 브라더스는 파산했다.[11]

캘런은 자신감이 하락하는 시기에 조직을 이끌기에 적합한 리더가 아니었고 CFO로서 경험도 부족했다는 점에서 리먼의 몰락에 어느 정도 영향을 끼쳤을지 모른다. 그러나 그녀도 분명히 피해자였다. 최악의 시점에 월스트리트 기업의 CFO가 되었기 때문이다. 그녀는 새로운 직책을 파고들면서 알게 된 사실에 우려를 표명했고, 그로 인해 곧 상사와 갈등을 겪게 되었다. 자신감이 최고조에 이른 시기에 리먼에서 좌천된 직원은 캘런 혼자가 아니었다. 위험관리 책임자인 매들린 안톤식 Madelyn Antonic 역시 "모든 거래에 대해 기계적으로 위험 한도를 풀어버리는 CEO 딕 풀드 Dick Fuld, 사장 조지프 그레고리 Joseph Gregory, 투자은행 책임자 스킵 맥기 Skip McGee를 상대로 반기를 들다가" 자리에서 밀려났다.[12]

경영진이 두 번이나 연이어 교체됐을 때 리먼 이사회는 "빙고!"를 외쳤어야 했다. 자신감 주기 초기에 빙고 카드를 작성했다면 두 번에 걸쳐 지나친 자신감이 일으킨 변화와 위험관리의 명백한 실패가 얼마나 심각한 문제인지 파악했을 것이다. 그리고 머지않아 강력한 5등급 허리케인이 상륙하리라는 것도 알아차렸을 것이다. 그러나 그들은 2007년 3분기 실적 발표에서 풀드의 발언에 동의하며 고개만 끄덕였다. 당시 풀드는 이렇게 말했다. "어려운 시장상황 속에서도 리먼 브라더스는 다양성과 강력한 재무 건전성 그리고 경제 주기 전반에 걸쳐 성과를 내는 능력을 실적으로 또다시 입증했습니다."[13]

이보다 더 진실에서 동떨어질 수 있을까?

■

안전지대는 인생이 안락한 최상의 시기다. 높은 확신과 통제감은 미래를 향한 열망에 투영된다. 우리는 앞으로 어떤 일이 펼쳐질지 기대하며, 그것이 무엇이든 기회로 삼고 싶어 한다.

이러한 열의는 인지적 편안함으로 뒷받침된다. 우리 뇌는 시스템 2 사고방식이 필요할 만큼 앞을 내다보지 못한다. 안전지대는 자신감의 핵심이 인지적 상태라는 점을 상기시켜준다. 우리는 뇌가 편안할 때 자신감을 갖는다. 충만한 자신감도 좋지만, 리더는 그것이 보내는 경고신호를 알아차려야 한다. 신중하지 않으면 지나친 자신감에 휩싸이게 되며, 경고신호를 무시하면 피할 수 없는 위험이 뒤따른다.

따라서 리더는 안전지대 상단을 향해 효과적으로 순항하기 위해 대중에게 휩쓸리지 않고 인기가 떨어지는 것을 감수해야 한다. 이러한 순간을 앞두고 경영진을 잘 준비시키려면 자신감이 지나치게 과잉되지 않도록 억제하는 데 필요한 조치를 취하고, 다양한 심리지표를 명확하게 인식한 후 앞으로 훨씬 어려운 시기를 대비할 방법을 고려해야 한다.

4부

일관되지 않은 경험, 승객석

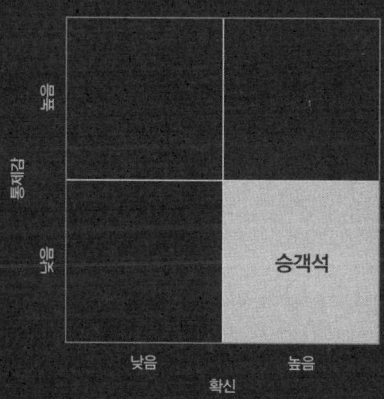

우리는 인생의 상당한 시간을 승객석에서 보낸다. 승객석은 확신을 얻을 수 있어도 타인이 통제권을 쥐고 있는 영역이다.

10

확신이 높고
통제가 낮은 환경

2021년 4월, 조 바이든 대통령은 거의 20년에 걸쳐 이뤄진 파병과 분쟁을 뒤로하고 아프가니스탄에서 모든 미국 병력을 철수시키겠다고 발표했다. 두 달 후, 미국 정보기관은 미군 철수 후 6개월 이내에 아프가니스탄 정부가 붕괴할 수 있다고 예상했다. 6개월은 이전에 나온 전망치보다 짧은 기간이었지만, 정책입안자들은 이를 희소식으로 받아들였다. 정권 붕괴가 예상되는 시점보다 훨씬 앞선 9월까지 미군이 아프가니스탄에서 철수할 계획이었기 때문이다.[1] 바이든 대통령이 선언한 대로 미군의 전면 철수는 순조롭게 진행됐다.

보고서가 나온 지 불과 두 달 후인 8월 15일, 미군이 철군하는 동안 아프가니스탄 수도 카불이 순식간에 함락됐다. 무장 조직 탈레반은 카불로 진군할 때 별다른 저항을 겪지 않았다. 그사이에 아프가니스탄 대통령과 관료들은 인접 국가로 망명했다.² 아프가니스탄의 친서방 정권이 더 오래 버틸 수 있으리라 예상하고 휴가를 떠난 미국 고위 관리들은 이러한 결과에 깜짝 놀라지 않을 수 없었다. 아프가니스탄 국민은 빠르게 무너진 정권을 보고 충격을 감추지 못했다. 심지어 탈레반도 놀라움을 금치 못했다.³

확신이 높고 통제가 낮은 환경이 바로 이러한 경우다. 돌이켜볼 때 모든 사람이 자신의 취약성, 그리고 평온이 혼돈으로 뒤바뀌는 속도에 놀라워한다.

아프가니스탄의 경우, 누구도 방심해서는 안 되는 상황이었다. 불과 며칠 전까지만 해도 아프가니스탄의 전체 인구는 자신감 사분면의 오른쪽 하단 영역에 속해 있었다. 미국 여야 의원들은 아프가니스탄을 설명할 때 점령지라는 표현을 피했지만, 국경 내에서 느끼는 통제를 고려하면 아프가니스탄은 분명 점령지였다. 일반 시민부터 국가 정치 지도자까지 모두가 무력감을 느꼈다. 국가에 대한 통제권은 미군이 손에 쥐고 있었고, 그 사실만으로 확신을 주었다. 그러나 그러한 통제가 더 이상 절대적이지 않게 되자 수면 아래에 숨어 있던 무력감이 떠오르며 통제를 대체했다.

아프가니스탄은 눈에 잘 띄는 승객석에 자리하고 있었다. 2021년 8월, 아프가니스탄은 조종사가 비행 중 낙하산을 메고 조종석 밖으로 뛰어내리는 비행기와 같았다. 아무도 개입할 준비가 되어 있지 않았고 그럴 능력도 없었다. 아프가니스탄 국민은 당장 국가를 책임질 지도자가 전무하고 국가가 붕괴 직전에 있다는 사실을 깨달았다. 탈레반은 그러한 권력 공백을 메우기 위해 분주하게 움직였지만 통제권을 완전히 장악하지 못했다. 좋든 싫든 리더십이 부재한 국가는 긴장의 중심에 빠질 수밖에 없었다. 그러한 가능성을 고려해서 다시 한번 불확실한 혼란을 어느 정도 확신으로 바꾸려고 차라리 탈레반을 따르는 길을 선택하는 시민들도 있었다.

승객석으로 향하는 경로

사분면의 오른쪽 하단 영역인 승객석을 한 단어로 설명하면 '권위주의'라 할 수 있다. 누군가 또는 다른 무언가가 책임을 지는 것이다. 결과적으로 자신감이 아닌 순응과 체념, 즉 무력감이 만연한 환경이 조성된다. 승객석에서는 지시받은 대로 행동하게 된다.

표면적으로는 일부러 승객석에 앉는 일은 절대 없을 것이라 여겨진다. 하지만 이러한 관점은 특정 상황에 따라 그 환경을 상상하는 방식이 달라질 수 있다는 점을 간과한다. 자기 자신을 경험의 수혜자로 볼지, 아니면 피해자로 볼지는 승객석에 앉기로 선택한 이유와 승객석에 도달할 때 느끼는 감정이 큰 영향을 미친다.

긴장의 중심에서 진입하기

승객석으로 향하는 일반적 경로는 긴장의 중심에서 시작된다. 앞서 언급했듯이, 자연스러운 긴장 반응 5F 중 하나는 '추종'이다. 이미 공포와 무력감을 느끼는 상황에서 우리는 더 큰 확신을 얻는 대가로 잠재된 통제력을 타인에게 넘긴다. 배관공이 문제를 처리하여 우리를 다시 안전지대로 보내줄 것이라는 믿음으로 파열된 배관을 기꺼이 그의 손에 맡긴다.

우리는 긴장의 중심에 있을 때 다음 장소로 발사대가 아닌 승객석을 선택하는 경우가 많다. 타이어 바람이 빠지면 미국자동차협회AAA에 전화를 걸고, 4월 초에는 소득세 신고를 하기 위해 서둘러 공인회계사를 찾고, 음주운전을 하다 걸리면 법정에서 대변해줄 변호사를 고용한다. 긴장의 중심에서는 타인이 자신보다 문제를 더 빠르게 또는 더 잘 해결할 수 있다는 생각에 승객석을 선택한다. 내게 없는 기술이나 도구, 장비, 소질을 타인이 갖추고 있다고 믿기 때문이다. 이처럼 우리는 전문가에게 도움을 청한다.

권위주의적인 리더를 자발적으로 따르는 집단은 더 광범위하게 동일한 패턴을 따른다. 그 리더는 집단을 안전지대로 이끌 노하우와 강력한 통솔력을 지니고 있거나 그렇다고 공언한다. 역사가 증명하기를, 긴장의 중심에서 경험하는 극도의 불확실성과 무력감은 독재자나 사이비 종교 지도자들이 부상하는 기반이 된다. 이러한 권위주의적 리더는 권력을 스스로 쟁취하는 것이 아니라 그가 어떻게든 상황을 개선하고 사람들을 구할 것이라고 믿는 추종자들로부터 권력을 부여받는다. 누수가 생겼을 때 배관공을 반기듯이 절망에 빠진 군중은 권위주의적 지도자를 보고 똑같이 기뻐한다. 그들은 지도자가 모든 문제를 해결해주리라 믿으며 문 앞에서 맞이한다.

문제가 많은 기업의 이사회도 똑같은 방식으로 움직인다. 위기 속에서 절망에 빠진 그들은 결단력과 책임감이 있는 리더가 현장에 도착한 모습을 보고 크게 기뻐한다. 대부분은 신임 CEO에게 회사를 바로잡기 위해 '무엇이든 할 수 있는' 권한을 노골적으로 부여하며 열렬히 환영하는 모습을 보이기도 한다. 이사회는 최악의 상황을 뒤로하고 새로운 리더가 운전대를 잡길 바라며 기꺼이 승객석에 앉는다.

문제를 안고 있는 몇몇 기업은 자신감을 북돋는 과거에 대한 그리움을 리더십 선정에 추가한다. 긴장의 중심에서 성공적으로 빠져나오기 위해 한 시대를 풍미했던 창업자나 전직 CEO를 반복해서 불러들이기도 한다. 이 책을 쓰는 시점에 디즈니 이사회는 오랫동안 CEO로 재직했으나 최근 은퇴한 로버트 아이거를 다시 불러들였다. 스타벅스는 창업자인 하워드 슐츠를 은퇴 후에 두 번째로 다시 불러들였다.[4]

'부메랑 CEO'의 귀환만큼 승객석의 기업 환경을 잘 보여주는 것도 없다. 놀랍게도 이는 실제로 사용하는 용어다. 은퇴한 리더를 다시 불러들이는 일은 승계계획의 실패를 공개적으로 인정하는 동시에 운전대를 잡을 자격이 있다고 여겨지는 사내 후보자가 없음을 여실히 드러낸다.[5]

안전지대에서 자발적으로 진입하기

승객석으로 향하는 두 번째 경로는 그다지 감정적으로 느껴지지 않는다. 위에 있는 안전지대에서 자발적으로 내려오기 때문이다. 이처럼 승객석으로 이동하는 것은 긴장의 중심에서 당황하여 나타나는 반응이 아니라 의도적인 선택의 결과다. 비행기를 타고 미국 전역을 이동할 때, 친구나 부모가 운전하는 자동차 뒷좌석에 타고 영화관에 갈 때, 놀이공원에서 롤러코스터를 탈 때도 마찬가지다. 이 모든 경우에 우리는 목적을 이루기 위한 수단으로 승객석을 선택한다. 승객석은 그 목적이 이동이든 짜릿한 감정이든 간에 곧 안전지대로 돌아가기를 기대할 때 일시적으로 무력감을 느끼는 영역이다.

방금 제시한 두 가지 시나리오의 차이점이 바로 여기에 있다. 자발적으로 안전지대를 떠나 승객석으로 이동하려면 극도의 확신이 필요하다. 우리는 상황이 닥쳤을 때 그에 따른 피해자가 아니라 확실한 수혜자가 되기를 기대한다. 항공기의 추락 위험은 전혀 없다고 믿어야 한다. 운전대를 잡은 친구나 부모를 전적으로 신뢰하고, 롤러코스터가 몇 분 동안 스릴과 공포를 선사하고 나면 다시 출발했던 지점으로 돌아오리라는 절대적 확신이 있어야 한다. 승객석 영역의 맨 오른쪽 가장자리 수준인 99.9999퍼센트보다 낮은 확신은 허용되지 않는다. 자발적으로 통제권을 넘기려면 안전한 상태로 되돌아온다는 '확신'이 있어야 한다.

그러나 출발점이 긴장의 중심일 때는 그렇지 않다. 우리는 긴장의 중심에서 확신도 통제력도 없는 상황에 직면하면 리더에게 생각보다 훨씬 적은 확신이라도 괜찮다고 그만큼이라도 달라고 요구하게 된다. 절망에 빠지면 '최고'나 '완벽'이 아닌 '더 나은' 길을 추구하고, 미래에 관한 이야기를 설득력 있게 풀어내는 사람들을 기꺼이 따른다. 비유하자면, 긴장의 중심에서는 온수 샤워 시설이 있는 선착장을 바라는 것이 아니다. 폭풍우가 몰아치는 항구도 감지덕지다. 결국 긴장의 중심에서 승객석으로 집단을 이동시키는 데는 안전지대에서 승객석으로 이동시키는 것보다 훨씬 적은 노력과 에너지가 든다.

예를 들어 도장공과 배관공을 고용하는 방식을 떠올려보자. 두 경험은 우리를 승객석으로 이동시킨다. 우리는 안전지대에 머무는 동안 자발적으로 도장공을 **선택한다**. 신중하게 주변 사람들한테 물어보고, 그들이 일을 어떻게 처리했는지 살펴보고, 가격 협상을 벌이곤 한다. 이 과정에서 여러 대안을 철저하게 평가하고, 필요하다면 원하는 사람을 뽑을 때까지 기다린다. 도장공을 고를 때는 더딘 시스템 2 사고방식을 이용한다.

반면 지하실이 물에 잠기면 배관공을 필사적으로 구할 수밖에 없다. 당장 전화를 받는 배관공을 부를 것이다. 이는 순전히 시스템 1 사고방식이다. 정보를 찾아 확인할 시간적 여유가 없다. 당장 문제를 해결할 사람이 필요하다. 각각 안전지대와 긴장의 중심에서 출발하여 똑같은 목적지에 도착할지라도 승객석에 앉은 상태에서 두 경로는 매우 다를 수밖에 없다.

긴장의 중심에서 승객석으로 진입하고 나면 시간이 흐르면서 안도감이 사라지곤 한다. 어느 정도 안정을 되찾아도 여전히 통제가 부족하다는 점을 깨닫는다. 아직 편안함을 느끼는 안전지대에 도달하지 못했기 때문이다. 한때 '더 나은' 상태여서 만족했을지라도 이제 그것만으로는 불충분하게 느껴지기 시작한다. 배관공이 와서 다행이지만, 기나긴 몇 시간과 점심시간을 보내고 나면 배관공이 부품을 구하러 상점을 여러 번 갔다 왔는데 왜 아직도 누수 문제가 해결되지 않는지 의문이 생기며 좌절하게 된다. 이는 타이어 바람이 빠졌을 때 견인차가 오기를 기다리며 자꾸 시계만 들여다보고 답답해하는 것과 같다.

이러한 상황에서 곧 통제력을 되찾아 안전지대로 넘어가지 않으면 승객석에 갇힌 기분이 들기 시작한다. 올바른 선택이었는지 의심도 든다. 후회하기 시작하면 감정이 달라지고, 우리 입장이 수혜자에서 피해자로 바뀌게 된다. 스스로 갇혀 있다고 느끼면서 타인의 통제에 불만을 품기 시작한다. 그러면 배관공에게 "아니요. 내일 다시 오실 때까지 기다릴 수 없어요. 지금 고쳐주세요."라고 분명하게 말하며 그의 의견에 따르지 않을 것이다. 통제 없는 확신은 막막함만 안길 뿐이다. 통제와 확신이라는 두 가지 감정이 모두 필요하다. 이제 배관을 제대로 고칠 수 있는 다른 배관공을 불러야 할지 고민하게 된다.

기업 이사회의 행동도 비슷하다. 이사회는 위기를 헤쳐 나갈 해결사가 되어줄 리더를 고용하자마자 상황이 즉각적으로 개선되기를 바란다. 리더가 주주, 대출기관, 공급업체, 기타 주요 구성원의 신뢰를 조속히 회복하지 못하면 곧장 비난의 대상이 된다.

뱅크 오브 아메리카의 CEO 브라이언 모이니핸은 이러한 상황을 몸소 경험했다. 이사회는 2008년 금융위기가 한창일 때 모이니핸을 CEO로 승진시켰고 전임자가 남긴 문제를 그가 빨리 수습해주길 바랐다. 하지만 그 후 2년 동안 은행의 대출 포트폴리오와 업무 방식에서 더 많은 문제가 수면 위로 드러나면서 회사의 주가는 50퍼센트 이상 하락했다. 2011년 가을에는 주가가 최저점에 근접하자 〈블룸버그 비즈니스위크〉는 괴로워하는 모이니핸의 이미지와 함께 "그가 뱅크 오브 아메리카를 구할 수 있을까?"라는 헤드라인을 표지에 실었다.[6]

역설적으로 이 표지 기사는 전형적으로 위축된 투자심리와 정반대되는 지표였음이 입증됐다. 그로부터 뱅크 오브 아메리카의 주가가 거의 10배나 상승하며 2022년 초에 고점을 찍었기 때문이다.

최근에는 가정용 제품을 판매하는 프랜차이즈 회사인 베드 배스 앤 비욘드의 CEO 마크 트리톤이 운이 따라주지 않은 사례로 기록됐다. 그는 2019년 타깃Target의 최고상품책임자를 지낸 후 엄청난 환대를 받으며 베드 배스 앤 비욘드에 영입됐다. 하지만 회사가 2분기 연속 '처참한 매출'을 기록하고 주가가 폭락하자 이사회의 신뢰를 잃으면서 2022년 7월 퇴임해야 했다.[7]

[그림 10.1] **권위주의자의 이상, 확신, 무력감**

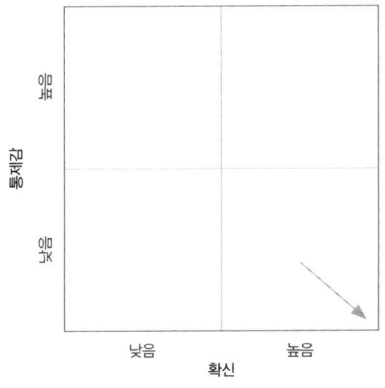

위기 상황에서 조급해하는 기업과 고군분투하는 리더는 명확한 해임 절차를 거치게 된다. 하지만 사회운동과 정치운동은 그렇지 않다. 해결되기를 바랐던 문제가 신속하게 해결되지 않으면 사회적 갈등이 폭발할 수 있다. 게다가 군중이 앞서 따랐던 리더에게서 통제권을 되찾으려 할수록, 통제권을 쥔 이들은 더욱 억압적인 태도를 취하는 경우가 많다. 당연히 상황은 빠르게 악화한다. 권위주의적인 리더는 반란을 진압하기 위해 더 강력한 통제권을 확보하려 하고, 이를 위해 사람들에게 더욱 엄격한 행동 요건을 의무적으로 준수하라고 강요한다.

긴장의 중심에 있는 군중이 놓치는 사실이 있다. 바로 권위주의 정권이 유지되려면 군중을 사분면의 오른쪽 하단 구석으로 점점 더 멀리 몰아가야 하며, 그곳에서 군중은 압도적인 세력에 더욱 무력감을 느끼게 된다는 점이다. 이는 보안이 삼엄한 교도소와 비슷한 환경이다. 교도관이 모든 권한을 갖고, 규칙을 따르지 않는 죄수들은 극단적인 대가를 치른다[그림 10.1].

안타깝게도 방금 설명한 내용은 개인 생활이나 직장에서 나타나는 폭력적 관계의 특징을 이루는 경우가 많다. 긴장의 중심에 있는 개인은 종종 새로운 파트너가 보이는 자신감에 끌리고 그를 기꺼이 따르려 한다. 하지만 권위주의적인 파트너는 상대방을 긴장의 중심에서 오른쪽 하단 구석에 계속 머물게 하려고 한다. 이들은 상대방이 통제권을 잡길 원하지 않고, 다른 누구에게도 주도권을 넘겨주고 싶지 않다. 결국 상대방이 통제권을 되찾거나 그것을 행사하려 할수록 권위주의적인 파트너는 통제권을 빼앗으려 애쓸 것이다.

안전지대/감옥에서 자발적으로 진입하기

오른쪽 하단 영역으로 이동하는 마지막 공통 경로는 바로 '감옥'이다. 이는 실제 감금을 의미하기도 하고, 비자발적으로 안전지대에서 승객석으로 이동해야 하는 경험을 의미하기도 한다. 예를 들면 난기류가 항공기를 덮쳤을 때, 친구에게 이끌려 억지로 롤러코스터를 탈 때, 금요일 오후 늦게 상사가 갑자기 주말 근무를 요구할 때 어딘가에 갇힌 것처럼 답답한 기분이 들 수 있다. 이처럼 사분면의 오른쪽 하단 영역은 돌연 자기 의지에 반하는 일을 억지로 해야 해서 상당한 스트레스를 받는 환경이 된다. 통제 욕구가 억눌리면 승객석과 긴장의 중심을 구분하는 선이 사라지고 두 영역이 혼재된 것처럼 보인다.

긴장의 중심이나 안전지대와 달리 승객석에서는 일관되지 않은 경험을 하게 된다. 통제력이 낮고 확신이 높은 환경은 매우 이례적이다. 일반적인 감정과 행동을 동반하지 않는다. 승객석까지 도달하는 데 거치는 경로, 그리고 그 경로를 자발적으로 또는 비자발적으로 택했는지에 따라 우리의 감정과 행동이 좌우된다.

따라서 행동을 예측하려면 승객석으로 향하는 경로와 마음가짐을 이해해야 한다. 마지막으로, 오른쪽 하단 영역에 들어가면 감정이 순식간에 달라질 수 있음을 인식해야 한다. 비행기에서 조용히 책을 읽고 있다가도 순식간에 목숨이 위태로워질지 모른다. 예상치 못한 난기류는 모든 것을 뒤집어놓는다.

승객석 비즈니스의 환경

식당이나 법률 사무소처럼 승객석에서 자연스럽게 운영되는 비즈니스에서는 고객의 감정과 더불어 고객이 어떤 경로로 사분면의 오른쪽 하단 영역에 들어왔는지 반드시 이해해야 한다. 배관공이든 도색공이든 고객이 원하는 곳에 도달하도록 제대로 도와주려면 조직은 고객의 배경을 알아야 한다. 이러한 역할은 시시각각 바뀔 수 있다. 이를테면 고객은 법률 사무소를 찾더라도 경찰에 체포되어 당장 도와달라고 전화를 걸 때와 내년에 해야 할 일 중 하나인 상속 계획을 변경하려고 전화를 걸 때 완전히 다른 감정을 보인다.

배관공처럼 위기관리를 전문으로 하며 고객을 긴장의 중심에서 승객석을 거쳐 안전지대로 최대한 빨리 이동시키는 사업을 한다면 강력한 진단과 기술을 반드시 갖춰야 한다. 물론 대응력도 필요하다. 조직이 판매하는 제품의 핵심은 신속한 문제 해결이다. 고객이 조직과 함께 승객석에 머무는 시간이 짧을수록 좋다. 고객이 결정을 후회하거나 갇혀 있다고 느낄 시간을 주지 않아야 한다. 고객서비스 센터, 예약 센터, 긴급 조치처럼 고객을 위해 상시 '대기 중'인 사업을 운영하는 리더는 고객의 조바심을 이해해야 한다. 통화를 대기하거나 줄을 서서 기다리면 무력감을 부추길 뿐이다. 고객은 문제가 무엇이든 빨리 해결되기를 바라고, 곧장 해결되지 않을 때는 그 이유를 알고 싶어 한다. 통화대기 중인 고객에게 현재 대기 순서를 안내하거나 콜백 예약 기능을 제공하면 큰 도움이 된다. 이처럼 작은 조치가 고객에게 더 큰 확신을 심어주고, 각자의 삶을 스스로 통제하고 있다는 인상을 준다.

항공사나 항공기 제조사, 놀이공원 운영업체의 경우 해결해야 할 다른 문제가 있다. 이러한 기업에서는 고객이 자발적으로 승객석에 앉기로 선택하면서 거의 모든 상호작용이 발생하므로 최대한의 확신을 유지하는 것이 제일 중요하다. 고객이 안전하다고 느끼지 못한다면 비즈니스는 존재할 수 없다.

1996년 5월, 항공사 밸류젯의 DC-9 기종 한 대가 플로리다주 에버글레이즈에 추락하여 탑승자 110명 전원이 사망하는 사건이 벌어졌다.[8] 그로부터 한 달 후, 미국 연방항공국은 훈련부터 정비까지 광범위한 결함을 이유로 밸류젯의 모든 항공기 운항을 금지했다.[9] 밸류젯은 비행을 재개하긴 했지만, 결국 신뢰를 회복하지 못한 채 조용히 그리고 조속히 합병되어 역사 속으로 사라졌다. 추락 사고가 벌어진 후에는 회사의 철저한 비용 절감 이미지가 항공사를 유지하는 데 필요한 극도의 안전에 대한 기대와 양립하지 못했다. 승객들은 이미 신뢰하지 않았다. 밸류젯이 비용 절감과 안전이라는 목표를 동시에 성공적으로 달성할 수 없다고 판단했다.

737 맥스 항공기 추락 사고가 연달아 발생하자 보잉 역시 비슷한 문

제에 직면했다. 2019년 3월, 두 번째 추락 사고가 발생한 지 며칠이 지났을 때 전 세계의 항공 규제당국에서 당시 운항 중인 맥스 항공기 387대의 운항을 중단시켰다. 보잉은 잇따른 사고와 운항 중단으로 약 200억 달러의 벌금과 보상금, 법률 비용을 감수해야 했다. 이는 기업 역사상 가장 비싼 비용을 치른 경영 실패 사례로 기록됐다.[10] 다른 사업 부문의 수익이 없었다면 보잉은 파산을 피하기 어려웠을 것이다. 규제당국, 항공사, 승객의 신뢰를 회복하기 위해 들여야 하는 노력과 위기 비용은 경영진과 주주들이 상상한 것보다 훨씬 막대한 규모였다.

두 사례는 모두 승객석 비즈니스의 이분법적 특성을 보여준다. 승객석에서 활동을 지속하는 데 필요한 극단적 확신이 없으면 신뢰가 무너진다. 중간은 존재하지 않는다. 둘 중 하나다. 친구가 운전하는 차는 안전하거나 안전하지 않다. 평온하거나 혼란스럽다. 승객석의 맨 오른쪽 가장자리에서 안전하다고 느끼거나, 아니면 긴장의 중심에서 왼쪽 하단 구석 깊숙한 곳에 빠지는 것이다.

승객석 비즈니스에서는 사실관계가 중요하지 않다는 점을 다시 강조할 필요가 있다. 예컨대 안전은 매우 추상적인 개념이다. 우리는 안전하다고 상상해야 한다. 과거에 일어난 일은 우리와 관련이 있을 수도, 없을 수도 있다. 탑승한 항공기가 안전할 거라고 상상할 수 있어야 한다. 자신감의 미래지향적인 특성은 의사결정에 큰 역할을 한다.

당연히 항공업계는 매년 수십억 달러의 비용을 지출하여 승객이 공중에서도 안전하다고 느낄 수 있도록 돕는다. 정기적인 정비를 강조하는 광고를 비롯하여 비행 전 항공기의 여러 출구를 알려주는 안전 메시지에 이르기까지, 항공사는 매일 수천 가지의 작고 신중한 조치를 취하며 승객이 안전하다고 느끼도록 만든다. 규제 기관과 정책입안자들도 노력을 기울인다. 여행객들은 항공 여행의 안전을 보장하기 위해 미국 교통안전국의 검색대부터 연방항공국의 항공기 검사까지 매일 엄청난 노력과 자원이 투입된다는 사실을 알고 있다.

하지만 이러한 장치들이 모두 마련되어 있을지라도 항공 여행은 결국 우리 상상에 달려 있다. 비행기 탑승 시 요구하는 안전이 충분한지는 탑승 구역에 들어가 탑승교를 걸어 내려가는 동안 우리가 주관적으로 평가하는 것이기 때문이다. 궁극적으로 비행하기에 안전하다고 느끼는지를 결정하는 것은 항공사도 정부도 아닌 바로 우리 자신이다. 중요한 것은 항공사와 정부가 기울이는 모든 노력이 아니라 우리가 느끼는 확신과 통제감이다.

비행은 극단적인 사례일지 모르지만, 모든 승객석 비즈니스에는 동일한 원칙이 적용된다. 변호사, 이발사, 식당 경영자, 호텔 경영자 등의 임무는 통제권을 갖되 고객이 편안하게 느끼는 환경을 조성하는 것이다. 일단 경영자가 고객의 선택을 받고 나면 고객의 운명을 손에 쥐게 된다.

당연히 승객석에 있는 서비스 비즈니스는 대체로 평판과 입소문으로 성패가 갈린다. 고객이 업체에 대해 갖는 감정과 그 감정을 다른 사람들에게 표현하고 공유하는 이야기가 재방문 여부를 결정한다. 궁극적으로 서비스가 제공된 후에 고객이 안전지대로 되돌아왔는지에 따라 헤어스타일, 식사, 숙박 서비스가 훌륭했는지에 대한 여부가 결정된다. 고객은 마음에 들면 옐프에 후기를 올리고 별점 5점을 남긴다. 반면에 마음에 들지 않으면 가차 없이 사소한 문제까지 세세하게 지적하는 후기를 올리고 별점 0점을 남긴다. 승객석 경험에 대한 온라인 후기가 극과 극으로 나뉘는 것은 우연이 아니다. 따라서 승객석 결과는 둘 중 하나로 나뉜다. 고객이 결과를 신뢰하거나 신뢰하지 않는 것이다.

고객 만족보다 더 중요한 고객 자신감

승객석 비즈니스의 이분법적 특성을 고려하면, 고객이 다양한 상품과 서비스를 구매할 때 느끼는 확신과 통제감 그리고 고객 자신감에 대한 문제에 피드백을 요청하는 조직이 적다는 점은 매우 놀라운 일이다. 대신 많은 조직이 고객 만족과 기대치 충족에만 초점을 맞춘다. 그들은 고객이 거래를 하고 있으니 자사 상품과 서비스가 분명히 신뢰할 수 있는 수준이라고 가정한다.

그러나 만족은 신뢰나 자신감과 다르다. 고객은 이번 식사가 마음에 들더라도 다음번 경험이 방금 한 경험과 일치할 것이라고 믿지 않는다면 그 식당을 다시 찾지 않을지도 모른다. 만족은 과거를, 고객 자신감은 미래를 다룬다. 말하자면 자신감은 본질적으로 미래지향적이기에 경영자에게 대단히 중요한 요소가 된다.

또한 대부분의 기업 설문조사는 애초에 구매 의사가 없는 사람들(확신이 없는 소비자)을 무시한다. 비유하자면 기업들은 무신론자에게 먼저 다가가기보다 이미 구원받은 자에게만 설파하는 셈이다. 구매하지 않았거나 구매하지 않을 사람들, 때로는 구매를 중단한 사람들의 감정을 무시한다. 그 결과 조기에 위기를 나타내는 경고신호를 놓치곤 한다.

2008년 금융위기 당시에 은행이 예금자에게 고객 만족이 아닌 신뢰를 기준으로 은행을 평가해달라고 요청했다면 어떤 답변이 돌아왔을지 상상해보자. 소비자 자신감이 낮은 상황에서 "저희 은행에 맡긴 돈이 얼마나 안전하다고 확신하십니까?" 또는 "저희 은행에 맡긴 돈을 즉시 찾을 수 있다고 생각하십니까?" 같은 질문을 한다면 매우 다른 답변이 나왔을 것이다. "은행원을 얼마나 잘 알고 있습니까?", "은행원이 당신을 얼마나 잘 알고 있습니까?"처럼 친밀도와 관련된 질문에 대한 답변도 마찬가지다. 소비자는 자신을 잘 안다고 생각하여 친밀감을 느끼는 조직보다는 심리적으로 거리감이 있는 조직을 떠날 가능성이 훨씬 높다.

특히 병원이 퇴원하는 환자에게 의사나 간호사, 퇴원 계획에 대해 얼마나 신뢰하는지 물어본다면 유용한 통찰을 얻을 수 있다. 특히 자신감이 신체적, 정신적 스트레스 감소와 명확한 연관이 있다는 점을 고려할 때 더욱 그렇다. 자신감은 회복 가능성을 높여준다. 환자는 처방받은 약과 그 약효를 신뢰해야 약을 복용하고 회복 계획을 따른다.

마지막으로, 조직이 만족도 설문조사에서 놓치는 문제가 있다. 바로 응답자에게 "직원이 기대한 바를 충족했습니까?"라고 물으며 타인을 평가해달라고 요청한다는 점이다. 반면에 자신감 설문조사는 응답자가 자기 내면을 들여다보도록 요구한다. 이러한 설문조사는 응답자에게 타인의 행동으로 어떤 기분이 들었는지 떠올려보라고 말한다. 이 과정은 더욱 구체적이고 실행 가능한 차원에서, 그리고 감정이 훨씬 덜 개입되는 차원에서 이뤄진다. 고객의 만족도를 높일 방법을 묻기보다 상품이나 서비스를 사용할 때 어떻게 하면 더 많은 확신과 주도권을 느낄지 물어야 고객에게서 훨씬 유용하며 실행 가능한 정보를 얻을 수 있다.

■

우리는 인생의 상당한 시간을 승객석에서 보낸다. 승객석은 확신을 얻을 수 있어도 타인이 통제권을 쥐고 있는 영역이다. 하지만 통제권을 가진 사람들은 이 환경의 취약성을 과소평가하는 경우가 많다. 그들은 우리가 선택권을 갖고 있으며, 궁극적으로 우리를 안전지대로 확실히 데려다줄 수 있는 사람들에게 일을 맡겨 우리의 요구를 충족한다는 점을 인식하지 못한다. 안타깝게도 의도적으로 우리를 승객석에 가둬두려는 사람들도 있다.

다음 장에서는 승객석에서 실천할 수 있는 더 나은 방법들에 집중하기 전에 자신감의 변화가 다양한 고객 수요에 어떤 영향을 미치는지 자세히 살펴보고자 한다. 특히 승객석에서 운영하는 비즈니스는 자신감이 조금만 하락해도 수요가 급격히 감소하게 된다.

11

자신감 탄력성

의사결정에서 자신감의 역할을 다시 살펴보기 전에 경제학 개론에 나오는 개념인 가격 탄력성price elasticity, 즉 상품의 가격 변화에 따라 수요가 얼마나 민감하게 반응하는지 먼저 알아볼 필요가 있다. 다소 엉뚱하게 방향을 튼 것처럼 보일지 모르지만, 자신감 탄력성confidence elasticity과 한 가지 중요한 유사성이 있다.

이 주제가 낯선 독자를 위해 설명하자면, 가격 탄력성 연구는 기업이 가격을 대폭 할인하는 것이 나은 시점(결과적으로 판매량이 크게 증가해 낮은 이윤을 상쇄), 가격을 그대로 유지하는 것이 나은 시점(가격을 낮춰도 고객 수요에 미치는 영향이 거의 없는 경우)을 알아내는 데 도움이 된다. 명품처럼 일부 상품의 판매는 가격변동에 매우 민감한데, 경제학자들은 이를 '가격 탄력적price elastic'이라고 표현한다. 샴페인 같은 재량소비재 가격이 인상되면 고객은 그 제품을 구매할 의향이 줄어들게 된다. 하지만 휘발유나 식료품 같은 다른 제품들의 수요는 가격에 민감하지 않고 '비탄력적inelastic'이다. 이러한 필수소비재 품목에 대한 수요는 가격에 따라 쉽게 바뀌지 않는다. 자동차를 타고 출퇴근하는 경우, 주유비가 갤런당 2.50달러이든 5달러이든 매주 출퇴근을 위해 주유를 해야 하니 선택의 여지가 없다.

식료품과 석유 가격의 상승이 소비자심리에 큰 영향을 미치는 이유는 바로 이러한 가격의 비탄력성 때문이다.[1] 상품 가격의 인플레이션은 무력감과 불확실성을 유발한다. 2022년 봄, 러시아의 우크라이나 침공을 계기로 유가가 급등하자 연료 가격이 상승했고 소비자 자신감에도 파괴적인 영향을 미쳤다.[2]

가격 탄력성 분석에는 대체로 가격이 소비자가 구매하는 상품과 서비스의 양을 결정하며, 순전히 경제적 요인에 의해 의사결정을 내린다는 믿음이 깔려 있다. 이러한 분석은 가격 변화에 대한 수요 민감도가 안정적이라고 가정한다. 가격 탄력성 연구 결과를 실제 매장과 온라인 시장에 적용하면 그 결과가 분석가들의 예측과 상당히 일치할 가능성이 높다고 보는 것이다.

재무팀에서는 가격 변화에 따른 고객 수요 변화에 관한 재무 관계를 분석하는 데 많은 시간을 들인다. 기업은 이렇게 얻은 정보를 바탕으로 가격을 책정하고, 그에 따른 판매량 변화를 통해 수익이 극대화되기를 기대한다.

분기별 수익 보고서를 살펴보면 가격 탄력성 분석에 기반한 예측이 현실에서는 자주 빗나간다는 것을 알 수 있다. 경영진은 판매량이 기대에 미치지 못한 데 실망하며 예상치 못한 요인을 탓하다가도 돌연 판매량이 예상치를 훌쩍 뛰어넘으면 크게 기뻐한다. 여기에는 흥미로운 점이 있다. 경영진은 기대 이상의 결과를 고객 자신감이 상승한 덕분이라고 설명한다. 고객이 상품을 더 '가치 있게' 여겼다거나, 더 '만족'했다거나, 갑자기 자신이 받은 '서비스 품질을 인식'하게 되었다고 말이다. 리더는 뛰어난 성과를 거두면 그 업적을 인정받고 마땅한 보상을 받길 원한다.

자신감 탄력성을 활용해 실적 개선하기

기업이 소비자 자신감의 변화와 실적을 연관시킬 때가 많다는 점에서 **자신감 탄력성**을 고려할 것이라고 여기기 쉽다.

그러나 놀랍게도 자신감 탄력성을 신경 쓰는 기업은 많지 않다. 게다가 다양한 자신감 탄력성 관계 속에서 사업을 운영하고 있다는 사실을 인지하는 기업도 거의 없는 편이다. 그러한 관계들 중에서 일부는 경제 주기나 소비자심리의 광범위한 추세와 연관되어 있고, 일부는 기업이 제공하는 특정 상품과 관련이 있다. 또 일부는 업종 특성이나 기업과 고객 사이에 존재하는 암묵적 계약(예를 들어 기본적인 안전)과 관련이 있다. 앞서 언급했듯, 만족은 신뢰와 다르다. 가격이 아닌 소비자 자신감이 성공을 좌우한다면, 기업은 소비자심리 변화에 따라 매출이 어떻게 상승하고 하락하는지 보여주는 '자신감 탄력성'을 분석해야 할 것이다.

자신감 탄력성을 이루는 네 가지 핵심 차원은 다음과 같다.

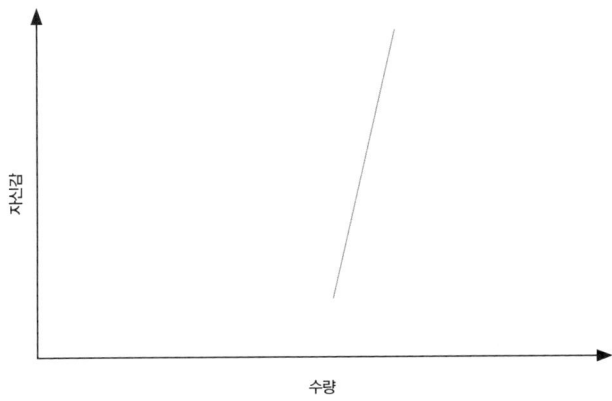

[그림 11.1] 높은 자신감 비탄력성

차원 1. 경제 주기, 소비자심리와 연관된 탄력성

첫 번째 차원은 탄력성을 대부분의 비즈니스 리더가 소비자 자신감을 바라보는 방식과 연관시킨다. 즉 (미시간 대학교, 갤럽, 콘퍼런스 보드 등에서 실시하는 심리 조사들을 통해 측정되는) 우리의 상대적 낙관과 비관 같은 전반적 감정이 수요에 어떤 영향을 미치는지를 의미한다.

이렇게 설명된 자신감 탄력성은 기업들이 익히 알고 있는 가격 탄력성과 매우 유사해 보일 수 있다[그림 11.1].

크로거 같은 미국 슈퍼마켓 체인업체는 자신감 비탄력성이 높다. 그러므로 사회 전반에 걸쳐 일어나는 소비자 자신감 변화가 총수요에 큰 영향을 미치지 않을 가능성이 높다. 일반적으로 우유, 달걀, 휴지 등 생필품 수요는 소비자심리에 따라 크게 달라지지 않는다. 경기가 어려울 때 생필품 소비를 조금 줄일 수는 있겠지만, 주로 양을 줄이기보다는 질을 낮추는 경우가 많다.

보잉 같은 회사는 이와 대조적인 양상을 보인다. 보잉의 상업용 항공

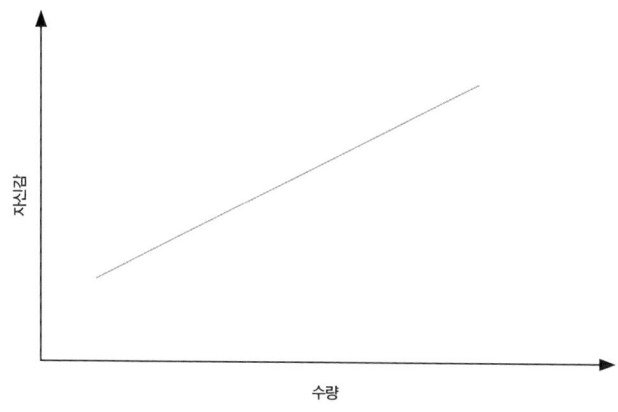

[그림 11.2] 중간 수준의 자신감 탄력성

기 매출은 소비자 자신감과 매우 높은 양(+)의 상관관계를 보일 가능성이 크다. 자신감이 높아질수록 사람들은 더 많이 여행을 떠나고, 항공사는 더 많은 승객을 수송하기 위해 더 많은 항공기를 구비해야 할 것이다. 보잉 항공기에 대한 수요와 자신감의 관계는 지나치게 단순화한 면이 있으나 [그림 11.2]처럼 그려볼 수 있다.

앞서 설명했듯, 여행은 소비자 자신감의 변화에 매우 민감하게 반응하는 산업이다. 사람들은 자신감이 높을수록 유럽으로 휴가를 떠나고 싶어 하고, 반대로 자신감이 낮을수록 집에서 가까운 곳에 머무르려 한다.

차원 2. 특정 상품의 자신감 탄력성

소비자심리 데이터를 특정 상품에 적용하면 더욱 흥미로운 형태의 자신감 탄력성을 확인하게 된다. 예를 들어 슈퍼마켓에서 송아지 갈비와 다른 비싼 육류 부위에 대한 수요는 소비자 자신감에 따라 증가할 가능성이 크다. 동시에 슈퍼마켓의 자체브랜드가 찍힌 통조림 수요는 음

(-)의 자신감 탄력성을 보일 수 있다. 자신감이 떨어질수록 이 통조림의 판매량은 증가할 것이다.

2022년 봄, 유가상승의 여파로 소비자심리가 급격히 위축됐을 때도 마찬가지였다. 예컨대 크로거는 자체브랜드 상품의 매출이 일반 브랜드 상품보다 빠르게 증가했으며, 가구의 92퍼센트가 자체브랜드 상품을 하나 이상 구매했다고 밝혔다.[3]

여객기에도 똑같은 개념이 적용된다. 세계적으로 소비자 자신감이 대단히 높아야만 보잉 777과 에어버스 380 등 초대형 항공기에 대한 항공사의 수요도 늘어날 수 있다. 즉 기존 소형 항공기의 수용 인원이 제한되어 있고 항공사들이 승객 수요가 계속 높아질 것이라고 믿어야 한다. 대형 비행기가 취항하려면 여행자와 항공사가 '언제 어디서나 우리'에 집중해야 한다.

결과적으로 초대형 항공기의 자신감 탄력성은 [그림 11.3]과 비슷한 형태를 띨 것이다.

새로운 초대형 항공기 수요가 생기려면 자신감이 극에 달하여 항공사에서 항공기를 확보하려 안달이 나야 한다.

역설적으로 팬데믹 초기에는 이와 정반대되는 현상이 [그림 11.3]의 왼쪽 하단 구석에서 목격됐다. 항공사들이 대형 항공기의 운항 중단을 발표하거나 해당 항공기를 조기 퇴역시키는 상황이 벌어진 것이다. 항공기를 계속 사용할 만한 유효수요도, 향후 수요 전망도 없어지면서 보잉 747 기종 전체를 분해하여 부품을 고철로 매각하기까지 했다.[4]

하지만 자신감의 극단적인 하락으로 주요 항공기의 운항이 중단된 건 2020년이 처음은 아니었다. 사막에 있는 항공기 보관 공간은 경제 주

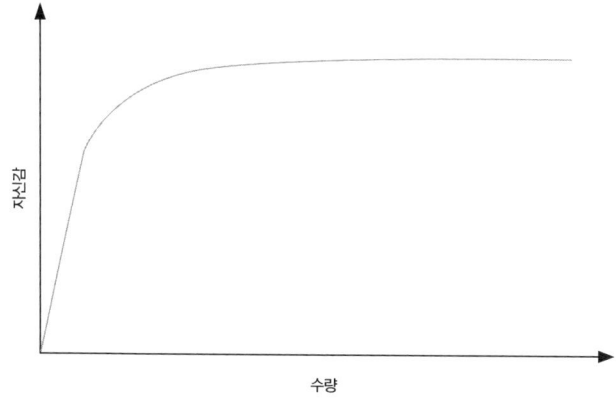

[그림 11.3] 높은 자신감이 필요한 상품의 자신감 탄력성

기가 저점일 때 노후화된 초대형 항공기들로 붐비는 일이 흔하다. 이는 항공기 제조사와 항공사가 모두 경험하는 예측 가능한 현상이다.

하지만 여기에는 반전이 있다. 2020년 중반에 항공기 제조사와 항공사는 팬데믹 사태에 낙담하기보다 오히려 그 시기를 기회로 삼았어야 했다. 항공업계 전반의 항공기 운항 중단과 장기 보관은 소비자 자신감이 크게 하락할 때만 발생하는 일이다. 그러므로 그렇게 주차된 항공기들은 중요한 반대 지표였다. 역설적으로 이것은 소비자 자신감 상승과 다가오는 경제회복의 전조, 즉 지금은 암울해도 인기 여행지는 잿더미 속에서 부활하는 불사조처럼 화려하게 회복하여 인기를 끌 것임을 예고하는 신호탄이었다.

업계 전문가와 투자자가 실시간으로 경기회복을 상상하기는 어렵다. 하지만 이때 자신감 탄력성 연구가 도움이 될 수 있다. 자신감 탄력성 연구를 활용하면 경제 주기에 따라 매출과 다른 현상들이 어떻게 증감하는지를 더 잘 이해할 수 있고, 중요한 예측 패턴이 분명하게 드러난다.

나는 연구할 때 다양한 상품과 서비스의 자신감 탄력성에 주목하는 편이다. 자신감 탄력성은 극단적인 상황에서 어떤 시사점을 주기 때문만이 아니라 소비자 자신감에 관해 더욱 폭넓게 어떤 신호를 제공하기 때문이다.[5]

광폭동체 항공기wide-body aircraft를 비롯해 일부 제품에 대한 강력한 수요는 특히 소비자 자신감이 높을 때만 나타난다. 하지만 사람들에게 향수를 불러일으키며 위안을 주는 컴포트 푸드 같은 상품에 대한 수요는 소비자 자신감이 저점에 근접할 때만 급증한다. 역설적으로 1960년대 후반 보잉 747(미래형 초음속 항공기인 콩코드)과 2005년 에어버스 A380의 등장은 한 시대의 종말을 알리는 신호탄이었다. 두 항공기가 등장한 시점은 모두 극도로 높은 자신감과 강력한 '언제 어디서나 우리'라는 사고 방식을 드러냈다. 항공기 제조사와 항공사 경영진이 자신감 탄력성과 [그림 11.3]같은 도표의 의미를 인지했다면 자신감이 정점에 빠르게 다다르고 있음을 파악하고, 뒤따른 경기침체에 더 잘 대비할 수 있었을 것이다.

모든 산업에는 초대형 항공기처럼 자신감이 정점을 찍는 시기에만 판매되거나 판매량이 그 시기에만 크게 집중되는 제품이 있다. 이러한 제품들을 찾아내기 위해 판매 데이터를 분석하는 방법은 매우 다양하다. 예를 들어 리츠칼튼 같은 호텔 체인을 운영하는 경우 특정 객실 유형, 리조트 위치, 숙박 기간은 물론이고 부대시설 이용 내역의 변화를 분석하면 중요한 단서를 찾아낼 수 있다.

슈퍼마켓에서 자체브랜드를 찍어 판매하는 맥 앤 치즈mac and cheese처럼 산업마다 자신감이 저점을 찍을 때 인기가 많은 컴포트 푸드 같은 상품을 내놓는다. 한편 전반적인 매출 구조가 초대형 항공기나 컴포트 푸드의 자신감 탄력성을 꼭 닮은 산업과 기업이 있다. 최악의 상황일 때 유독 잘 나가거나, 자신감이 최고조에 달할 때 번창하는 기업도 있다.

내 지인 중에는 월마트와 명품 소매업체 노드스트롬Nordstrom의 주가 괴리를 추적하는 전문가가 있다. 그는 주가 괴리를 훌륭한 실시간 경제지표로 꼽는다. 소비자 자신감이 높으면 노드스트롬 주가가 월마트를 훨씬 압도하지만, 자신감이 낮으면 이러한 패턴이 반전된다.

이를 폭넓은 의미에서 살펴보면 투자시장만큼 상품의 자신감 연관성이 명확하게 드러나는 분야도 드물다.

나는 학기 초에 금융경제학 강의에서 학생들에게 [그림 11.4]를 공유하고 금융시장에서 나타나는 위험과 보상의 기본적 관계를 알려준다.

위 그림에서 보듯, 투자 종류마다 위험 수준과 기대수익률이 다르다. 투자자는 더 많은 위험을 감수할수록 더 높은 수익을 요구한다. 그런데 투자자가 자연스레 더 많은 위험을 감수하려 하는 때는 언제일까? 정답은 아마도 자신감이 높아질 때일 것이다.

다음에 나오는 [그림 11.4]에서 세로축은 위험에 초점을 맞추지만, 이는 자신감 스펙트럼으로도 쉽게 대체된다. 자신감이 낮은 맨 왼쪽에서 '지금 이곳의 나'를 우선할 경우 투자에 대한 확신을 원하므로, 당연히 현금과 미국 정부의 가장 안전한 단기국채를 선호하게 된다. 이때 사람들은 높은 투자 잠재 수익률을 기꺼이 포기하고 모든 돈을 돌려받을 수 있는 원금 보장 상품을 선택한다.

[그림 11.5]는 현금에 대한 자신감 탄력성을 보여준다.

투자자들은 일반적으로 많은 양의 현금을 보유하는 데 관심이 거의

[그림 11.4] **금융시장에서 위험과 수익의 관계**

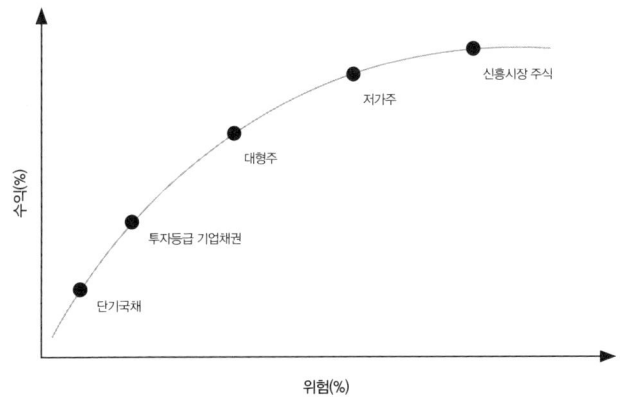

없다가 자신감이 무너지고 나서야 현금을 선호하지만 충분한 금액을 확보하지 못한다.

하지만 자신감 스펙트럼의 반대쪽 끝에서 보면, 자신감이 높고 '언제 어디서나 우리'를 내세울 때 현금 보유는 무모하진 않더라도 어리석게 느껴지며, 심지어 현명하지 못하다고까지 여겨진다. '돈을 그냥 놓치고 있는 것'처럼 느껴지는 것이다. 대신 우리는 해외시장, 더 나아가 프런티어 시장frontier market 같은 대안을 선택한다. 검증되지 않은 기술, 극단적인 혁신 등 추상성도 적극적으로 수용하며 가능한 한 높은 수익을 찾아 나선다. 고위험 투자가 큰 수익을 가져다줄 것이라고 확신하기 때문이다. 가진 것을 지키려 하기보다 투자한 자본의 잠재적 이익을 극대화하길 원한다.

나는 연구자로서 투자자들이 무엇에 관심이 있고 어떻게 자본을 배분하는지에 특히 주의를 기울인다. '인기' 있는 투자 대상은 투자자의 위험 선호도를 나타내며 투자자의 자신감을 말해준다. 투자자들이 경기침

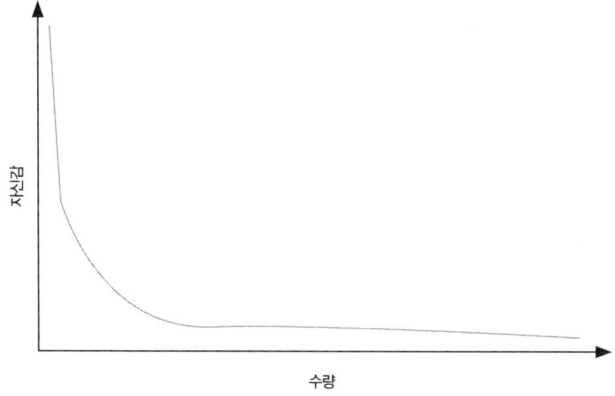

[그림 11.5] 자신감이 낮을 때 판매되는 상품의 자신감 탄력성

체를 예상해서 침대 밑에 현금을 쌓아두는 모습을 보면 앞으로 주요 시장이 저점을 찍을 것으로 예상할 수 있다. 반대로 사람들이 기발한 투자 대상을 선호하는 모습을 보면 시장이 곧 정점을 찍을 것으로 예상된다.

2021년 초, 개인 투자자들이 SPAC, NFT, 암호화폐, 그리고 고위험 투기성 주식에 대한 외가격OTM 위클리 콜옵션에 몰려드는 모습을 보면서 나는 주요 시장의 정점이 다가오고 있음을 알았다.[6] 초보 투자자들은 갑자기 투기성 자산에 열광하며 무모하게 위험을 감수했다. 개인 투자자들은 주식시장이 상승하면 막대한 수익을 얻지만 그렇지 않으면 휴지 조각이 되어버리는 투기성이 높은 콜옵션에 주목하기 시작했다. 마치 누군가가 '음료는 무료!'라고 외치는 것만 같았다. 자신감 탄력성이 최고조에 달했던 시기였다. 이러한 수요는 [그림 11.3]에서 확인할 수 있다.[7]

자신감의 변화가 소비자 선호에 미치는 영향이 분명하게 드러나는 분야는 금융시장 외에도 많다. 사회경제학 선구자인 로버트 프레처Robert Prechter는 사람들의 기분에 따라 특정 대중음악 유형에 대한 수요가 달라진다고 주장했다. 단조로 진행되는 느리고 구슬픈 발라드 장르와 외로움에 관한 가사에 대한 수요는 소비자 자신감이 낮아질 때 생겨난다. 젊은 층이 좋아하는 빠른 박자의 가벼운 음악은 주로 자신감이 최고조에 달할 때 전파를 탄다.[8] 나는 학생들에게 이러한 정보가 투자자들에게는 가수 아델을 매수하고 퍼렐 윌리엄스를 매도하라는 신호와 같다고 농담을 던지곤 한다.

이는 엉뚱하게 들릴지 모르지만, 실제로 그렇게 매매했다면 엄청난 보상을 받았을 것이다. 이와 똑같은 개념이 기업에도 광범위하게 적용된다. 특정 상품, 서비스, 심지어 디자인 요소의 자신감 탄력성을 깊이 이해하는 리더는 경제 주기의 변화를 더 잘 예측할 수 있고 소비자 수요의 추세를 더 효과적으로 활용할 수 있다.[9]

차원 3. 외부 발생적 사건의 자신감 탄력성

앞서 공유한 사례는 자신감 스펙트럼 전반에 걸쳐 나타나는 기업과 상품별 자신감 탄력성을 보여준다. 자신감 탄력성을 이루는 세 번째 차원도 있다. 많은 산업에는 외생적으로 발생하는 사건 exogenous event 으로 인해 자신감이 급등하거나 급락할 때 특히 수요가 크게 증가하는 '특수 상황용' 상품들도 있다. 한 예로, 팬데믹 초기에 자신감이 무너졌을 때 이러한 특수 상황이 나타났다. 화장지, 생수, 소독용 물티슈 같은 생필품에 대한 수요가 급증한 것이다.

생필품에 대한 자신감 탄력성은 [그림 11.6]에서 확인할 수 있다.

자신감이 무너지기 전까지 수요는 매우 비탄력적이었다. 그러다 소비자들이 화장지, 생수, 소독용 물티슈 등을 모두 사재기하면서 관련 상

[그림 11.6] 위기 대비 상품의 자신감 탄력성

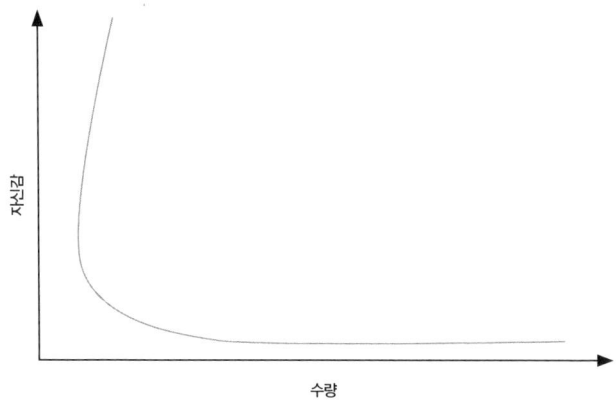

품의 가격이 급등했다.

이러한 패턴은 눈보라와 허리케인 등 자연재해가 발생하기 전에도 자주 반복된다. 이때 상점들은 발전기, 방수포, 우유 등 '위기 대비 상품crisis goods'의 구매 열풍을 겪게 된다. 러시아가 우크라이나를 침공했을 때도 석유와 밀 등 여러 상품이 이러한 패턴을 보였다. 이처럼 갑자기 희소해질지 모른다는 우려가 제기되면 과거 수요 패턴이 뒤집히기도 한다.

개별 상품들은 외생적 사건에 따라 자신감 탄력성이 흥미롭게 변화하는 양상을 보이며, 이는 제조업체, 소매업체, 정책입안자에게 중대한 시사점을 제공한다. 다행히 미국 연방재난관리청FEMA과 홈디포, 월마트 같은 소매업체는 이미 많은 허리케인 관련 상품의 자신감 탄력성을 파악하고 있다. 이들은 대규모 폭풍 예보를 앞두고 수요가 급증할 것을 예상하여 트럭과 자재를 위험하지 않은 구역에 미리 비축해둔다. 공익 기업들도 수리 인력과 장비를 미리 마련해놓는다.

하지만 외생적 사건에 대비할 때 자신감 탄력성을 고려하지 않는 조직이 대부분이다. 특히 드물게 발생하는 사건의 경우 더욱 그러하다. 만일 병원에서 팬데믹과 관련된 자신감 탄력성을 고려한 후 미래에 나타날 수 있는 불확실성을 파악하고 대비하기 위한 시나리오 계획을 세워 두었다면 병원 시스템은 얼마나 발전했을지 상상해보자. 병원에서는 필요한 물품뿐만 아니라 팬데믹에 대응하여 어떤 서비스를 신속하게 늘리거나 줄일지 훨씬 정확하게 파악할 수 있었을 것이다.

기업과 조직에서 시나리오 계획을 수립할 때, 자신감 탄력성의 관점에서 심리 변화가 어떻게 수요를 자연스럽게 변화시키는지 고려하는 경우는 거의 없다.

이 개념은 상품 수요에만 적용되는 것이 아니다. 사회적, 정치적, 심지어 군사적 의사결정에서도 자신감 탄력성이 크게 작용한다. 광범위한 사회정치적 변화에 대한 수요는 소비심리가 바닥을 찍을 때 급증한다. 이러한 활동은 현금에 대한 투자자의 관심이 그러했듯 수요가 갑자기 급증하기 전까지 수요가 없는 형태의 자신감 탄력성을 보인다[그림 11.5].

2018년 프랑스에서 시작된 노란 조끼Yellow Vest 반정부 운동, 아프리카계 미국인이 경찰의 과잉 진압으로 사망한 후 전국적으로 퍼진 흑인 인권운동Black Lives Matter, 2011년 금융위기 이후에 심화된 미국의 빈부격차 문제와 금융 대기업의 부도덕성을 꼬집은 월가 점령 운동Occupy Wall Street은 모두 자신감이 극도로 낮아진 상황에서 갑자기 터져 나온 사건처럼 보인다.

공격적인 군사 조치도 마찬가지다. 예컨대 미국 하원의장 낸시 펠로시가 타이완을 방문하자 2022년 8월에 중국이 타이완을 포위했다. 공교

롭게도 이 사건은 중국 소비자심리가 수년 만에 최저치를 기록한 시점에 일어났다. 미국과 유럽이 자신감 탄력성을 제대로 인식했다면 러시아의 우크라이나 침공뿐만 아니라 그 전에 일어난 크림반도 합병에도 더 잘 대응할 수 있었을 것이다.[10] 이러한 사건들도 자신감이 저점에 근접했을 때 일어났다.

마찬가지로 테러도 생각만큼 무작위적으로 발생하는 현상이 아니다. 테러 행위는 무력감과 극도의 불확실성에서 비롯된다. 투쟁과 악담 반응이 결합된 형태로 볼 수 있다. 예를 들어 미국 해군의 구축함 USS 콜Cole 폭파 사건과 9.11 테러는 모두 중동 금융시장이 거의 저점을 찍었을 때 발생했다.[11]

차원 4. 고객 신뢰의 변화로 나타나는 자신감 탄력성

자신감 탄력성의 마지막 적용 사례는 아마도 가장 중요하면서도 제일 간과하는 부분일 것이다. 바로 고객 자신감을 좌우하는 상품의 핵심적 요소에 대한 신뢰가 변하면 그 상품에 대한 수요가 어떻게 달라지는지를 말한다.

여객기의 안전을 예로 살펴보자. 앞서 나온 [그림 11.2]에서 다룬 보잉 사례처럼 항공 여행에 대한 자신감과 소비자 수요 사이의 상관관계는 모든 것을 설명해주지 못한다. 이 자신감 탄력성 도표는 전반적인 소비자심리 수준과 상관없이 승객들이 항공기가 안전하다고 믿으며 항공 여행에 근본적인 확신을 갖고 있다고 가정한다.

소비자 자신감과 소비자의 항공 여행 수요 사이의 관계를 철저히 항공기 안전에 대한 기대치라는 관점에서 살펴보면, 자신감 탄력성은 매

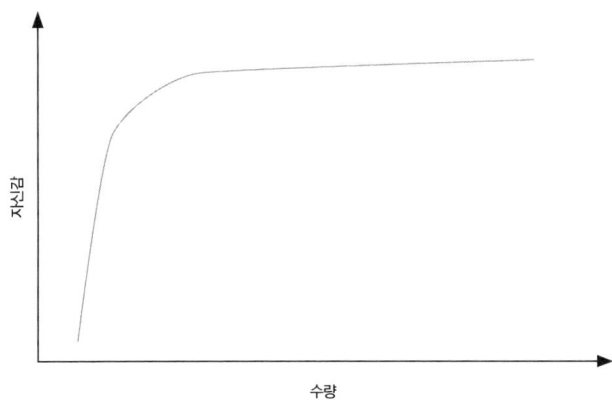

[그림 11.7] 극도의 안전을 요구하는 상품의 자신감 탄력성

우 다른 그림을 보여준다.

이 자신감 탄력성 도표는 [그림 11.7]과 비슷한 형태를 보인다.

앞서 언급했듯, 승객석에서 안전하다고 느끼려면 극도의 확신이 필요하다. 탑승하려는 항공기의 안전에 대해 '어느 정도 확신'하는 수준으로는 불가능하다. 반드시 확실해야 한다. 항공기 제조사가 충족해야 하는 안전 임곗값은 매우 높지만, 일단 그 지점에 도달하면 승객은 항공기들을 구분할 필요가 거의 없어진다. 항공기 안전은 안전하거나, 안전하지 않거나 양자택일의 문제다.

식품 안전이라는 틀에서 보면 식당과 육류 가공 공장에도 똑같은 형태의 자신감 탄력성 곡선이 적용된다. 구매하는 식품이 안전하다고 믿는 소비자 자신감이 조금만 떨어져도 수요에 치명적인 결과가 초래된다.

미국 서부식 멕시코 요리를 판매하는 프랜차이즈업체 치폴레는 2015년부터 대장균성 식중독 사건이 연이어 발생하면서 소비자 자신감이 추락하는 경험을 했다. 결국 치폴레는 고객들에게 식중독을 일으킨

데 사과하는 광고를 게재했고, 경영진 중 한 명은 사람들이 자사 식품을 두려워하게 되었다고 인정하기도 했다.

하지만 상황은 나아지지 않았다. 2017년에는 노로바이러스가 발생했고, 2018년 7월에는 오하이오주 파월에 있는 한 치폴레 매장에서 고객 650여 명이 식사를 한 후 식중독에 걸리는 사건까지 발생했다.

치폴레 주가를 살펴보면 이 같은 일련의 사건들이 경영진에 대한 주주들의 자신감에 큰 충격을 주었음을 알 수 있다. 2015년부터 2018년까지 치폴레 주가는 3분의 1 수준으로 떨어졌다. 결국 치폴레는 오염된 식품으로 고객 1,100여 명을 감염시킨 혐의로 2,500만 달러의 벌금을 물어야 했다.[12]

저가 상품 할인 업체인 패밀리 달러Family Dollar도 해충 방제와 기본 위생 문제로 치폴레와 비슷한 자신감 위기를 겪었다.[13]

자신감 다각화의 중요성

나는 은행에서 일하던 시절에 수영장 용품과 크리스마스 장식을 판매하는 고객사를 방문한 적이 있다. CEO는 나와 함께 창고를 걸으면서 사업의 시즌별 실적을 자랑스럽게 설명했다. 그는 사업을 신중하게 다각화하려고 노력한 덕분에 일 년 내내 안정적인 현금흐름과 수익을 얻을 수 있게 되었다고 말했다.

CEO들은 사업 다각화에 많은 시간을 들이고 경제 환경에 상관없이 지속적인 성장이 가능한 사업 포트폴리오를 구축하려 한다. 하지만 대부분의 사업 다각화 전략은 확장 전략이라 부르는 편이 더 적절한데, 회사의 활동 범위를 확대하는 제품이나 지역을 통해 성장을 추구하기 때문이다. 경영진은 기존 고객과 공급업체, 대출기관, 주주들의 자신감을 활용하여 새로운 무언가를 달성하려 한다. 이들의 목표는 제품과 지리적 범위가 향후 수익의 지속적인 증가를 가져올 것이라는 희망을 품으며 더 많은 지역에서 더 많은 사업을 하는 것이다.

하지만 자신감 탄력성 측면에서 분석할 경우, 대부분의 사업 확장 전략은 진정한 다각화의 이점을 거의 가져다주지 못한다. 산업 내에서 관련 제품은 기존 제품과 유사한 자신감 탄력성 곡선을 보이는 경향이 있다. 세계경제가 아주 밀접하게 연결되어 있는 덕분에 그 제품이 전 세계에 퍼져 있다 하더라도 비슷한 양상을 보인다. 오늘날 전 세계의 소비자 자신감은 몇 가지 예외 사례를 제외하고는 거의 나란히 움직인다. 그렇다고 해서 소비자 자신감이 앞으로도 변할 수 없고 변하지 않을 것이라는 말은 아니다. 하지만 지리적 다각화는 과거와 같은 이점을 제공하지 못한다. 우리는 감정적으로 동조된 상태에서 실시간으로 비슷한 기분을 공유하기 때문이다.

사업 다각화의 목표가 경제 주기의 변동을 더 잘 견디는 기업을 만드는 것이라면 다른 접근 방식이 필요하다. 경제 주기는 우리가 느끼는 확신과 통제감에 따라 재무적, 경제적 결정을 내리고 실행하는 데 걸리는 시간만큼 지연되는 자신감 주기에 지나지 않는다. 따라서 기업이 경제 주기 전반에 걸쳐 성공을 거두려면 전체 자신감 스펙트럼에 걸쳐 양호한 실적을 올릴 제품과 서비스를 다양하게 보유해야 한다.

비즈니스 리더는 성장 전략을 고려할 때 자신감 탄력성이 높은 사업과 더불어 소비자 자신감 변화에 그리 민감하지 않은 사업, 심지어 자신감 탄력성이 마이너스인 사업, 즉 소비심리가 바닥을 찍어도 이득을 얻을 수 있는 사업을 결합할 방법을 모색해야 한다. 기업이 시즌별 다양한 심리에 효과적으로 대응하도록 수영장 용품과 크리스마스 장식도 찾아야 한다.

리더가 이러한 제품들을 실용적으로 이용할 수 없는 경우, 기업의 자본구조와 부채 및 자기자본의 적절한 조합을 기준으로 기업의 자신감 탄력성에 필요한 요건이 무엇인지 고려해야 한다. 경제 주기와 사업에 내재된 위험으로 인해 소비심리 변화에 매우 민감하게 반응하는 기업은 고객, 대출기관, 공급업체, 채권자, 투자자 등의 심리 기복이 심할 때도 견딜 수 있도록 대비해야 한다.

개인 차원에서도 똑같은 원칙이 적용된다. 호황과 불황을 주기적으로 오가는 자신감 탄력성이 높은 업종에 종사한다면 부채 규모를 줄이고 자산을 보다 보수적으로 관리하는 방식을 고려하는 편이 좋다. 전문 투자자와 개인 투자자 역시 포트폴리오를 구성할 때 자신감 탄력성을 고려해야 한다. 특히 지금과 같은 때는 더더욱 그렇다.

그 이유는 다음과 같다.

오늘날 투자 포트폴리오는 대체로 여러 조각으로 나뉘어 있다. 그 근간에는 자산관리자가 다양한 시장과 금융상품, 산업, 기타 분야에 자본을 신중하게 배분함으로써 위험을 줄일 수 있다는 믿음이 깔려 있다. 이는 일반적으로 자본의 60퍼센트를 주식에, 40퍼센트를 채권에 투자하는 단순한 '균형' 포트폴리오 원칙을 말한다. 어떤 경제 환경에서는 주식이 채권보다 좋은 성과를 내지만, 또 다른 환경에서는 정반대 결과가 나오기도 한다. 이처럼 균형 잡힌 접근 방식은 시간이 흐르면서 주식이나 채권 중 한 자산군에만 투자하는 것보다 더 높은 수익을 창출한다. 자산 관리자는 다양한 금융자산 사이의 과거 수익률 상관관계에 기대어 미래 실적을 추정할 수 있다는 믿음으로 투자 포트폴리오를 구성한다.

이러한 포트폴리오 구성이 앞서 설명한 자신감 탄력성 개념과 잘 맞는 것처럼 여겨질지 모른다. 일반적으로 경제 자신감이 상승하는 시기에는 주식이 채권보다 좋은 실적을 올린다. 한편 경제 자신감이 하락하는 시기에는 채권이 주식보다 좋은 실적을 올린다. 표면적으로 주식과 채권의 자신감 탄력성은 상호 보완적인 형태로 보일 수 있다.

하지만 2021년에 나는 이러한 관계에 의구심을 갖게 되었다. 투기 열풍으로 세계의 주식시장이 정점을 향해 치닫을 때 그 이면에서는 채권 가격도 역사적 고점에 도달하고 있었다. 당시에 마이너스 수익률을 찍은 채권 규모만 18조 달러가 넘었다. 투자자들은 사실상 채권을 보유하는 특권을 누리기 위해 발행자에게 이자를 지불하는 셈이었다(채권 가격과 채권 수익률은 반대 방향으로 움직인다). 극도의 자신감은 여기서 끝나지 않았다. 부동산과 사모펀드, '다각화된' 투자 포트폴리오를 구성하는 다른 대부분의 자산군 가격이 사상 최고치를 찍었다.[14] 몇몇 자산이 훌륭한 실적을 올리는 동안 몇몇 자산은 부진한 모습을 보이는 것이 아니라, 솟구치는 투자심리의 거대한 물결을 타고 모든 배가 함께 상승했다. 투자 블로그 〈펠더 리포트〉를 운영하는 제시 펠더는 이러한 현상을 "모든 것이 버블The Everything Bubble"인 상태로 칭했다.[15]

이 책에서는 시장이 버블에 도달한 방식을 논하지 않을 것이다. 다만 분명한 점은 포트폴리오 대부분이 투자심리가 매우 높은 자산으로만 구성됐고, 투자심리가 낮은 자산은 거의 포함되지 않았다는 사실이다. 절망적인 수준의 자산은 더더욱 말할 것도 없다. 주식과 채권은 과거와 같은 움직임을 보이지 않았다. 즉 과거의 상관관계가 암시하는 두 자산의 상호 보완적인 자신감 탄력성이 사라진 것이다. 간단히 말해, 투자자들이 파이를 여러 조각으로 나누었고 각 조각이 모두 뜨겁게 달아올랐다. 그동안 잘 분산되어 있다고 여겨졌던 포트폴리오는 사실상 그렇지 않았다. 투자자들은 단 한 가지 분위기에 취해 있었다. 바로 희열이다.[16]

사실 이는 매우 이례적인 상황이었다. 2021년처럼 수많은 금융자산에서 동시에 극단적인 자신감이 형성되는 경우는 매우 드물다.

자산 가격이 동시에 급등하면서 균형 포트폴리오에 큰 수익을 안겨주었지만, 이는 머지않아 악재로 바뀌었다. 2022년 상반기에 금리가 상승하고 경기 불황 속에도 물가가 계속 오르는 스태그플레이션에 대한 두려움이 커지면서 투자자 심리를 압박하자 주식과 채권, 그 외의 자산 대부분이 하락세를 보였다. 균형 투자자들은 지난 100년 동안 최악의 손실을 경험했다.[17] 언론에서는 전반적인 가격 하락을 고려할 때 투자자들이 숨을 곳이 없다는 기사를 내보냈다.[18]

많은 외부 발생적 사건으로 광범위한 시장 매도세를 쉽게 설명할 수는 있지만, 너무도 많은 금융자산이 한꺼번에 가격 급등과 급락을 동시에 겪었다는 점에서 나는 오늘날의 표준 포트폴리오 구축 방식에 중대한 결함이 내재되어 있는 게 아닌지 의문이 들었다. 투자자가 다각화의 이점을 제대로 누리려면 과거 자산의 상관관계를 넘어 더 많은 요소를 고려해야 한다. 투자 포트폴리오가 균형을 이루려면 자신감 다각화가 필요하다. 잘 분산된 포트폴리오는 투자자의 자신감 상승과 하락, 투자자의 희열과 절망이 공존하는 자산을 혼합해 보유해야 한다. 그러지 않으면 투자심리 변화가 획일적인 가격변동으로 이어질 것이다. 투자 관리자는 포트폴리오를 구축할 때 투자자의 매수심리를 고려하여 분위기에 휩쓸려 너무 많이 매수하는 상황을 피해야 한다.

자신감 다각화는 자신감 탄력성 개념을 다소 난해하게 적용한 것처럼 보이지만, 자신감이라는 렌즈를 통해 의사결정을 바라볼 때 얻을 수 있는 새로운 통찰을 일깨워준다. 기업이든 자산관리자든, 다각화의 목표는 다양한 경제 환경뿐만 아니라 다양한 심리 환경을 더 잘 헤쳐 나가는 것이다. 궁극적으로 다각화 자체가 아니라 회복이 목표다. 이를 위해서는 압박을 견디고 자원과 지속력을 갖춰 긴장의 중심에서 성공적으로 벗어날 수 있어야 한다.

투자 포트폴리오에 자신감 다각화가 필요한 이유를 강조하는 데에는 좀 더 시급하게 짚고 넘어가야 할 문제가 있기 때문이다.

지난 40년 동안 채권과 주식 가격의 상승은 동시에 채권과 주식 투자자의 광범위한 자신감 상승을 동반했다. 금융시장에서는 투자자 수요와 자산 가격, 자신감은 하나로 움직인다. 1980년대 초반 이후로 금리는 꾸준히 하락했으나 주가는 급등했다.[19] 단기간 동안 괴리가 나타나긴 했지만, 자신감과 금융자산 가격은 전반적으로 꾸준히 상승했다. 결과적으로 투자자들은 현재 포트폴리오에 보유하고 있는 많은 자산의 가치가 동반 상승하면서 후한 보상을 얻었다.

앞으로 무엇이 투자수익률을 이끌지, 균형 포트폴리오가 투자자들이 기대하는 방식으로 작동할지는 한때 자신감과 상관관계가 없던 시장에서 동시다발적으로 일어나는 심리 변화가 어떻게 전개되는가에 달려 있을 것이다. 2021년에 나타난 투자자 자신감의 극심한 집단적 움직임을 고려할 때, 동시다발적으로 투자심리가 계속 하락한다면 모든 자산 가격이 일제히 급락할 것이다. '균형' 투자자는 포트폴리오 다각화의 이점을 기대만큼 누리지 못한 채 오히려 손실을 볼 수도 있다.

분명히 밝히지만, 나는 부정적인 전망을 제시하고 싶지 않다. 그러나 지난 40년 가까이 금융서비스 업계에서 일하면서 배운 게 있다면, 그것은 시장에서 널리 추정된 상관관계가 무너지면 예상치 못한 결과가 초래되며 그 파급력이 어마어마하다는 점이다. 내가 보기에 현재 '균형' 투자 포트폴리오는 그러한 순간을 맞이할 위험이 있다.

■

자신감 탄력성 연구는 소비심리의 상승과 하락이 상품과 서비스에 대한 소비자 수요에 영향을 끼치는 방식을 고민한다. 또 이를 시각화하는 데 유용한 체계를 기업에 제공한다. 기업은 이러한 정보를 바탕으로 현재 소비자 선호에 맞춰 상품을 더 잘 조정할 수 있을 뿐만 아니라 관점을 바꿔 앞으로 다가오는 수요 변화를 예측하고 대비할 수도 있을 것이다.

승객석에서 주로 운영되는 조직에 이러한 예측은 대단히 중요하다. 확신이 결정적인 요소인 만큼, 조직은 먼저 고객이 무엇을 확신해야 하는지 파악하고, 그러한 확신이 서지 않을 때 어떤 결과가 초래되는지 이해해야 한다.

12

승객석에서
더 잘 대처하는 방법

많은 조직이 승객석에서 운영된다. 항공사, 교도소, 고급 식당, 병원 응급실 같은 곳에서는 타인에게 쉽게 통제권을 넘겨줄 수 없다. 공정하게 말하자면, 어떤 프로세스를 스스로 통제할 수 있는 권한을 직원이 부여받기 전에 엄격한 감독과 교육이 필요한 조직들도 예외는 아니다.

실패가 몰고 올 파장이 큰 병원에서 일하는 신입 의사들은 환자를 치료하기 전에 사분면의 오른쪽 하단 영역에서 상당한 시간을 보내며 훈련을 거친다. 환자들은 이 사실을 인지하고 안심한다. 의과대학은 긴장한 학생들을 긴장의 중심에서 승객석으로 이동시키기 위해 엄격하고 체계적인 훈련 과정을 이끈다. 학생들이 수년에 걸쳐 과목을 이수하고 지도를 받고 레지던트로 근무하고 나면 발사대 또는 안전지대로 이동하여 환자를 돌볼 책임을 지게 된다. 많은 기업 인턴십과 교육, 견습 프로그램

뿐만 아니라 군대에서도 신참들이 스스로 책임지며 행동하기 전에 먼저 승객석에서 중요한 지식과 기술을 습득하는 '신병 훈련소'와 유사한 모델을 운영하고 있다.

직원에게 권한을 부여하는 이양 계획 없이 운영하여 불필요한 승객석 환경을 조성하는 조직이나 리더도 있다. 권세를 부리는 창업자, 사사건건 전부 지시하고 통제하는 마이크로매니저, 그 외의 권위주의적인 리더 유형은 상당한 확신에 차 있으면서도 종종 타인에게 무력감을 주는 환경을 조성한다. 이때 직원들은 승객석에 갇히게 된다. 일반적으로 의사결정, 위험 감수, 업무 권한은 리더 위주로 집중되어 있다.

이러한 권위주의는 어느 정도 필요에 의해 생겨난 것이기도 하다. 어려움을 겪는 스타트업이 살아남으려면 결단력을 갖고 현장을 직접 챙기는 리더가 필요할 수 있다. 창업 초기에는 창업자가 모든 일을 직접 처리하거나 지시하는 것 외에는 선택의 여지가 별로 없다.

그 외에도 위기관리자가 문제를 안고 있는 조직에 들어가 창업자와 똑같은 행동적 특성을 보이다가 폭풍이 지나간 후에도 계속해서 과도하게 권한을 붙잡고 있는 상황이 발생할 수 있다. 지배력을 행사하는 창업자처럼 위기관리자 역시 권한을 놓지 못한다. 일단 조직을 장악한 리더가 모든 것을 완전히 통제하는 문화적 규범을 확립하고, 특히 그 규범이 성공을 끌어내는 것으로 입증된 경우라면 체계를 바꾸기 어렵다.

'스타플레이어를 중심으로' 돌아가는 많은 조직도 이에 해당한다. 팀원들은 고압적인 리더의 요구와 모욕에 대응하며 항상 경계 태세를 갖추고 언제든지 출동할 준비를 한다. 스타플레이어를 지원하는 이들에게는 하루하루가 마치 전쟁터처럼 느껴진다. 고급 식당, 법률 사무소, 할리우드 촬영장, 프로스포츠팀, 월스트리트는 이처럼 지휘와 통제가 난무하고 유명인을 중심으로 돌아가는 승객석 환경으로 악명이 높다. 흥미롭게도 이러한 조직에서는 이사회와 소유주, 재무 파트너도 하위 직급 직원만큼이나 무력감을 느끼곤 한다. 감독하는 위치에 있는 사람들은 스타플레이어를 잃을까 두려워 그에게 제약을 가하지 못하고 주저하는 모습을 보인다.

이 모든 경우는 결과적으로 불편한 승객석 업무 공간을 만들어낸다.

짐작하다시피, 이러한 환경은 여러 문제를 일으킨다.

첫째, 현재 상태를 방치하면 조직은 권력이 점점 커지는 권위주의의 악순환에 빠지기 쉽다. 권력이 절대적인 조직은 심하면 부패하기에 이른다. 예를 들어 '미투' 운동을 촉발한 할리우드 제작자 하비 와인스틴의 성폭행 혐의와 화려한 영화계 경력을 떠올려보자.

권위주의적인 리더는 와인스틴뿐만이 아니다. 조직이 자신감 사분면의 오른쪽 하단 영역에 오래 머물수록, 특히 오른쪽 하단 구석으로 이동할수록 조작과 부정으로 가득한 일터가 조성될 가능성이 커진다. 장기간에 걸쳐 광범위하게 퍼진 무력감은 부패가 자라나기 좋은 완벽한 토양이 된다. 엔론, 월드컴, 타이코 주주들은 권위주의적인 CEO의 몰락에 이어 기업 내부 문제가 외부에 노출되면서 조직의 부패한 환경을 직접 목격했다. 최근에는 와이어카드와 FTX의 파산이 충격적인 유사성을 드러냈다.

둘째, 승객석 일터에는 리더십 인재가 부족한 경향이 있다. 조직 내에서 더 큰 권한을 행사할 수 있는 능력과 야망을 지닌 개인은 리더의 권위를 위협하는 자로 지목되어 결국 퇴출당하거나 스스로 상황을 정리한 후 퇴사한다. 앞서 언급했듯, 승객석 환경에서는 규정을 준수해야 한다. 결과적으로 단 한 명의 스타플레이어만 스포트라이트를 받으며, 능력이 훨씬 떨어지고 별로 위협적이지 않은 백업 직원과 예스맨에게 둘러싸여 있게 된다. 끝까지 조직에 남는 자는 스타플레이어에게 기꺼이 순응하는 사람들뿐이다.

역설적으로 이는 이사회가 독단적인 리더를 따르는 수밖에 없다고 생각하는 상황을 조성하곤 한다. 지명된 리더 외에는 조직 내부에서 팀을 운영할 사람이 없기 때문에 이사회는 다른 선택의 여지가 없다고 느낀다. 과도한 권위주의를 내세우는 인물이 계속 견고한 실적을 올리면 조직에 필요한 인물로 인식되어 쫓겨나지 않고 자리를 유지하게 된다. 스포츠와 엔터테인먼트 업계, 월스트리트에서도 이와 똑같은 현상이 일상적으로 일어난다. 막대한 보상을 받고 조직 내 우상으로 여겨지며 스타플레이어의 반열에 오르는 리더와 승객석 조직은 너무도 익숙한 조합이다.

이러한 종류의 환경은 장기간에 걸쳐 지속될 수 있다. 모두의 눈앞에 뻔히 보이는 데도 아무 문제 없이 유지될 수 있다. 예컨대 하비 와인스틴의 부적절한 행동은 그를 대표하는 개성이나 다름없었다.[1] 승객석에서 사람들이 계속 규정을 준수하며 체제에 순응하고 월급과 특혜를 대가로 무력감을 기꺼이 받아들이는 한, 변화는 거의 일어나지 않는다. 다시 강조하지만, 군중의 행동과 자신감이 리더의 운명을 결정한다.

이러한 조직들은 언뜻 엄청난 힘을 갖춘 것처럼 보이지만, 모든 승객석 환경이 그러하듯 본질적으로 취약하다는 공통점이 있다. 권위주의적인 리더가 실수를 저지르면 조직의 운명은 최근에 무너진 아프가니스

탄처럼 취약해진다. 문제를 해결하러 나설 유능한 리더가 부재한 상태에서 통제권을 쥔 자가 물러나거나 퇴출당하면 확신은 순식간에 와르르 무너지고 혼란이 엄습한다.

바로 이러한 이유로 매년 창업자가 자격을 잃거나 사망하여 실패하는 중소기업만 수천 개에 달한다. 한 개인에게 너무 많은 권한이 집중되면 조직의 회복력은 현저히 줄어든다. 이러한 현상은 소규모 기업에만 국한된 문제가 아니다. 여성 80여 명이 하비 와인스틴을 성희롱, 성폭행, 강간 혐의로 고발했다는 〈뉴욕 타임스〉의 보도가 나온 지 5개월 만에 와인스틴 컴퍼니가 파산 신청을 했다.[2]

나는 '제국'으로 일컬어지는 기업이나, 리더로서 '숭배'받는 기업 임원에 대해 들을 때마다 한 가지 경고가 떠오른다. 바로 성공 여부나 재임 기간에 상관없이 리더가 자진해서 또는 상황에 떠밀려서 기업을 떠나고 나면 그 여파가 필연적으로 비극적일 수밖에 없다는 점이다. 극도로 통제하는 리더의 지배력을 과신하면 언제나 문제를 과소평가하고 덮어버리게 된다. 이러한 문제가 마침내 세상에 드러났을 때는 기업이라는 커다란 배에 방향키를 잡는 통솔자가 없고 쥐와 폭발물만 가득 차 있다. 누구도 먼저 나서서 재빠르게 키를 잡지 못한다. 이러한 환경은 매우 부패하며 문제가 만연하다.

바로 거기에 권위주의적인 승객석 직장 리더의 명백한 흔적들이 고스란히 담겨 있다.

첫째, 명확하고 적절한 승계 계획이 없다. 리더 자신은 물론이고 그 상사나 부하 모두 리더의 갑작스러운 퇴진을 상상조차 하지 못한다. 기업이 영속하리라는 인식이 그 환경에 내재되어 있다.

둘째, 조직의 환경은 권한을 부여받아 자율적으로 움직이는 팀이 아니라 심복으로만 구성되어 있다. 역량과 진취성보다는 충성과 복종이 문화적 규범으로 자리 잡는다.

마지막으로, 문제에 침묵한다. 중대한 문제도 논의하지 않을뿐더러 사소한 문제는 언급조차 하지 않는다. 승객석에 있는 사람들은 리더의 권위와 지배력에 복종해야 할 뿐만 아니라 리더가 사실이라고 믿고 싶어 하는 것에도 따라야 한다.

기업들은 직원만족도 설문조사에 수백만 달러를 쏟아붓지만, 직원들이 업무에서 느끼는 권한 수준에 대해 공개적으로 의견을 구하는 경우는 거의 없다. 조직은 고객 자신감에 대해 의견을 구해야 하듯 직원 자신감에 대해서도 의견을 물어야 한다. 기업은 스포츠팀처럼 안전지대에 있을 때 최고의 성과를 올릴 수 있다. 안전지대에서 직원들은 편안한 마음으로 복잡한 생각을 해낼 수 있고 서로 협력하며 혁신을 일으킬 수 있다. 설문조사에서 상당수의 직원이 승객석이나 긴장의 중심에 있는 것으로 나타난 조직은 현재 취약한 상태이며 리더십 변화가 필요하다. 직원들에게 관리자의 여러 리더십 행동을 평가해달라고 요청하는 설문조사는 조직의 경영진과 이사회에 귀중한 통찰을 제공한다(이러한 설문조사는 리더와 이사회가 그 통찰을 실천으로 옮길 의지가 있다는 전제하에 진행된다). 마찬가지로 직원들에게 매일 각자의 역할을 자신감 사분면에 표시하도록 권장함으로써 유용한 정보를 얻을 수 있다.

승객석 떠나기

직장을 비롯해 어디서든 승객석 환경에 갇혀 무력감을 느끼는 사람들은 '어떻게 하면 이곳을 빠져나갈 수 있을까?'라는 문제로 고민한다.

승객석에서 빠져나가는 경로는 진입하는 경로와 마찬가지로 여러 형태를 취할 수 있다.

롤러코스터가 출발 지점으로 돌아가거나 항공기가 착륙해 탑승구에 안전하게 도착할 때처럼 일부 경로는 단순히 들어온 길을 반대로 되짚어 나간다. 이때 우리는 기쁜 마음으로 출발 지점인 안전지대로 되돌아온다.

이는 당연한 결과처럼 보인다. 하지만 승객석은 감옥처럼 갑갑하게 느껴지기도 하므로, 이 경험에는 분명히 종착점이 있으며 더 나아가 긍정적인 결과가 찾아올 가능성이 크다는 점을 기억하는 편이 좋다. 난기류로 흔들리는 항공기는 궁극적으로 거의 확실하게 목적지에 안전하게 착륙할 것이며, 가장 무서운 롤러코스터도 출발 지점으로 되돌아갈 것이다. 이러한 경험이 선사하는 무력감을 잘 견뎌내려면 극심한 불안을 무시하고 대신 실질적인 운명의 확률에 집중해야 한다. 즉 실현 가능성이 아주 낮은 끔찍한 결과에 주의를 기울이는 행동을 멈춰야 한다.

하지만 배관공이 누수 배관을 아직 고치지 않은 상태로 가버렸을 때처럼, 승객석을 떠나는 순간에 방금 벗어난 긴장의 중심으로 되돌아가는 것만 같은 때가 있다. 지하실에 고인 물웅덩이가 점점 커지니까 상황이 더 나빠지지 않았더라도 다시 원점으로 돌아간 듯한 기분이 드는 것이다.

이러한 경우 승객석에서 벗어나는 것은 타인의 손에 달려 있다. 우리는 상황에 따라 수혜자 또는 피해자가 되며, 좋든 나쁘든 승객석에서 내쫓기는 것이지 빠져나오는 것이 아니다. 문제가 해결되면 안전지대에 안착하게 되고, 문제가 남거나 더 커지면 다시 긴장의 중심으로 돌아온다.

이러한 상황을 잘 다루려면 권한을 부여하여 믿고 따를 사람들을 고를 때 이러한 결과가 벌어질 수 있다는 점을 꼭 기억해야 한다. 감정을 앞세워 충동적으로 행동하기보다 속도를 늦추고 좀 더 신중해져야 한다. 그렇게 하면 더 나은 결과를 가져올 뿐만 아니라 원활하게 안전지대로 전환할 수 있다. 게다가 긴장의 중심으로 되돌아갈 때 자연스레 동반되는 수치심과 비난도 완화할 수 있다. 잘못된 선택을 했다며 스스로 자책하지 않을 것이다(새로운 직업을 고려할 때도 똑같은 방식이 적용된다. 입사하기 전에 조직의 '통제 문화'를 최대한 명확하게 이해하면 승객석에 갇힐 가능성을 아예 피할 수도 있다).

마지막으로, 고압적인 관리자에게 질린 나머지 더 이상 환경에 순응하지 않고 "더 이상은 못 해먹겠다!"라고 외치며 스스로 승객석을 떠날 때가 있다.

이때는 무력감이 통제감으로, 확신이 불확실성으로 바뀌는 중요한 변화가 일어난다. 승객석에서 내려 발사대에 올라서는 것이다.

많은 기업이 팬데믹을 계기로 직원들이 승객석을 떠나 발사대에 올라서는 모습을 목격했다. '대규모 퇴사great resignation', '대규모 이동great relocation', '대규모 재평가great reassessment'로 불리는 이 변화는 삶을 스스로 더 잘 통제하고자 하는 노동자들의 대규모 이동이었다. 재택근무는 확신을 제공했으나 그것만으로는 충분하지 않았다. 직원들도 통제감을 느낄 필요가 있었다. 이러한 결정이 불러올 결과는 불투명했지만, 많은 직장인이 어디에서, 누구와 함께, 누구를 위해 일할지 스스로 선택하기를 원했다. '조용한 퇴사Quiet Quitting'가 유행하면서 직원들은 업무에 얼마나 많은 시간을 할애하고 노력을 기울일지 선택하려 했다.

다음 장에서 사분면의 왼쪽 상단 영역에 관해 자세히 설명하겠지만, 승객석에서 발사대로 이동하는 일이 보기만큼 쉽지 않다는 사실을 인식하는 것이 중요하다.

발사대에 뛰어들지 못하는 이유는 궁극적으로 안전지대에 도달하지 못하고 실패하면 긴장의 중심에서도 왼쪽 하단 구석으로 밀려나고, 결국에는 상황이 악화되어 선택을 후회하게 될지도 모른다는 두려움 때문이다. 우리는 [그림 12.1]과 같이 실패할 확률이 높은 이분법적 결과를 상상하고, 현재 직장을 그만두면 새 직장을 찾지 못할까 봐 전전긍긍한다. 필요한 부품이나 공구가 홈디포에 없거나, 배관에 관한 유튜브 동영상을 끝내 이해하지 못할지 모른다.

이러한 두려움은 충분히 이해할 만하다.

첫째, 대부분은 승객석에 있을 때 자신에게 통제력이 있다고 여기지 않는다. 우리는 종종 타인이 주도권을 잡길 기대하고 스스로 추종자가 되길 원한다. 안타깝게도 이는 승객석 환경에 있는 많은 고압적 리더들이 강조하는 개념이다. 그들은 타인을 발전시키기보다 깎아내린다. 그들 없이는 성공할 수 없고 앞으로도 성공하지 못할 것이라는 부정적 암시를 보낸다.

둘째, 통제권을 쥐는 것은 승객석에서 자신에게 부족하다고 여기는 특정 전문 지식과 능력을 갖추는 것을 의미할 수 있다. 사실 우리가 승객

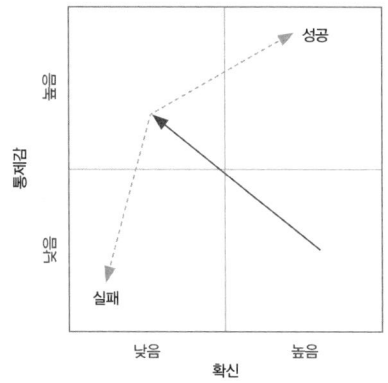

[그림 12.1] 승객석을 빠져나가는 상상

석에 앉는 이유도 바로 이 때문이다. 스스로 처리할 수 없다고 생각되는 문제를 해결하려고 일부러 타인을 고용하는 것이다. 그런데 돌연 자신이 문제를 해결할 수 있다고 생각하는 것은 말이 안 된다.

셋째, 승객석은 처음부터 위험 감수를 기피하는 환경이다. 타인에게 통제권을 넘겨주거나 최악의 경우 통제권을 빼앗기게 되면 직접 위험을 무릅쓰고 성공을 거둘 기회조차 갖기 힘들다. 발사대는 낯선 영역을 의미한다. 게다가 주도권을 잡는다는 것은 결과에 대한 모든 책임을 지는 것과 같다. 발사대에 뛰어들었다가 실패하면 누구도 탓할 수 없고 자기 자신이 오롯이 책임을 져야 한다.

마지막으로, 출발점이 안전지대 밖에 있으니 성공 가능성보다 실패와 그에 따른 결과를 훨씬 더 현실적으로 인식하게 된다. 우리는 이미 취약하고 불안한 상태다. 따라서 결과에 대해 더 비관적으로 생각하기 쉽다.

이러한 모든 요인을 종합적으로 고려할 때 우리는 성공 가능성이 희박하다고 믿으면 제자리에 남는다.

이전에 긴장의 중심을 경험한 적이 있는 경우, 승객석은 긴장의 중심보다는 조금이나마 개선된 상태이므로 이러한 모든 두려운 감정이 더욱 증폭된다. 일부러 승객석에서 나와 긴장의 중심으로 돌아갈 위험을 감수하자니 버겁게 느껴진다. 어떤 대가를 치르더라도 더 취약해지는 것만은 피하려 하는 것이다. 이전 상태로 악화될까 봐 두렵기만 하다. 자기 의지로 이전 상태로 되돌아가는 것은 고사하고 다시 돌아간다는 생각조차 감히 할 수 없다.

모든 가능한 문제 상황을 곰곰이 떠올리면 승객석에 갇히고 만다. 우리는 지나치게 골몰한 나머지 분석력이 마비되고, 많은 경우에 상황이 악화될 때까지 그 자리에 머물게 되며 결국 긴장의 중심에 있는 것처럼 느끼게 된다. 상황이 그토록 악화된 후에야 도피 반응을 보이며 발사대로 향한다.

성폭행 피해자들의 이야기를 들어보면, 특히 가해자가 어떤 형태로든 지속적으로 권력이나 통제권을 가지고 있는 경우, 승객석에 있는 피해자들 개개인은 궁극적으로 목소리를 내며 나서기까지 '이러든 저러든 욕먹는 건 매한가지'라는 생각과 반복적으로 씨름한다. 이러한 이유로 피해자들은 함께 이 문제에 뛰어들 다른 사람들이 나타날 때까지 기다리곤 한다. 이들은 함께 뜻을 모아 이야기를 전하면 사회가 진지하게 받아들여 궁극적으로 안전지대에 도달할 확률이 높아진다고 믿으며 이렇게 말한다. "어쩌면 이제 우리 이야기를 믿어줄지도 모르겠네요."

지나치게 통제하는 관리자를 상대해야 하는 직원들도 마찬가지다. 일반적으로 대규모 항의가 빗발치기 전까지 침묵이 이어진다. 개개인이 집단을 이뤄 한꺼번에 퇴사하거나, 회사에 남아 경영진이나 동료들의 오랜 문제 행동을 지적하며 급진적인 변화를 요구한다.

안타깝게도 일부 승객석 업무 환경은 진짜 재앙이 닥쳐야만 그 실상이 드러난다. 나는 연이은 보잉 맥스 항공기 추락 사고 이후에 보도된 기사들을 읽으면서 보잉이 자신감에 기반한 의사결정의 기본조차 제대로 이해하지 못하고 있다는 사실에 충격을 받았다. 보잉은 승객석에서 사업을 운영할 때 수반되는 근본적 위험을 인식하지 못했을 뿐만 아니라 승객석 업무 환경을 조성하여 이러한 위험을 더욱 부추겼다. 반대 의견을 묵살하는 기업 문화는 비극을 초래할 수밖에 없었다.³

밑져야 본전 반응

승객석에서 중재를 요청했는 데도 외면당하면 그 여파가 상당할 수 있다. 좌절감이 몰려오고 무력감이 치솟는다. 끝내 목소리도 내지 못한 채 승객석 바닥으로 고꾸라진다. 통제권을 쥔 사람들에게는 도움을 요청하는 소리가 들리지도 않으며 그 일로 그들이 오히려 더 많은 권한을 움켜쥐게 되면 강력한 응징이 뒤따른다. 그러한 상황이 닥치면 끔찍한 악몽이 현실이 된 듯한 느낌에 휩싸인다. 우리는 무력감과 불확실성에 뒤덮인 채 긴장의 중심의 왼쪽 하단 구석으로 몰리고 절망을 느낀다.

이러한 충격에 굴복하는 사람이 많다. 충격적인 경험에서 정신적 외상을 입은 탓에 앞으로 나아갈 의지와 능력을 잃어버린다. 승객석에서 벗어나려 했던 시도가 실패했기 때문에 이제는 긴장의 중심에서 벗어날 길조차 도무지 보이지 않는다.

하지만 누군가에게는 이것이 다시 일어서는 밑거름이 된다. 더 이상 잃을 것이 없을 때 투쟁 반응이 시작된다.

이와 같은 방식으로 길을 찾아낸 민권 운동가 타라나 버크는 이렇게 말한다. "내 영혼의 가장 깊고 어두운 곳에서 '미투' 운동이 시작됐어요."[4]

어둠은 많은 사회운동과 정치운동의 근원이 되었다. 오랜 기간 승객석에서 도움을 요청해도 응답이 없고 응징만 반복되는 상황에서 절망은 밑져야 본전이라는 반응을 일으킨다.

초창기에 몇 명이 용기를 내어 절망에 맞서고 행동에 나선 덕분에 사회운동이 성공을 거두었다고 생각하기 쉽다. 하지만 이들의 사례는 승객석 환경에서 어려움을 겪는 사람들에게 몇 가지 중요한 교훈을 선사한다.

첫 번째는 아무것도 하지 않는 행동 자체가 의도적으로 내린 선택임을 인식해야 한다. 우리를 억지로 승객석으로 밀어낸 사람들을 비난할 수는 있지만, 물리적으로 그곳에 감금되지 않는 한 그 자리에 머물기로 선택한 건 바로 우리 자신이다.

자신감 사분면의 오른쪽 하단 영역에 있는 사람들이 종종 극심한 신체적, 경제적, 사회적 압박에 직면한다는 점을 고려하면, 이러한 관점은 독자에게 불편하거나 무지하게 들릴지 모른다. 사람들에게 가해지는 제약들이 실제로 존재하는 것이 현실이므로, 나는 그 무게를 결코 가볍게 폄하하고 싶지 않다. 그렇다고 승객석에 남은 사람들이 희생자가 되기를 선택했다는 뜻도 아니다. 상당한 구조적 불평등으로 인해 남들보다 승객석에서 벗어나기가 훨씬 어려운 사람들도 있다. 혜택과 자원은 균등하게 분배되지 않는다.

간단히 말해, 내 요점은 이렇다. 승객석을 우리가 갇혀 있는 환경이 아니라 우리가 머물기로 선택한 환경으로 재구성하면 우리는 억지로라도 대안을 고려하고, 더 나아가 그 대안을 준비할 최선의 방법을 고민하게 된다. '나는 여기에 갇혀 있다'는 '나는 안전하게 떠날 수 있을 때까지 여기에 머물기로 선택했다'와 매우 다른 사고방식이다. 통제력을 되찾는 것은 실행 가능한 일이다. 우리는 신중하게 구체적으로 조치를 취할 수 있다.

승객석에서 벗어날 준비를 한다는 것은 직접 통제권을 갖고 새로운 기술을 습득해야 한다는 것을 의미하기도 한다. 특히 새로운 직업이나 직무를 고려하는 경우 이러한 기술은 본질적으로 전문성에 해당할 수 있다. 향후 우리에게 기대되는 것이 무엇인지 알아야 한다. 남들과 소통하는 소프트 스킬soft skills을 개발해야 할 수도 있다. 승객석에 있을 때는 자기 의견을 거리낌 없이 밝히고 주도권을 잡는 방법도 익혀야 할 수 있다.

우리는 이러한 기술들을 익히기를 넘어 충분히 연습해야 한다. 승객석에서 벗어날 준비를 한다는 것은 자신감 사분면의 다른 영역들에도 우리 자신을 노출시키는 것을 의미한다. 즉 새로운 기술을 익히고 능숙해지기까지 실패를 거듭하며 긴장의 중심으로 떨어지는 경험을 감수해야 한다. 승객석을 떠날 방법을 고민할 때 앞으로 다가올 어려운 순간을 대비하고 연습할 방법도 모색해야 한다.

그 외에도 다른 도구와 자원이 필요할 수 있다. 해외여행을 계획할 때 여행 가방에 무엇을 챙길지 고민하듯, 새로운 환경을 고려할 때는 필요한 준비물 목록을 만들어 정리해야 한다.

더 나아가 새로운 일과와 체계적인 훈련, 습관을 개발하여 우리의 어색하고 머뭇거리는 걸음들을 규칙적이고 반복적인 행동으로 바꿀 필요가 있다. 통제를 방해하는 가장 큰 적은 아무것도 하지 않는 것이다. 일과의 위력은 단순한 통제를 넘어 시스템 1 사고방식에 기반한 통제를 실현해주는 데 있다. 우리가 무엇을 하고 있는지 일일이 생각하지 않아도 될 때 비로소 안전지대에 있다고 볼 수 있다. 습관을 들이면 자기도 모르게 승객석에서 벗어나 자신감 사분면의 오른쪽 상단 영역에 진입하는 중요한 경로를 익히게 된다.

물론 우리에게 책임감을 심어주고 도움을 주며 격려해줄 코치와 멘토를 확보하는 일은 매우 중요하다. 외로움과 허무감은 승객석에서 흔히 느끼는 감정이다. 승객석에서 벗어나는 데 가장 큰 장애물 중 하나는 그 방법을 모르는 것이다. 성공하고 싶다면 도움을 요청할 줄 알아야 한다. 승객석에서 도움을 요청하는 것은 결점이 아닌 통제력을 드러내는 것임을 충분히 인지하는 사람들은 그리 많지 않다. 도움을 요청하면 발사대로 넘어갈 수 있다.

마지막으로, 승객석을 떠나기로 마음먹었다면 우리를 인도해줄 신뢰할 만한 경험자들을 찾아야 한다. 비슷한 길을 걸어온 '동지'를 찾는 것은 특히 도움이 될 수 있다.

이미 어느 정도 감지했겠지만, 혼자 힘으로 승객석을 떠나기는 특히나 어려운 일이다. 많은 노력을 기울여야 한다. 게다가 승객석에서 안전지대로 넘어가는 여정은 일직선으로 진행되지 않는다. 자기 권한을 강화하고 삶의 통제력을 되찾는 이 과정은 앞으로 두 보 전진할 때마다 한 보씩 뒤로 물러나는 것처럼 더디게 느껴진다.

그러나 모든 승객석 환경이 타인에 의해 만들어지지는 않는다는 점을 짚고 넘어갈 필요가 있다. 중독 문제로 고군분투하는 사람들은 종종 그 경험을 무력감에 빗댄다. 많은 이에게 인생은 사분면 하단의 두 영역 사이를 끝없이 오가는 과정처럼 보인다. 발사대와 안전지대는 손이 닿지 않는 곳처럼 느껴진다. 알코올중독자가 술을 끊으려면 스스로 통제할 줄 알아야 하는데, 중독의 압도적인 유혹에 대항하는 것이 거의 불가능에 가까운 일처럼 느껴지기도 한다.

우리는 무의식적으로 머릿속에서 울리는 비판적 목소리에 힘을 실어준다. 이 목소리 역시 우리에게 승객석에 갇혀 있는 듯한 기분이 들게 한다. 우리는 과거에 내린 잘못된 결정을 곱씹으며 자신을 비난하고 수치스러워한다. 이미 지나간 일인데도 그때 들었던 타인의 거친 말들을 오랫동안 붙잡고 괴로워한다. 게다가 자기도 모르게 승객석에서의 종신형을 스스로에게 선고하고, 더 큰 실패를 겪거나 놀림감으로 전락할까 두려워 다시는 밖으로 나오지 않으려 한다.

승객석에서 벗어나려면 자기 내면에 귀를 기울여야 한다. 우리가 붙들고 있는 가혹하게도 무기력하게 만드는 이야기들과 마주하고, 실제든 상상이든 우리가 느끼는 억압감을 극복해야 하기 때문이다. 이때 멘토와 지지 집단, 상담사는 우리가 앞으로 나아갈 수 있도록 도와주는 귀중한 역할을 한다.

내가 제안하는 승객석에서 할 수 있는 가장 중요한 마지막 실천은 바로 이것이다. 행동하기를 미루지 말라. 어떤 이유로 승객석에 들어오게 되었든 안전지대에 도달하고픈 희망을 품으려면 통제권을 손에 넣어야 한다. 통제권은 그냥 주어지지 않는다. 이곳에 갇힌 우리를 구출해줄 군대도 없다. 통제권은 오직 내부에서 생겨난다. 우리 스스로 주도권을 갖지 못한다면 지금 경험하는 취약성을 계속 느껴야 한다. 사실 우리가 직접 문제에 개입하지 않으면 상황은 더 악화할 가능성이 높다.

그러면 세 가지 선택지가 남는다. 승객석이 주는 무력감에 굴복하거나, 견디기 힘들 정도로 상황이 악화하여 매우 감정적이고 충동적으로 5F 반응 중 하나가 나올 때까지 기다리거나, 신중하게 단계를 밟아 떠날 준비를 하는 것이다.

■

승객석이 안전지대로 돌아가기 위한 최종 수단으로 여겨지면 우리는 통제력이 부족한 상황도 견디려 한다. 하지만 그럴 때도 우리는 자신감을 갖고 행동하는 것이 아니다. 그저 상황에 순응할 뿐으로, 그 상황의 수혜자 또는 피해자로 머물게 된다.

승객석에서 자신감을 되찾으려면 통제력을 다시 확보해야 한다. 제일 바람직한 시나리오는 다시 통제력이 주어지는 것이다. 예컨대 항공기가 목적지에 안전하게 착륙하고, 승객은 기쁜 마음으로 탑승교를 건너 공항 터미널로 걸어가는 것이다. 즉 우리가 고용한 서비스 제공업체가 우리 요구를 충족시키는 상황이 이상적이다.

하지만 우리는 스스로 더 자주 통제권을 확보할 필요가 있다. 일반적으로 여기에는 무력감을 통제감으로, 불확실성을 확신으로 바꾸는 과정이 포함된다. 다음 장에서는 발사대를 살펴볼 것이다.

5부

50대 50의 확률,
발사대

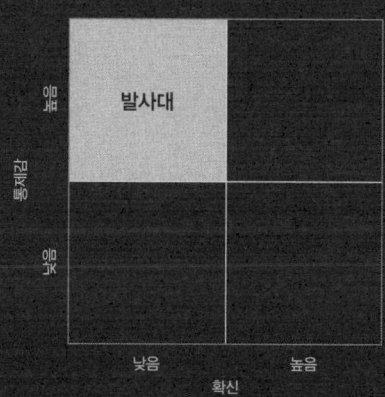

발사대는 결과를 알 수 없어 신중한 선택을 내려야 하는 영역이다. 더 나은 선택을 하려면 다가올 미래보다 우리가 느끼는 감정이 더 많은 걸 말해준다는 사실을 기억해야 한다.

13

통제가 높고
확신이 낮은 환경

사라 블레이클리는 파티를 준비하다가 흰색 바지 안에 입을 적당한 속옷이 없다는 것을 깨달았다. 매끈한 몸매를 연출하고 싶었던 그녀에게 순간 '천재적 영감'이 떠올랐다. 가위로 팬티스타킹의 발 부분을 싹둑 잘라낸 것이다. 그렇게 체형 보정 속옷 전문 기업 스팽스가 탄생했다.[1]

그 후 블레이클리는 2년 동안 계속 직장을 다니면서 자신이 고안한 제품을 생산할 섬유 공장을 찾고, 사업에 필요한 특허와 상표를 출원하고, 미국 고급 백화점 체인인 니만 마커스의 대량 주문까지 확보했다. 그리고 마침내 TV에 출연하게 되었다. 스팽스의 발 없는 몸매 보정 팬티스타킹은 2000년 오프라 윈프리가 '가장 좋아하는 물건' 목록에 이름을 올렸다. 블레이클리는 팩스를 판매하는 영업사원에서 일약 유명 사업가로 변신했고, 세계 최연소 자수성가형 여성 억만장자가 되어 〈포브스〉 잡

지 표지를 장식했다.[2]

오늘날 스팽스는 업계를 정의하는 대표 브랜드로서 익일 배송의 대표 주자인 페덱스와 같은 역할을 하고 있다. 페덱스의 프레드 스미스처럼 블레이클리도 일상에서 문제의 답을 찾았다. 그리고 그렇게 찾은 답을 토대로 발사대에 뛰어들어 성공을 거두고 안전지대의 오른쪽 상단에 안착했다. 그녀가 자신감 사분면에서 걸어온 여정은 모든 기업가가 꿈꾸는 과정이다.

기업가들과 자신감 사분면을 주제로 이야기를 나누다 보면 어느새 발사대에 초점을 맞추게 된다. 기업가들은 왼쪽 상단 영역, 즉 통제력이 높고 확신이 낮은 환경을 으레 자신의 활동 영역이라고 설명한다. 그들은 대부분의 비즈니스 리더가 가장 편안하게 느끼는 안전지대가 너무 지루하다고 말한다. 과도한 확신을 오히려 따분하다고 여기는 것이다. 가능성에 고무되고 영감을 받으며 동기를 부여받는다. 타인에게는 골치 아프도록 불확실하게 여겨지는 것도 그들에게는 문제를 해결하고 새로운 무언가를 창조할 비즈니스를 구축할 기회이자 잠재력이 된다. 기업가들은 주도적으로 움직이려 하고, 운전대를 잡을 기회를 갈망한다.

이는 타고나기를 위험 감수를 선호하는 모험가들의 본성이다. 라스베이거스 카지노에서 주사위를 굴리든, 가파른 절벽을 기어오르든, 메리웨더 루이스와 윌리엄 클라크처럼 미국 서부를 최초로 탐험하든, 이들은 통제력을 쥘 때 자신감이 충만해진다. 발사대는 이들의 안전지대가 맞고, 발사대의 정점에는 극도의 통제력을 발휘할 수 있는 최적의 환경이 있다[그림 13.1].

하지만 대부분은 발사대에서 안심할 수 있을 만큼 충분한 확신을 느

[그림 13.1] **기업가의 안전지대인 발사대**

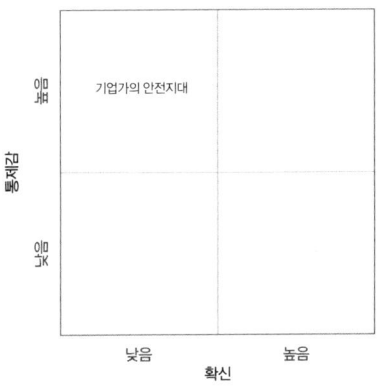

끼지 못한다. 왼쪽 상단은 미정未定의 영역이다. 즉 어떤 일이든 일어날 수 있는 무한한 가능성의 영역이다. 이는 너무 많은 것을 미완성으로 남겨놓고 불확실한 채로 허공에 부유하게 만든다. 발사대에서 요구하는 대로 도약하기로 결심한다면 우리는 안전하게 착지해 안전지대로 돌아갈 수 있기를 바란다. 실패해서 긴장의 중심으로 떨어질 일은 없을 것이라는 확신을 얻고 싶어 한다.

발사대에 선 조직

'확립된', '성숙한' 비즈니스는 일반적으로 발사대에서 안전지대로 이동하여 성공을 거둔 비즈니스, 즉 잘 정의된 제품 목록과 명확한 고객 기반, 안정적인 수익과 현금흐름을 갖춘 규모 있는 조직을 의미한다. 소비자와 기업의 자신감이 충만한 시기에 빠르게 성장하든, 불황기에 어려움을 겪든 장기적인 미래에 대한 확신이 있는 기업은 주주와 대출기관, 직원 모두에게 매력적이다. 코카콜라, 홈디포, 마이크로소프트와 같은 기업이 없는 세상은 상상조차 할 수 없다. 이들은 우리에게 매우 친숙한 기업으로, 안전지대에 있을 때 나타나는 인지적 편안함과 시스템 1 사고방식을 전형적으로 보여준다.

그러나 발사대에 선 조직은 이러한 혜택을 누리지 못한다. 그들은 확신이라는 인지적 안전망을 갖추지 못했다. 미지의 요소가 더 많으므로 시스템 2 사고방식을 사용하여 이들을 검토해야 한다. 그러므로 대부분의 창업 환경을 '위험하다'고 표현하는 것도 당연하다. 성공을 확신할 수 없고 결과를 알 수 없기 때문이다.

발사대에 선 조직을 이끄는 리더는 이를 보완하느라 더 큰 통제를 가하며 부정적인 결과를 완화하려 애쓴다. 리더는 발사대에서 활동할 때 성공을 위해 빠른 의사결정과 지속적인 재평가, 빈번한 전술 변화를 추구한다. 기업가정신을 갖춘 리더는 구불구불한 낯선 도로를 달리는 운전자처럼 기어를 빠르게 변속하고, 급회전하고, 필요하다면 급브레이크를 밟거나, 후진하고, 경로를 완전히 변경할 준비를 해야 한다는 것을 잘 안다. 성공한 기업가들은 민첩하게 움직여야 한다는 것도 알고 있다. 안전지대에 있는 조직을 나타내는 고전적 지표인 전략적 사고와 장기적 계획은 그리 중요하지 않다. 리더는 반복적으로 학습하고 진로를 조정해야 하므로 신속성이 관건이다. 기업가들은 '지금 이곳의 나'라는 사고방식으로 움직인다. 해결해야 할 문제가 있고 타인에게 따라잡히기 전에 먼저 기회를 포착해야 한다. 기업가는 성공을 거두면 안전지대에 도달한다. 그동안 쌓은 '업적'을 돌아보며 만족하는 시간을 보내고 또렷한 성취감을 느끼게 된다.

하지만 이러한 순간은 대개 오래 지속되지 않는다. 보통은 안전지대에 머무르는 것에 만족하지만, 타고난 모험가들은 금세 새로운 도전을 꿈꾼다. 발사대로 돌아가 다음에는 무엇을 할 수 있을지 알아보려 안달이다. 새로운 비디오게임을 성공적으로 공략한 플레이어처럼, 이들은 또 다른 새로운 도전으로 넘어가기를 원한다. 비즈니스 리더들은 스스로 '연쇄 기업가serial entrepreneur'라 칭하면서 새로운 발사대를 연이어 경험하는 것이 자기 소명이라고 밝힌다.

발사대 환경에서 일하기

운전대를 잡지 않은 일반 직원들에게는 기업가 성향이 짙은 발사대 환경이 그리 녹록지 않다. 최고경영진과 멀리 떨어져 있고, 불확실성이 높고 통제력이 낮은 환경에서 일하는 평직원들은 긴장의 중심에 서 있는 듯한 기분이 들 수 있다. 상부에서 충동적으로 내린 의사결정에 따라 비즈니스의 방향이 갑자기 뒤틀리면 격렬하게 움직이는 롤러코스터를 타는 것과 다름없기 때문이다. 직원들에게 권한이 부여되더라도 이처럼 급변하는 환경은 까다롭게 느껴진다. 승객석에 있는 조직의 직원들이 끊임없이 무력감에 대처해야 하듯, 발사대에 있는 직원들은 끝없는 불확실성을 견뎌내야 한다. 여기서는 지속적인 변화가 항상 뒤따른다.

이러한 환경에 적합한 직원을 찾는 것이 무엇보다 중요하다. 발사대에 선 기업은 변화를 손실이 아닌 기회로 인식하고 불확실한 환경 속에서도 주도권을 잡는 일을 마다하지 않을 팀을 만들어야 한다.

발사대에서는 대규모 기업 환경을 지속하기 어렵다. 예측 가능성이 없으면 많은 직원이 금세 지치고 만다. 불확실성이 장기간 이어지면 직원들은 힘이 빠진다. 역설적으로 발사대에 선 기업이 성장하고 지속 가능하려면 결국 반드시 안전지대로 이동해야 한다. 조직 내부는 물론이고 고객에게 통제감과 확신이라는 감정이 널리 확대돼야 한다. 조직이 안정을 찾고 지속적으로 성장하기 위해서는 '지금 이곳의 나'라는 사고방식이 '언제 어디서나 우리'라는 사고방식으로 진화해야 한다.

기업가적 성향을 지닌 리더에게 이는 타인에게 통제권을 넘겨주는 것을 의미한다. 이러한 행동이 자연스럽게 이뤄지는 경우는 드물다. 사라 블레이클리와 스팽스의 사례를 살펴보자. 블레이클리는 처음에 컨설턴트로 함께 일한 로리 앤 골드만Laurie Ann Goldman에게 CEO 직위를 넘겼다. 블레이클리는 후에 〈포브스〉 인터뷰에서 이렇게 밝혔다. "(골드만은) 조직에 더 많은 형식적 절차와 체계를 도입했습니다. 이전에는 없던 공식적 사업계획을 세웠죠. 1년, 3년 단위 목표도 세웠습니다."[3] 스팽스 같은 기업이 발사대에서 안전지대로 이동하며 발전하려면 리더십의 변화가 필요했다(이는 다시 반복적으로 살펴볼 패턴이다).

발사대에서 성공을 거둔 기업은 또 다른 역설에 직면한다. 안전지대에 있는 기존 기업들이 종종 발사대 기업들을 아주 매력적인 인수 후보로 바라보기 시작한다는 점이다. 이들은 높은 성장률, 혁신, '참신한' 기업가정신을 제공한다는 점에서 더디게 성장하는 대규모 조직에 완벽한 해결책처럼 보인다.

그러나 인수합병과 관련해 인수 기업이 간과하기 쉬운 문제가 남아있다. 불확실성에 만족하는 대부분의 발사대 조직이 안전지대에 있는 기업과 문화적으로 잘 맞지 않는다는 점이다. 안전지대에 있는 조직은 계속 안전지대 안에 머무르며 확신과 통제감 수준을 유지하려는 태도를 보이고 의사결정 절차를 지배한다. 반면 발사대 리더는 "일단 해보고 어떻게 되는지 지켜보자"라고 말하며 기업가적 성향을 보인다. 의사결정 절차가 더디고 신중하게 이뤄질 때, 합의를 도출하여 취약성을 회피하려는 양상을 띨 때 발사대 리더는 어려움을 느낀다.

합병 협상 과정에서 인수 기업과 매도 기업은 합병된 두 조직이 벌어들일 매력적인 수익 예상치를 검토하며 서로 대조적인 특성을 극복할 수 있다고 생각한다. 그러나 두 환경은 상반된다. 한 조직은 높은 확신을 갖고 번창하며, 다른 조직은 높은 불확실성에 수반되는 모든 가능성을 즐긴다. 인수합병 거래가 성사된 후 주도권을 잡기 위해 벌어지는 싸움은 기업 문화 측면에서 자신감 사분면의 상단 영역 중 어느 쪽이 우세할지를 놓고 겨루는 줄다리기나 다름없다. 대체로 안전지대에 있는 '본체'가 발사대의 '이식' 문화를 거부하고, 기업가들은 재빠르게 현장을 떠난다.

기업가적 성향을 지닌 리더는 애초에 안전지대의 확신을 원하지도, 요구하지도 않았기에 안전지대를 떠날 때 많은 용기나 이유가 필요하지 않다. 흔히 이 점에 대해 인수 기업은 놀라움을 금치 못한다. 인수가 이뤄지고 나면, 특히 인수 기업이 더 많은 체계를 강요하기 시작하면 기업가적 성향을 지닌 리더들은 대부분 회사를 떠나 새로운 창업에 도전하고 싶어 한다. 그것이 그들의 소명이기 때문이다.

안전지대에 속한 기업들은 매년 수십억 달러를 들여서 빠르게 성장하는 발사대 기업을 인수하지만, 결국 이것이 돈 낭비였음을 깨닫는다. 안전지대에 있는 인수 기업들은 일반적으로 혁신 주기에서 너무 늦게 과감한 결정을 내리고, 기업을 인수한 후에 엄격한 통제를 가하며 애초에 추구했던 혁신과 성장을 오히려 저해한다. 이를테면 AOL과 타임 워너의 합병은 발사대와 안전지대에 속한 기업들의 시기적절하지 못한 결합을 보여주는 대표적 사례다. 인수 가격에 높은 프리미엄이 붙고 이후 성장이 둔화되면 인수 기업이 통제를 두 배로 강화하며 기업의 성장을 더욱 억제하는 악순환이 이어진다. 결국 인수 기업은 방금 매수한 황금 알을 낳는 거위의 배를 가르는 선택을 하게 된다.

안전지대 기업은 주기 후반에 발사대 기업을 인수하기보다 차라리 초기에 해당 기업 지분을 인수한 후 경영과 기업 문화에 일절 개입하지 않는 편이 낫다.

2019년 4월, 포드는 이러한 접근 방식을 취하면서 전기 트럭 업체인 리비안과 전략적인 파트너십을 구축하고 상당한 금액을 투자했다. 포드의 자체 전기차 개발이 성과를 내면서 파트너십은 결국 해체됐지만, 포드는 2021년 11월에 리비안이 주식시장에 상장되면서 82억 달러의 투자수익을 벌어들여 재정적으로 상당한 보상을 받았다.[4] 이후 매도세가 나오면서 리비안 주가가 하락하여 수익이 급감했어도 여전히 상당한 금액이었다.

포드는 이러한 접근 방식으로 초기에 투자하여 빠르게 성장하는 발사대 스타트업의 잠재적 이점을 활용했다. 이와 동시에 기존 안전지대 문화와 비즈니스 관행을 유지하면서 사내 역량이 자체 속도로 성장하도록 했다. 포드 경영진은 거북이와 토끼 모두에게 좌절감을 안겨주기보다 각자 자신만의 경주를 벌일 수 있도록 지원한 셈이다.

발사대로 향하는 경로

사라 블레이클리의 스팽스 창업 사례에서도 나타나는 기업가정신은 많은 리더를 발사대로 끌어모은다. 하지만 저마다 다른 상황, 다른 사분면 영역에서 다양한 감정을 동반한 채로 발사대에 도달한다.

긴장의 중심에서 벗어나기

앞서 언급했듯, 발사대는 긴장의 중심에서 벗어나는 여정에서 종종 필수로 거쳐야 하는 관문이다. 예를 들어 배관이 터졌을 때(긴장의 중심) 홈디포로 달려가 부품을 구하고(발사대) 배관을 잘 수리하는(안전지대로 귀환) 과정을 떠올려보자. 이때 발사대에서 느끼는 감정은 일반적으로 준비 상태에 따라 달라진다. 준비가 잘되어 있다고 느끼면 발사대에 머무는 시간은 일시적이라고 여기게 된다. 안전지대에서 안전하게 마무리될 여정을 위한 필수 수단으로 생각하는 것이다.

반면에 준비가 부족하거나 아예 되어 있지 않을 때는 어려움을 겪는다. 마치 리프트를 잘못 타고 가파른 상급자 스키 코스의 정상에 올라간 초보자처럼 긴장의 중심으로 되돌아가면 겁에 질려 어쩔 줄 모른다. 슬로프 아래로 내려가는 길조차 보이지 않기 때문이다. 발사대에서는 당장 확보하고 있다고 믿는 통제 범위와 결과에 대한 확신이 반응을 이끈다. 준비가 제대로 되지 않은 개인은 발사대에서 고군분투하는 조직과 다르지 않다. 이는 마치 고양이가 유리 위를 걸으면서 어떻게든 통제력을 되찾으려 발톱을 세운 채 발버둥 치는 모습과 같다.

발사대와 승객석은 이 내재된 취약성을 바탕으로 매우 유사한 양상을 띤다. 이때 나타나는 행동에 따라 평온과 혼돈이라는 두 가지 결과로 나뉜다. 안전지대를 향해 계속 진전을 보이거나, 기반을 잃고 긴장의 중심에 빠진다. 안정성을 유지하기 위해 통제감 또는 확신 중 한 가지 감정에 불균형적으로 의존한다는 점에서 발사대와 승객석은 서로 비슷하다. 승객석에서는 결과에 대한 극도의 확신이 필요하지만, 발사대에서는 극도의 통제가 필요하다.

발사대의 통제에 중점을 두면 팬데믹 초기에 비즈니스 리더들과 정책입안자들이 취한 극단적 조치를 쉽게 설명할 수 있다. 모든 이가 긴장의 중심에 깊이 갇혀 있는 상황에서 리더들은 매우 신중하게 대규모 조치를 취하려 애썼다. 그들은 극도의 불확실성 속에서도 발사대를 통해 안전지대로 성공적으로 복귀하기 위해 모든 가능한 수단을 동원했다.

3D 프린팅 기업 카본의 최고경영자이자 듀폰의 전前 CEO 엘런 쿨먼은 팬데믹이 세계를 덮친 상황에서 기업들이 동시에 공급업체를 인수하고, 외주 업무를 사내 업무로 돌리고, 인력과 생산 시설을 본국 가까이 옮기고, 공장을 공급업체 근처로 이전하는 이유를 설명해달라는 질문에 리더들을 대변하며 이렇게 답했다. "통제력 때문입니다. 불확실한 세상에서 더 많은 통제력을 확보하기 위해서죠."[5]

카본이 긴장의 중심에서 혼란에 휩싸여 있었을 때 다른 비즈니스 리더들과 마찬가지로 쿨먼의 목표는 회사를 발사대의 맨 위에 올려놓고 가능한 한 많은 통제력을 발휘하는 것이었다. 그는 다음에 일어날 일을 명확하게 안내할 수 있는 능력을 갖추면 모든 주주에게 더 큰 확신을 안겨줄 수 있다고 생각했다[그림 13.2].

통제력을 되찾고 발사대에서 최대한 높은 곳으로 이동하는 것이 대

[그림 13.2] 극도의 통제력을 발휘하여 긴장의 중심에서 벗어나기

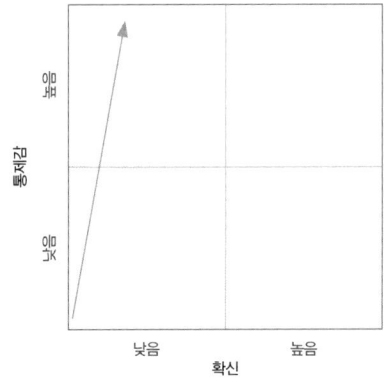

부분의 위기관리자가 거치는 '1단계'다. 위기관리자가 사용하는 용어로 설명하면 이렇다. 소방관은 산불의 '발화를 통제'하기 위해 애쓴다. 전염병이 발생했을 때 의사도 마찬가지로 상황이 악화하기 전에 확산을 '억제'하려 노력한다. 팬데믹 기간에 공공정책 입안자들은 팬데믹과 그 영향을 통제하기 위해 이와 비슷한 언어를 사용했다. 예컨대 그들은 '전염병 확산 완화 조치', '바이러스 확산 방지'와 같은 구호를 외쳤다. 당시 통제를 위한 메시지와 은유, 상징은 곳곳에서 볼 수 있었다.

  팬데믹을 계기로 발생한 '대규모 재평가', '대규모 이전', '대규모 퇴사', 심지어 '조용한 퇴사'까지 직원들의 움직임에서도 통제권을 되찾는 일이 중심 주제로 떠올랐다. 이러한 행동 패턴의 핵심은 모두 통제권을 장악하는 것이었다. 팬데믹이 장기화되고 빠른 일상 복귀 가능성이 희박해지면서 사람들은 어떻게, 어디서, 누구와 함께, 누구를 위해 시간을 보내고 싶은지 재정립하기 시작했다. 주변 세상이 무너지는 상황에서 그들은 자신이 할 수 있는 일을 주도했다.

대단히 충격적인 사건에 직면하면 누구나 자연스레 이러한 반응을 보인다. 불확실한 미래를 상상하면서 또다시 무력감을 경험하지 않도록 신중하게 조치를 취하는 것이다. 예컨대 갑자기 산불이 발생해서 대피한 경험을 한 후에는 '비상 대피용 배낭'을 준비한다. 문이 잠겼는데 열쇠가 없어서 집에 들어가지 못한 경험을 하고 나면 여분의 열쇠를 집 밖의 비밀 장소에 숨겨두거나 이웃에게 맡기기도 한다.

팬데믹도 이와 다르지 않았다. 팬데믹이 발생하자 기업들은 공급망에 복원력을 더하기 위해 상당한 노력을 기울였다. '적시 공급·생산just-in-time'은 '만일을 대비한just-in-case' 재고관리 방식으로 대체됐다. 리더들은 더 작고, 더 단순하며, 상호 의존성이 낮고, 더 지역 중심적이며, 더 투명한 시스템으로 전환했다.

코로나19 팬데믹은 긴장의 중심에 있는 수많은 개인과 기업들이 통제권을 동시에 잡으려 할 때 광범위하게 발생하는 영향을 보여주는 훌륭한 사례다. 코로나19가 확산한 후 인플레이션이 급등한 것은 그리 놀라운 일이 아니었다. 2020년 3월, 사람들이 공포에 사로잡혀 내린 의사결정이 공급을 급감시키는 동시에 소비자 수요를 자극했기 때문이다.

러시아의 우크라이나 침공도 비슷하게 취약성에 기반한 의사결정을 촉발했다. 리더들은 전쟁이라는 불확실한 상황 속에서 통제권을 되찾는 데 집중했다. 제조업 안보, 에너지 안보, 식량 안보가 가장 중요한 주제로 떠올랐고, 전 세계의 기업과 국가 지도자들은 모두 한꺼번에 통제력을 강화하려 애썼다. 이때 원자재 시장이 급등한 것도 그리 놀라운 소식은 아니었다. 매수자, 매도자, 투기자, 헤저hedger(선물 거래에서 발생할 수 있는 위험을 피하려는 거래자—옮긴이) 등 모든 시장참여자가 같은 행동을 취하고 있었을 뿐이다.

불확실성이 급증하면 개인, 비즈니스 리더, 정책입안자 등은 모두 자신이 할 수 있는 일을 통제하여 불확실성을 상쇄하려 한다. 모든 사람이 한꺼번에 조치를 취하려 할 때 경제와 금융시장에 심각한 영향을 미칠 수 있다.

자발적으로 발사대로 향하는 경로

기업가정신을 발휘하려는 노력이나 긴장의 중심에서 벗어나려는 욕구는 발사대로 이동하는 두 가지 경로를 보여준다. 하지만 그 외에도 새로운 기술을 익히거나 새로운 직업을 갖기 위해 자발적으로 안전지대를 떠나는 경우처럼 다른 경로들도 있다. 이때 새로운 불확실성을 경험하고 속도를 조절하면서 난이도를 높여 신중하게 발걸음을 내딛는다. 스키 초보자는 스키 앞부분을 모은 채 완만하고 넓은 초보자 코스를 천천히 내려간다. 그러다 어느 정도 여러 번 코스를 타면서 능숙해지면 더 가파르고 좁은 중급자 코스로 옮겨 간다.

자신감 사분면에 스키를 배우는 과정을 표시하면 안전지대와 발사대를 반복적으로 오가는 형태가 그려진다. 이는 산을 오르내리는 여정과 닮았다[그림 13.3]. 이를테면 우리는 코스를 한 번 더 돌 때마다 슬로프를 내려가면서 더 많은 통제력을 느끼고 확신을 품을 수 있길 바란다. 뼈가 부러지거나 발목을 삐지 않은 상태로 무사히 스키를 익힌 후 오두막으로 돌아와 안전지대의 오른쪽 상단에 자리 잡고 사람들에게 이날 새로 도전한 코스를 자랑하며 하루를 마무리한다.

발사대는 1인용 비디오 게임, 퍼즐, 십자말풀이 등과 같은 활동을 시

[그림 13.3] **안전지대를 벗어났다가 되돌아오기**

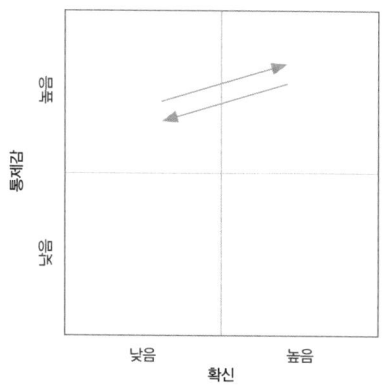

작할 때 자발적으로 위치하게 되는 사분면 영역이기도 하다. 이러한 활동들은 불확실성을 동반하며, 우리가 스스로 해답을 찾아야 하는 문제를 제공한다. 성공을 거두면 처음 시작했던 안전지대로 돌아가게 된다.

발사대에서 일어나는 몇몇 자발적 경험은 실패하더라도 별다른 결과를 초래하지 않는다. 예컨대 퍼즐과 십자말풀이를 완성하지 않아도 삶을 이어가는 데 지장이 없다. 하지만 암벽 등반과 같이 어떤 경험들은 실제로 중대한 결과를 수반하기도 한다. 자발적으로 발사대를 경험하려는 의지는 그곳에서 취하는 행동의 결과를 어떻게 바라보느냐와 얼마나 준비되어 있느냐에 크게 달려 있다. 우리는 결과를 상상하고 그것을 토대로 의사결정을 내린다. 예를 들어 중급자 코스에서 아슬아슬한 상황을 겪으면 친구가 제안한 상급자 코스를 포기한다. 스키를 제어하지 못하고 결국 스키 구조요원의 도움을 받아 김밥처럼 돌돌 말린 채 터보건에 실려 언덕을 내려와 자신감 사분면의 왼쪽 하단 구석으로 내몰리는 상황을 상상하기 때문이다.

반면 뜻밖의 금전적 횡재를 맛보거나 사회적 지위 또는 기타 이득과 같이 성공을 거둘 가능성을 꿈꾸며 자발적으로 발사대에 서는 순간도 있다. 발사대에서 파워볼 복권을 구매하거나, 비트코인에 투기하거나, 친구들과 바에서 테킬라를 한잔 마실 수도 있다. 이때 우리는 어떤 이득을 얻을 수 있을지 상상하고 집중한다. 우리 행동이 부자가 되게 해주거나, 직장을 그만두게 해주거나, 친구들 사이에서 인기를 높여줄 것이라고 말이다.

놀랍지 않게도 발사대에서 활동하는 많은 기업은 반드시 성공할 것이라고 강조하면서 성공하면 얻을 수 있는 재정적 보상과 지위 등 잠재 이득을 투자자와 직원들에게 내세운다. 때로는 극심한 불확실성을 견디면 엄청난 보상을 받을 수 있다는 약속을 내걸기도 한다. 당사자들이 그러한 장밋빛 전망을 계속 믿는 한 대개는 화합이 이뤄진다. 문제는 미래 이익에 대한 확신이 사라져 전망이 바뀔 때 발생한다. 발사대 기업의 직원과 투자자가 안전지대에서 긴장의 중심으로 궤도가 바뀐다는 것을 감지하면 당황하거나 화를 내며 회사를 떠날 가능성이 커진다.

2021년부터 2022년까지 기술주 폭락기에 이러한 태세 전환을 실시간으로 확인할 수 있었다. 한때 고공 행진을 하며 주가가 치솟던 기업들에서는 직원들이 그동안 들인 노력의 결과로 안전지대의 오른쪽 상단 구석에 자리할 것이라고 전망했다. 하지만 주가가 폭락하자 직원들은 자신에게 다가올 미래로 긴장의 중심을 떠올리면서 배신감을 느꼈다. 불확실한 미래를 감수하며 급성장하는 스타트업에서 일하는 것은 더 이상 매력적으로 느껴지지 않았다.

감정에 따라 행동의 결과를 상상하는 방식이 달라진다는 점이 바로 발사대의 가장 큰 특징이다. 우리는 매우 낙관적일 때 미래의 성공을 쉽게 상상한다. 궁극적으로 안전지대에 도달하게 될 것이라는 결과에 높은 확률을 부여한다. 반면에 비관적일 때는 그러한 결과를 상상조차 할 수 없다. 안전지대가 아닌 긴장의 중심에서 불가피한 결말을 보게 된다. 자신감 수준은 발사대에서 느끼는 감정을 좌우한다. 이는 다시 우리가 예측하는 결과를 좌우하고, 이어서 행동하는 방식을 좌우한다. 우리는 발사대에서 느끼는 감정에 따라 결과를 상상하고, 그 결과를 바탕으로 의사결정을 내린다.

1장에서 나는 로스앤젤레스행 항공기에서 겪은 일을 이야기하면서 승객석(사분면의 오른쪽 하단 영역)에서도 비슷한 문제가 발생한다고 강조했다. 항공기에서 주변을 바라보는 우리의 관점은 감정에 의해 좌우되며, 우리가 상상하는 결과도 그에 따라 달라진다. 나는 매우 낙관적이고 비행 경험이 많았으므로, 실제로는 승객석에 앉아 있어도 나도 모르게 안전지대에 있는 듯한 느낌이 들었다. 항공기가 로스앤젤레스 공항의 게이트에 안전하게 도착하리라고 굳게 믿었기 때문이다. 하지만 내 옆에 앉아 있던 승객은 긴장의 중심에 갇혀 비행 5시간 내내 초조한 모습을 보였다. 그는 항공기가 무사히 도착할 수 있을지 확신하지 못했다. 승객들은 같은 항공기를 탔지만 저마다 상상한 결과를 비행에 반영하며 다양한 감정을 경험했다. 나는 결과에 대한 내 통제력을 과대평가했고, 옆에 앉아 있던 승객은 결과에 대한 확신을 과소평가했다. 결국 각자가 상상하는 비행의 결말은 자신감에 달려 있었다.

롤러코스터를 타려고 줄을 서 있을 때도 발사대에서 자신감이 일으키는 왜곡을 엿볼 수 있다. 줄을 서면서 자신이 안전지대에 있다고 느끼는 사람과 긴장의 중심에 있다고 느끼는 사람을 구분하기는 그리 어렵지 않다. 전자는 어떻게 하면 맨 앞자리를 차지하여 롤러코스터가 내려올 때 손을 하늘 높이 치켜들 수 있을지 전략을 세우지만, 후자는 어떻게든 여기에서 빠져나갈 구실을 찾느라 정신이 없다. 하지만 자신감 사분면의 어느 지점에 있든 똑같은 놀이기구를 탄 지 1분도 채 지나지 않아 다시 출발한 곳으로 돌아오게 된다. 그때 표정만 봐도 놀이기구에 탑승한 시간이 5초처럼 느껴졌는지, 12년처럼 느껴졌는지 쉽게 짐작할 수 있다.

■

승객석과 마찬가지로, 자신감 사분면의 어느 영역에서 출발해 발사대에 도달했는지에 따라 다양한 감정이 일어난다. 발사대로 향하는 경로는 매우 중요하다. 하지만 불확실성을 얼마나 편안하게 인지하고 위험을 얼마나 선호하는지 역시 중요하다.

감수하는 위험에 관해 더 구체적으로 살펴보기 전에 먼저 자신감의 마지막 차원을 논하고자 한다. 그것은 바로 우리가 전하는 이야기다. 발사대에서 내리는 의사결정과 그곳에서 경험하는 감정에 그 이야기가 큰 영향을 끼친다는 점에서 우리는 이야기들의 영향력에 대해 더 잘 이해할 필요가 있다.

14

우리 내면 신호가 전하는 이야기

이 책의 전반부에서는 우리의 행동과 확신, 통제감 사이에 자연스럽고 일관된 연관성이 있으며, 우리는 느끼는 대로 행동한다고 언급했다. 이어서 시야 선호를 설명하면서 이 역시 자신감 수준과 분명히 연관되어 있다고 언급했다. 자신감이 낮을 때는 '지금 이곳의 나'를 우선하지만, 자신감이 높을 때는 '언제 어디서나 우리'를 우선한다. 따라서 시야 선호는 자신감 스펙트럼 전반에 걸쳐 감정과 행동을 연결하는 가변적 메커니즘 역할을 한다. 마지막으로, 인지 처리가 자신감 수준에 따라 조정되어 작동하는 방식도 살펴봤다. 우리는 자신감이 있으면 느긋하게 시스템 1 사고방식에만 의존해도 되지만, 자신감이 없으면 시스템 2 사고방식이 꼭 필요하다.

이 모든 요소를 종합하면 우리의 자신감 수준과 선호, 인지 처리와 행동은 자연스럽게 균형을 찾는다. 결과적으로 이러한 변수 중 하나를 파악하면 다른 변수들도 합리적으로 추론할 수 있다. 게다가 한 요소가 변화하면 그에 따라 다른 요소가 어떻게 조정될지도 예측할 수 있다.

이제 의사결정을 이루는 중요한 최종 차원으로 이야기를 하나 추가하려 한다. 이야기는 마찬가지로 자신감 수준과 자연스레 연관되어 있고 우리가 발사대에서 행동할 때 중추적인 역할을 수행한다. 불확실성을 마주할 때 이야기는 선택의 틀을 마련한다. 예측할 수 없는 상황이 닥쳤을 때 공백을 메워주는 셈이다.

이야기에는 재귀성reflexivity과 균형이 있을 뿐만 아니라 유용성도 담겨 있다. 이야기는 우리가 느끼는 감정과 그 감정에 따라 다음에 취할 확률이 높은 행동을 드러내는 유용한 단서를 제공한다. 타인에게 효과적으로 메시지를 전하려면 모든 이야기가 그러하듯 상대방의 자신감 수준과 그가 위치한 사분면의 구체적인 지점을 반영해야 한다.

세상에 쌓이는 내면의 뉴스

이 책의 도입부에서 평일 오후에 경제부 기자들이 그날 시장에서 일어난 사건과 그 원인을 설명하는 기사를 어떤 방식으로 생산해내는지 자세히 설명했다. 그런데 이러한 현상은 경제 매체에 국한된 것이 아니다. 우리도 매 순간 자기 자신과 타인에게 이야기를 들려준다. 기업과 다른 조직에서도 분기별 실적 발표부터 경영진의 발표에 이르기까지 모든 업무가 이야기로 전달된다. 물론 더 광범위하게 보면 뉴스 언론도 마찬가지다. 언론매체는 사건 개요와 발단을 보도하는 데 그치지 않고 다른 사람들과 때로는 전문가(또는 전문가가 되기를 바라는 사람들)의 이야기도 공유한다. 트위터, 링크드인, 페이스북, 인스타그램 등 여러 소셜미디어 플랫폼에서도 스크롤을 내릴 때마다 비슷한 이야기를 발견할 수 있다. 지금 세상은 어느 때보다 각종 이야기로 넘쳐난다.

모든 이야기에서 가장 중요한 두 가지 요소는 관련성과 공감대다. 메시지에 유용하고 주목할 만한 가치가 있는가? 중요한 정보를 제공하거나 타인과 맺는 관계를 강화하는가? 메시지가 옳다고 느껴지는가? 우리가 진실이라고 믿는 내용을 검증하고 뒷받침하는가? 예상하다시피, 사람들 사이에서 가장 빠르게 멀리 확산되는 이야기는 이 두 가지 기준을 상당 부분 충족한다.

그런데 **정확성**이 기준으로 언급되지 않았다는 점에 주목하자. 진실성 자체보다는 진실로 느껴지는지가 훨씬 중요하다. 그래야만 시스템 1 사고방식을 사용할 수 있기 때문이다. 결과적으로 그리 철저하게 검토되지 않은 이야기가 가장 널리 받아들여지고 공유된다.

코로나19 팬데믹 초기는 이러한 현상을 생생하게 보여주는 사례들로 가득했다. 앞장에서 언급했듯, 2020년 초반에 미국은 국내 코로나 발병을 앞두고 자신감이 넘쳤고, 중국 내에서 코로나19가 '억제'되고 있다는 이야기에 이의를 제기하지 않았다. 하지만 톰 행크스와 뤼디 고베르가 감염됐다는 뉴스 보도가 나오자 자신감이 흔들렸고, '억제'되고 있다는 이야기는 더 이상 대중이 느끼는 기분을 제대로 반영하지 못했다. 시스템 2 사고방식으로도 눈앞에 닥친 상황을 도무지 이해할 수 없었다. 우리는 당황한 나머지 '억제'라는 단어를 삭제했다. 현재 상황과 관련성이 있고 공감대를 이룰 수 있는 새로운 이야기가 필요했다.

[그림 14.1] '전례 없는'에 관한 구글 트렌드 도표, 2020년 봄

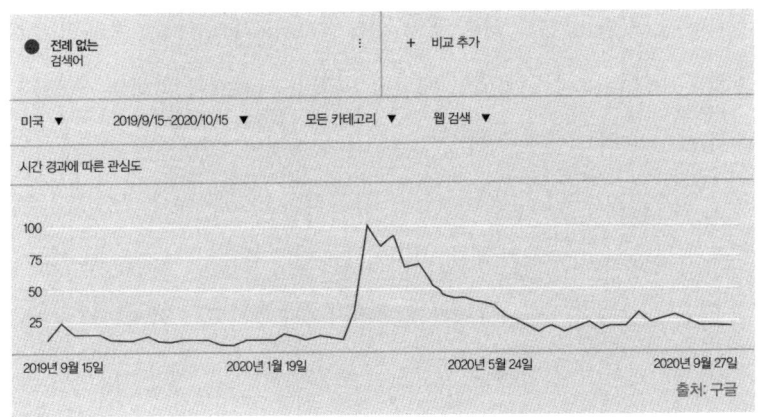

[그림 14.1]의 구글 트렌드 도표를 보면 '전례 없는'이라는 단어에서 두 가지 요소를 모두 발견할 수 있다. 우리는 이 단어를 마치 허리케인에 휩쓸렸을 때 찾는 구명구처럼 붙잡고 놓지 않았다.

주변에서 공포가 치솟고 폭풍이 소용돌이쳤지만, 도무지 현재 상황을 제대로 파악할 수 없었다. 평소 사용하는 표현만으로는 이 사태를 설명하지 못했다. 빠르게 전개되는 코로나19 팬데믹을 바라보는 대중의 격한 감정을 온전히 담아낼 표현이 필요했다. 이번에는 정말 달랐다. 전례 없는 순간이었다. 우리는 미지의 바다에서 길을 잃고 말았다.

동시에 우리는 '이전에 없던never before'이라는 단순한 사전적 정의를 넘어 더 다양한 의미로 '전례 없는unprecedented'이라는 단어를 사용하게 되었다. '전례 없는'이라는 표현은 거대하고 엄청나며 비범하다는 의미도 담고 있었다. 세상은 재앙을 겪고 있었다. 언론에서 매일 조금씩 늘어나는 신규 확진자 수를 보도하고 있었을 때 우리는 이미 조만간 수십만, 아니 수백만 명의 확진자가 나올 것이 자명하다고 예상했다. 실시간

으로 느끼는 극심한 공포는 당장 어마어마하게 늘어나는 확진자 예상치로 고스란히 옮겨 갔다. 마치 심리적으로 공포영화에 등장하는 외계인 침공에 대비하는 것과 같았다. 우리는 이번 사태가 '전례 없는' 일이라고 말하며 육체적으로도 감정적으로도 쉽게 압도당할 수 있다는 신호를 내보냈다.

이 용어는 눈앞에 닥친 상황을 설명하기에 적절했다. '전례 없는'이라는 표현은 팬데믹에 허를 찔리고 준비되지 않은 무방비 상태로 대응하게 된 것이 완전히 정상적인 상황은 아니더라도 그럴 만한 상황이었음을 암시했다. 팬데믹이 전례 없는 일이었다면 우리가 어떻게 그 충격에 대비하겠는가? 그러기는커녕 미리 경계하기조차 쉽지 않은 일이 아닌가?

눈치 빠른 비즈니스 리더들은 당연히 팬데믹의 '전례 없는' 특성을 파고들었고 잽싸게 이를 팬데믹에 미처 대비하지 못한 이유로 내세웠다. 기업 실적 보고서와 발표 자료에서 특정 단어의 사용량을 추적하는 소프트웨어 회사 알파센스의 데이터를 살펴보면, 팬데믹이 닥쳤을 때 많은 경영진이 '전례 없는'이라는 표현을 즐겨 사용했다.[1]

손실을 본 투자자들이 지루한 분기 실적 발표에 안타까워하며 고개를 끄덕이자 '전례 없는'이라는 표현은 이제 '만능 해결책'이 되었다. 이에 놀란 CEO들은 팬데믹이 회사의 불행을 초래했다고 비난하면서 이 단어를 마구 써먹었다. 자산관리자와 재무 설계자도 고객에게 투자 포트폴리오를 설명할 때 이 단어를 남발했다.

아무도 이러한 태도에 반발하지 않았다.[2]

투자자들은 전례 없는 팬데믹에 관한 서사, 이른바 내러티브narrative

[그림 14.2] '전례 없는'을 언급한 기업 통계, 2016~2022년

를 쉽게 받아들였다. '전례 없는'이라는 단어는 팬데믹을 바라보는 투자자들의 감정을 정확하게 짚어냈으며, 동시에 사람들이 직접 겪은 엄청난 이야기를 함축적으로 나타낸 표현이기도 했다. 누구도 팬데믹을 예상하지 못했고 앞서 경험한 적도 없었으니 대비하지 못한 것도 당연했다.

모두의 예측이 빗나갔기에 팬데믹은 분명히 전례 없는 사건이어야 했다. 암묵적인 인과관계는 분명했다. 더 이상 팬데믹에 어떻게 해야 더 잘 대비하고 더 효과적으로 대응할 수 있었는지 고민할 필요가 없었다. 폭풍우 속에서 한 가지 확실한 점은 팬데믹이 전례 없는 사건이었고, 이는 평소에 책임을 져야 할 사람들이 그 책임에서 벗어날 수 있음을 의미했다.

갑자기 역설적으로 '전례 없는'이라는 표현이 광범위하게 사용됐다. 이전에도 비슷한 상황이 전개됐을 때 경영진이 이 단어를 사용한 적이 있다. 다음에 나오는 [그림 14.3]에서 보듯, 2008년 금융위기 당시에 은행 CEO와 다른 비즈니스 리더들은 충격을 받은 모기지대출자들에게 편승하여 '전례 없는'이라는 표현을 내세우며 미처 대비하지 못한 위기

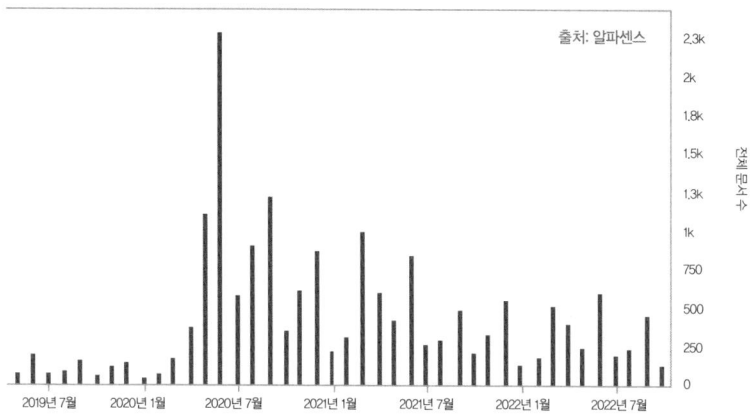

를 설명했다. 그러나 뜻밖의 결과가 미친 영향의 규모와 범위가 폭발적으로 확대되면서 '억제된' 위협은 순식간에 '전례 없는' 위기로 바뀌었다.

9.11 테러 당시에 사람들은 모두 '전례 없는'이라는 단어를 쓰며 위안을 느꼈다.

우리는 큰 위기가 닥치고 가장 취약한 상태가 되었을 때 느끼는 극도의 불확실성과 무력감을 자연스럽게 언어에 반영하는데, 그 한 예가 바로 일상적으로 찾게 된 '전례 없는'이라는 단어다.

간단히 말해, 우리가 사용하는 단어와 주변 세계를 설명하기 위해 전하는 이야기는 우리 감정을 고스란히 반영한다.

대중적인 내러티브로 파악하는 대중심리

널리 공유되는 내러티브는 특히 단어 선택이 중요하다. 우리가 선택한 주제와 이를 설명하는 데 사용하는 단어는 자신감 수준을 측정하는

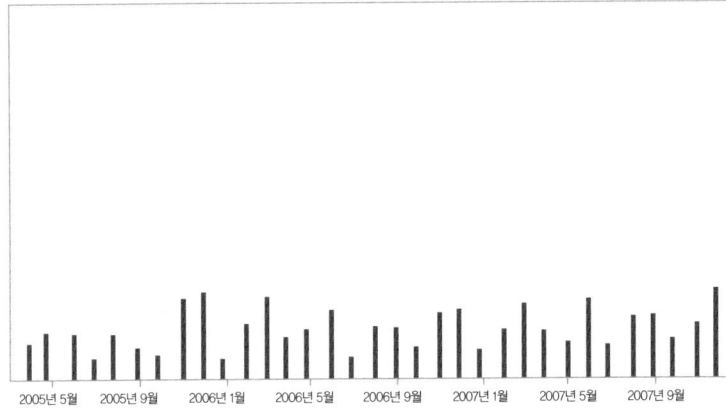

[그림 14.3] '전례 없는'을 언급한 기업 통계, 2005~2010년

강력한 잣대가 된다. '억제된', '전례 없는' 등의 표현은 사람들의 생각을 묘사할 뿐만 아니라 감정과 해명, 심지어 표정까지 정확하게 포착해낸다. 이모티콘도 마찬가지다.

2020년 초반에 '억제된'과 '전례 없는'이라는 표현처럼 널리 공유되는 단어는 자신감 수준을 드러낸다. 앞서 언급했듯, 대중적인 내러티브에 등장하는 단어 하나가 사회적으로 이해하기 쉬운 속어가 되어 때로는 복잡한 이야기를 강렬하게 전달한다. 길가에 수사슴이 뛰고 있는 모습을 담은 선명한 노란색 표지판이 사슴을 조심하라고 경고하듯, 대중적인 이야기는 광범위하고 보편적으로 이해되는 단순한 이미지를 그려낸다. 대중적인 내러티브에 나오는 표현은 거리 표지판, 고정관념, 사회적 신호가 하나로 합쳐진 것과 같다.

내러티브는 집단심리를 정확하게 반영할수록 더 널리 받아들여지고 공유된다는 점에서 일종의 사회적 화폐 역할을 한다. 타인이 이야기를 빠르게 수용할 때 나타나는 외부 검증 효과는 우리가 느끼는 확신과 통

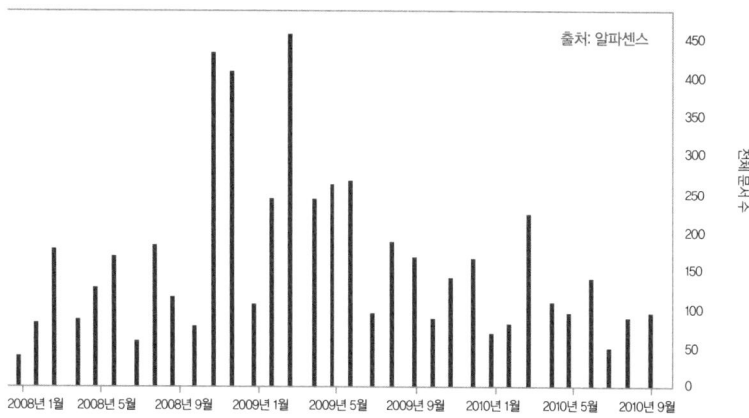

제감을 높여줄 뿐만 아니라 소속감도 선사한다. 공통된 믿음은 안전감과 안도감을 준다. 타인이 나와 같은 생각을 한다면 나도 군중의 일부가 되므로 내 생각도 틀림없이 타당하다는 결론에 이르게 된다. 우리는 중학교 시절 또래에게서 느낀 사회적 압력에서 벗어난 지 수십 년이 지나 어엿한 성인이 되었는데도 여전히 타인의 인정과 호응을 갈망한다. 때로는 알게 모르게 서로 나누는 이야기가 이러한 갈망을 충족해준다. 우리는 타인이 내 생각에 선뜻 동의하면 힘을 얻고, 타인이 내 생각을 무시하면 금세 소외감을 느낀다. 이처럼 사람들과 공유하는 이야기는 사회적 규범을 강화하고 자신감을 반영한다.

2020년 3월 중순, 우리는 급히 팬데믹을 설명할 단어를 찾다가 유행어를 고를 때처럼 '전례 없는'이라는 단어를 선택했다. 이 단어를 선택한 이유는 그것이 정확한 의미를 담아냈다기보다 당시 감정을 즉각적으로 쉽게 표현한 데다가 더 길고 정교한 이야기를 빠르게 전달할 수 있었기 때문이다. 팬데믹은 그만큼 엄청난 사건이었고, 말 그대로 전례가 없었으며, 우리 통제를 벗어난 일이었기에 그 상황에 미처 대비하지 못한 것도 어쩔 수 없이 이해받아야 한다는 메시지를 담고 있었다. 마치 재판 막바지에 만장일치로 '유죄' 판결이 내려지듯, 증거를 평가하고 그에 따라 판단한 내용이 이 한 단어에 함축되어 있다.

궁극적으로 '전례 없는'에 담긴 추론과 함의의 사실 여부는 중요하지 않았다. 그저 그러한 추론과 함의가 사실처럼 느껴졌다는 것이 중요했다. 유행하는 이야기는 언제나 충동적이고 즉각적인 시스템 1 사고방식으로 처리한 반사적 반응이다.

놀랍게도 우리가 전반적으로 느끼는 감정을 알아낼 가장 적절한 방법은 제일 성의 없고 충동적이며 널리 공유되는 내러티브에서 찾는 것이다. 대규모 경기장을 방문하면 이러한 현상을 실시간으로 확인할 수 있다. 미식축구 쿼터백과 리시버, 심판을 향한 시끄러운 함성은 팬들의 심리를 고스란히 전한다. 공을 떨어뜨리면 관중은 그 행위가 갖는 의미와 감정의 본질을 쉽게 포착해내는 간단한 단어를 내뱉는다. 때로는 영상 판독이나 미묘한 차이에 대한 전문가의 해설을 기다리지 않고 곧장 화려한 비속어를 섞어 쓰며 요점을 전달한다. 비유하자면, 관중은 〈뉴요커〉에 실린 상세한 칼럼을 찬찬히 읽기보다 〈뉴욕 포스트〉의 1면 헤드라인처럼 간결하고 자극적인 단어를 외친다.

사람들은 일대일로 대화할 때 개인적인 감정을 숨기기도 하지만, 군중 속에 섞여 행동할 때는 뚜렷한 내러티브의 단서를 남긴다. CNBC나 폭스 비즈니스, 블룸버그 TV를 몇 시간만 시청해도 현재의 시대상과 금융시장에 대한 투자자의 자신감을 금방 느낄 수 있다. 금융 방송은 집단의 현재 심리 상태를 그대로 보여준다.

소셜미디어도 마찬가지다. 대중적인 내러티브는 '좋아요'와 해시태그로 가득한 리트윗을 통해 공유되고 24시간 내내 대중에게 노출된다. 구글 검색어처럼 소셜미디어의 인기 주제도 대중의 감정을 반영한다. 단순함과 즉흥성을 중심으로 형성된 트위터는 실시간 분위기를 보여주는 지표다. 실제로 수학적 모형과 알고리즘을 토대로 시장에 투자하는 퀀트 투자자들은 투자심리를 추적하는 도구로 트위터를 활용할 정도다.[3] 우리 자신감이 변화하면 공유되는 트윗과 이야기도 우리가 느끼는 확신과 통제감을 표현하고 확증하고 정당화하기 위해 함께 변화한다.

대중적인 이야기의 시각화

요즘은 많은 공감을 불러일으키는 이야기를 발견하고 추적할 수 있는 분석 도구와 자원을 누구나 쉽게 이용할 수 있다. 예를 들어 구글 트렌드의 검색엔진에 특정 단어나 구문을 입력하면 선택한 기간에 해당 용어의 검색량을 정규화된 측정값으로 신속하게 확인할 수 있다.

하지만 구글 트렌드는 단순히 관심사를 시각화하는 데 그치지 않고 더 많은 기능을 제공한다. 웹 검색은 사람들의 감정까지 반영한다. 앞서 [그림 5.1]과 다음에 나오는 [그림 14.4]에서 볼 수 있듯, '계절성 우울증'과 '컴포트 푸드'라는 용어는 사람들이 우울증을 앓는다는 점('계절성 우울증'의 검색량이 가을에 늘어나고 초여름에 바닥을 찍는다) 외에도 기분이 울적해지면 자연스레 컴포트 푸드를 찾는다는 점도 보여준다.

구글 트렌드는 가장 대중적인 내러티브의 변화와 흐름을 추적한다. 이야기가 바뀌면 검색에 사용되는 단어도 바뀌기 마련이다.

[그림 14.4] '계절성 우울증'과 '컴포트 푸드'의 구글 트렌드 도표

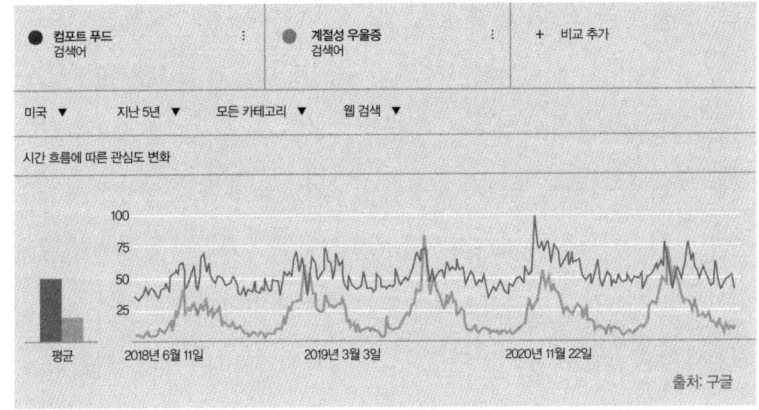

나는 위기가 닥칠 때마다 구글 트렌드 데이터를 즐겨 찾는다. [그림 14.5]를 살펴보면 2022년 9월 초 '유럽 에너지 위기'의 검색 데이터를 토대로 감정이 격해지고 있음을 알 수 있다.

문제는 위기로 불거지기 전까지 오랜 기간 곪을 대로 곪을 수 있다. 하지만 일단 위기로 전환되면 매우 감정적이고 충동적인 행동이 앞서게 된다. 구글 트렌드 데이터를 활용하면 이러한 분위기의 변화를 시각화하고 앞으로 다가올 상황에 대비할 수 있다. 예컨대 이 그림에서 보듯 소비자와 정책입안자는 연료 가격 상승과 향후 연료 부족 가능성에 대응할 방법을 모색해야 할 것이다.

광고와 정치적 메시지

나는 요즘 유행하는 광고도 주의 깊게 살펴본다. 광고는 대중에 관해 많은 이야기를 전한다. 제품과 서비스를 알리는 동시에 대중이 자신감

[그림 14.5] '유럽 에너지 위기'의 구글 트렌드 도표

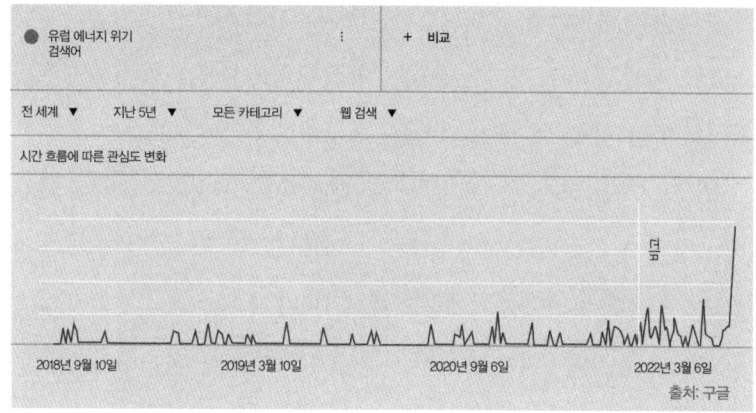

출처: 구글

사분면의 어디에 위치하고 있는지도 보여준다.

요즘 나오는 광고는 "이 불확실한 시대에"와 같은 문구를 자주 사용한다. 이는 광고주가 판단하는 대중의 감정을 되풀이하는 것과 같다. 그들은 이 문구가 공감을 불러일으킬 것임을 알고 있다. 잘 짜인 광고 카피는 대중에게 자연스레 받아들여진다. 효과적인 광고는 대중의 감정을 재차 확인해준다. 광고주는 이미 '불확실' 같은 단어가 자신감이 부족한 우리의 머릿속에 소용돌이치는 이야기를 뒷받침해줄 것임을 인지하고 있다.

효과적인 광고는 소비자의 시야 선호도 반영한다. 자신감이 낮을 때는 가시적인 혜택에 초점을 맞춰 단순한 언어를 사용하고, 자신감이 높을 때는 가능성을 넌지시 내비치는 추상적 메시지를 전한다.

이러한 방식으로 이야기를 전달하는 주체는 비단 광고주뿐만이 아니다.

CEO가 낙관할 때 매출 예상치는 '견고하고', '거의 확실하며', '강력

한 순풍에 힘입어 증가'하게 된다. 기업의 투자자 관리팀은 능숙하게 경영진의 심리를 파악한다. 최고경영진의 자신감이 차오르면 기업이 전하는 메시지에 기회와 리더십에 대한 확신과 통제감을 드러내는 표현이 풍부하게 담기므로 투자자는 마음이 느긋하고 편안해진다.

반면 어려운 시기에는 비즈니스 리더들이 미래 매출과 수익에 대한 '가시성 부족'을 논할 것이다. 그들은 이 단어로 '지금 이곳의 나'에게 집중하고 있음을 자신도 모르게 드러낸다. '도전'과 '장애물', 그 외에 성공을 가로막는 장벽이라는 표현이 무분별하게 사용될 때도 마찬가지다. 자신감이 낮을 때 CEO의 메시지는 방어적이고, 상황이 더 이상 악화하지 않도록 리더가 취하는 조치에 초점을 맞춘다. 게다가 자신감이 낮은 비즈니스에는 누구나 긴장의 중심에 있을 때 느끼는 '비난과 수치심'을 유발하는 내러티브가 넘쳐난다.

선거운동도 이와 같은 방식으로 작동한다. 선거철에는 후보자들이 유권자들의 변화하는 분위기를 가장 잘 반영하기 위해 메시지를 바꾸는데 그에 따라 화제와 슬로건도 달라진다. 분위기가 고조되면 후보자들의 메시지는 유권자들의 자신감을 그대로 유지하는 데 그치지 않고 더 강화할 방법을 강조한다. 버락 오바마 대통령은 2012년 재선 운동 때 '앞으로Forward'라는 슬로건을 선택했다.[4] 이는 2008년 금융위기가 발생한 후 처음 대통령선거에 출사표를 던졌을 때 사용한 슬로건인 '변화Change', '희망Hope'과 대조적이다. 유권자들의 분위기가 가라앉으면 정치광고는 후보자가 어떻게 자신감을 반드시 회복할 것인지 강조한다.

2016년 대통령선거운동 당시에 도널드 트럼프가 내세운 '미국을 다시 위대하게Make America Great Again'라는 슬로건은 선거를 앞둔 공화당

유권자들이 느끼고 있었던 침울한 분위기를 적절하게 짚어냈다. 트럼프는 지지자들의 잃어버린 자신감을 회복하겠다는 메시지를 전했다. 그러니 힐러리 클린턴이 내세운 '함께 더 강하게Stronger Together'라는 자신감 넘치는 슬로건이 트럼프 유권자들의 공감을 얻지 못한 것도 당연했다.

자신감, 내러티브 그리고 언론

신문, 잡지, 텔레비전 프로그램 등 대중매체도 다르지 않다. 신문 1면 헤드라인, 표지 기사 이미지, 야간 '주요 뉴스 기사'는 모두 현재 분위기를 반영하고 공감을 불러일으키기 위해 엄선된 것이다. 대중매체는 기사를 판매하는 사업이다. 영리한 편집자와 제작자는 대중이 가장 쉽게 받아들여 전파할 수 있는 이야기, 대중의 감정을 가장 잘 반영한 이야기야말로 독자와 청취자와 시청자를 사로잡는 제일 잘 팔리는 이야기라는 사실을 알고 있다.

극적인 뉴스 기사는 우리 기분을 **바꿀** 수 있지만, 대부분의 헤드라인은 단순히 그 기분을 **반영할** 뿐이다. 뉴스는 달라진 분위기를 반영해도 그만큼 우리를 바꾸지는 못한다. 2008년 주택 위기 당시, 분위기가 가라앉으면서 주택시장에 관한 언론보도의 어조도 덩달아 암울해졌다. 리먼 브라더스가 파산했을 때 언론과 중산층 전반에 걸쳐 비관론이 팽배했다. 반대로 위기 이전에는 건설업체와 주택 구매자, 대출기관의 재무적 성과를 대체로 강조하는 긍정적인 기사가 보도됐다. 심지어 시사주간지 〈타임〉에서는 달러 표시 주택 호황을 나타낸 '즐거운 우리 집Home $weet Home'이라는 헤드라인으로 표지를 장식했다.[5]

언론에서 대중의 분위기를 반영하는 흐름은 여기서 멈추지 않았다. 모든 TV 프로그램이 부동산 호황과 연관되어 있었다. 예컨대 〈크립스Cribs〉는 부유하고 유명한 사람들의 호화로운 주택을 보여주었다. 〈플립 디스 하우스Flip This House〉는 주택 투기자들이 집을 사들여 개조한 후 되팔아 이윤을 남기는 과정을 담았다. 그러나 주택시장이 침체를 겪기 시작하자 이처럼 극단적인 자신감을 보여주는 TV 프로그램이 자취를 감추고 새로운 '집 고치기' 프로그램이 그 자리를 대신했다. 진행자가 썩 만족스럽지 않은 집을 최대한 활용하는 모습을 담은 프로그램은 주택시장의 침울한 분위기와 잘 어우러졌다.

많은 사람들이 특정 TV 채널이나 라디오 진행자가 우리의 자신감 수준을 좌지우지하고 특정 내용을 믿거나 특정 방식으로 행동하도록 선동한다면서 대중매체를 비난하곤 한다. 이러한 주장은 그럴듯하게 들리지만, 우리 감정이 애초에 정보의 내용과 출처를 신뢰할지 결정한다는 점을 고려해야 한다. 인기가 많은 TV와 라디오 프로그램도 대중음악과 다르지 않다. 우리는 그것이 옳지 않다고 느껴지면 듣지도 보지도 않는다.

당연히 주요 매체에서도 이 사실을 인지하고 있다. 폭스 뉴스가 2021년 1월 6일 국회의사당 난입 사건을 조사하기 위한 1차 청문회를 생중계하지 않은 것에 대해 시청자 문의가 빗발치자 메인 뉴스 진행자 로라 잉그러햄은 이렇게 답했다. "아시다시피, 저희는 시청자의 취향에 맞춰 방송합니다."[6]

[그림 14.6] 내러티브-행동-자신감 주기

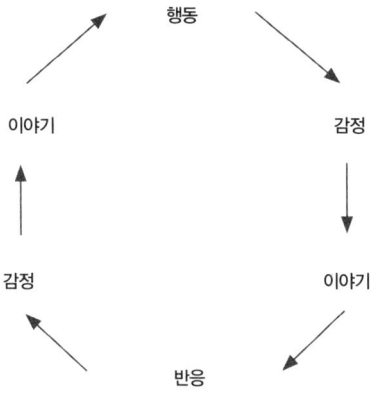

자신감 VS 내러티브

이제 좀 더 광범위하게 대중매체와 자신감 관련 내러티브의 중요한 문제를 살펴볼 필요가 있다. 바로 원인과 결과를 쉽게 구분할 수 없다는 점이다. 중대한 사건이 발생하여 명백한 분열이나 개입이 있을 때를 제외하고 행동과 반응을 구분하기는 어렵다. 우리는 한 가지 변수를 제외하고 나머지를 쉽게 통제할 수 있는 환경에서 생활하는 실험용 쥐가 아니기 때문이다. 우리 삶은 끝없이 이어지고 한 사건에서 다음 사건으로 중단 없이 흐른다. 한 가지 경험을 마칠 때 감정이 어떻게 변했는지, 새로운 감정이 다음 행동에 어떤 영향을 미칠지 구체적으로 평가하기 위해 잠시 삶을 멈추고 되돌아보는 경우는 드물다. 우리는 과거의 행동이 독립적인 작용인지, 아니면 바로 전에 일어난 일에 대한 반응인지 무시한 채 계속 앞으로 나아간다.

나는 10년 넘게 내러티브가 등장하고 사라지는 모습을 지켜보다 보

[그림 14.7] 내러티브-행동-자신감 균형

니 인과관계 문제에 더 이상 신경 쓰지 않게 되었다. 한 가지 주된 이유는 내가 언제 '행동반응 주기'에 뛰어들지 모르기 때문이다[그림 14.6].

우리는 끊임없이 이야기와 감정, 행동으로 이어지는 소용돌이에 휩싸인다. 게다가 부모, 배우자, 자녀, 동료, 상사 등 다양한 역할에서 이 세 가지 요소가 한꺼번에 겹치며 여러 번 휘몰아치는 경우가 많다. 저녁 식탁에서 나누는 대화를 떠올려보자. 우리는 동시에 여러 역할을 수행하고, 각 역할은 저마다 다른 감정과 이야기, 행동과 연관되어 있다. [그림 14.6]에 제시된 질서 정연한 순환은 마치 서로 얽히고설킨 크리스마스 전구처럼 보이기도 한다.

그렇다고 해서 내러티브가 중요하지 않거나 그것을 무시해야 한다는 뜻은 아니다. 하지만 나는 복잡하게 끊임없이 흘러가는 인생을 고려하면 잠시 멈춰 서서 우연히 취한 행동과 그 순간을 그대로 들여다보는 것이 훨씬 가치 있다고 생각한다[그림 14.7].

단 한 장면만 들여다봐도 그 순간에 우리의 행동과 이야기, 자신감 수준이 서로를 반영한다는 것을 분명하게 알 수 있다. 이 모든 요소들을 동시에 포착하면 그것들이 균형을 이룬다는 것을 알게 된다.

혹자는 내가 사회과학자로서 인과관계를 제대로 파악하는 데 깊은 관심을 가져야 한다고 여길 수 있다. 그들에게는 내 접근 방식이 책임 회피처럼 보일지 모른다. 하지만 내가 초점을 맞추는 유용성의 관점에서 볼 때 이처럼 다소 단순한 접근 방식은 상당히 유용하다. 우리의 감정, 이야기, 행동이 모두 균형을 이루며 공존한다면, 특정 순간에 한 요소만 보고도 나머지 두 요소를 합리적으로 추론해낼 수 있다.

이는 특히 발사대에서 분명하게 나타난다. 예를 들어 다음 여름휴가를 계획한다고 가정하자. 만약 자신감이 있다면 가보고 싶은 이국적이고 흥미로운 장소를 공유하고, 기회를 놓치지 않도록 항공권과 호텔을 되도록 빨리 예약할 것이다. 반면 확신이 서지 않는다면 해외에서 일어날 수 있는 잠재적 사회불안에 우려를 제기하고 여행 예약을 보류할 것이다.

승객석과 마찬가지로 발사대에서도 이야기는 우리의 진정한 감정을 드러낸다. 두 환경에서 이야기와 감정은 순식간에 바뀔 수 있다. 예를 들어 자신만만한 태도를 보이며 순조로운 비행에 관해 서로 이야기를 나누던 승객들이 예상치 못한 난기류를 경험한 후 공포에 질려 무사히 비행을 마칠 수 있기를 두 손 모아 함께 기도할 수도 있다.

행동, 자신감 수준, 이야기 중에 어느 것부터 시작하든 균형은 존재하기에 한 가지 요소를 알면 다른 두 가지 요소도 추정할 수 있다.

내러티브 주기의 선순환과 악순환

이 똑같은 원리가 회사와 집단에는 더 광범위하게 적용된다. 한 CEO가 경제 환경이 '개선되고 있다'고 설명하는 상황을 가정해보자. 그렇다면 CEO의 자신감 수준도 똑같이 개선되고 있다고 보는 것이 합리적이

[그림 14.8] 경제회복기의 균형

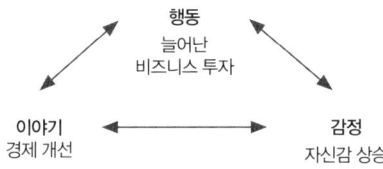

다. CEO가 경제가 개선될 것이라면서 긍정적으로 전망한다면 해당 기업이 더 많은 직원을 고용하고 설비 투자를 실행할 것이라는 예상은 매우 합리적이다[그림 14.8].

이때도 균형이 있다.

이 같은 균형 상태에서 선순환이 발전하는 방식은 그리 어렵지 않게 알 수 있다. '경제가 좋아지고 있다'는 내러티브가 CEO의 특정 반응을 불러일으키듯, CEO의 행동은 앞으로 더 긍정적이고 널리 공유되는 이야기와 더 견고한 자신감을 형성하는 기반이 될 가능성이 크다. 새로 고용된 직원들은 자신감을 얻을 것이고, 낙관적인 CEO가 점진적으로 늘린 투자의 타당성을 뒷받침이라도 하듯 비즈니스가 성장하고 있으니 새 회사가 잘 돌아가는 것 같다고 친구와 가족에게 자신 있게 말할 것이다. 이러한 행동과 이야기는 '경제가 좋아지고 있다'는 내러티브를 검증하고 뒷받침한다. 다른 요인이 개입하지 않는 한 자신감 수준과 이야기, 행동 등 집단의 긍정적인 반응은 타인의 행동을 더 광범위하게 더 긍정적으로 촉진하는 원동력이 된다. 이를 통해 심리적 폭과 깊이가 확장된다. 이로써 긍정적인 내러티브가 긍정적인 행동을 불러일으키고, 이는 또 다른 긍정적 내러티브로 이어지는 선순환이 계속된다.

하지만 자신감이 낮은 상황에서 낙관론을 펴는 CEO 한 명의 목소리는 그리 잘 받아들여지지 않는다는 점을 잠시 떠올릴 필요가 있다. 대중의 확신과 통제감이 부족할 때 '개선' 내러티브는 그다지 공감을 얻지 못한다. 말하자면 분위기에 맞지 않는 음악을 연주하는 셈이다. 높은 자신감이 비관론자를 침묵시키듯, 집단의 의심은 낙관론자를 쉽게 침묵시킨다. 2008년 금융위기 직후에 야심 찬 CEO가 대대적인 확장을 제안했을 때 이사회에서는 "그게 무슨 소리야?"라며 부정적으로 반응했을 게 뻔하다. CEO의 제안은 당시에 광범위하게 퍼진 내러티브나 분위기와 어울리지 않았을 것이다. 부정적인 반응을 경험한 CEO가 이 계획을 밀고 나갈 가능성은 거의 없다. 이사회를 다시 설득하려면 자신감 수준이 더 광범위하게 개선될 때까지 기다려야 한다.

다음 장에서 살펴보겠지만, 대중적인 내러티브만이 분위기를 파악할 수 있는 단서를 제공하는 것은 아니다. 반대와 저항이 거센 내러티브 역시 단서를 제공한다.

내러티브의 한계점 파악하기

선순환이 일어나면 자신감이 높아지고 '개선' 내러티브가 쉽게 받아들여진다. 이때 저항이 줄어들 뿐만 아니라 갑자기 모든 이가 진화하는 이야기를 붙잡으려 서두르는 한계점 tipping point, 즉 균형을 깨뜨리는 극적 변화의 시작점이 나타난다. 저항과 불신이 열망과 신뢰로 바뀌는 것은 마치 바람이 강한 역풍에서 맹렬한 순풍으로 180도 바뀌는 것과 같다. 이제는 그 믿음을 공유해야만 변화에 적응할 수 있다. 불과 얼마 전까지만 해도 변화를 먼저 받아들인 사람은 오히려 이방인 취급을 받았을 것이다.[7] (악순환에도 동일한 한계점 개념이 적용된다.)

톰 행크스와 뤼디 고베르의 감염 기사가 전해졌을 때 악순환의 전환점이 실시간으로 포착됐다. 이전에는 코로나19가 억제되지 않고 있다고 문제를 제기하면 지나치게 극단적이거나 너무 암울한 시각으로 들렸을 것이다. 세계 위기가 다가오고 있다는 전망을 내놓으면 마치 길거리에서 '세계 멸망'이라는 팻말을 들고 있는 비관론자처럼 치부됐을 것이다. 하지만 기사가 보도된 이후에는 코로나19가 '억제'되고 있다는 의견이 터무니없는 소리로 여겨졌다.

널리 공유되는 내러티브의 중요한 진실

새로운 경제/자신감 주기가 시작될 때 자신감이 하락하면서 생겨나는 부정적 내러티브보다 낙관적 내러티브가 형성되는 데 훨씬 오랜 시간이 걸린다는 점에 주목해야 한다. 신뢰는 레고로 쌓아 올리는 높은 탑과 같다. 신뢰는 쌓는 데 오랜 시간이 걸리지만 한 번만 잘못 건드려도 순식간에 무너져 내릴 수 있다. 내러티브의 흐름은 자신감의 변화를 그대로 반영한다. 신뢰와 자신감이 다시 쌓이는 데 오래 걸리듯이 낙관적 내러티브 역시 같은 속도로 서서히 형성된다.

나는 강의에서 자신감과 관련된 내러티브의 발전 과정을 바다에서 유리 조각이 풍화되어 매끈해지는 과정에 비유한다. 새로운 내러티브가 처음 등장하면 깨진 유리병의 파편과 같다. 모서리가 날카로워 아무도 만지려 들지 않는다. 내러티브가 처음 형성될 때는 복잡하고 혼란스러우며 그리 편안하게 받아들여지지 않는다. 갈등과 문제가 만연하고 실용성도 부족하다. 아직 고려해야 할 가정도 너무 많다. 우리는 마치 초고를 쓰는 작가처럼 이제 막 세상에 나온 내러티브를 토대로 생각을 구체화한다.

하지만 해변에 버려진 깨진 유리병처럼 내러티브의 가장자리는 점차 닳아 매끈해진다. 자신감이 높아질수록 동반되는 이야기는 더욱 단순해지고 점점 많은 공감을 불러일으켜 더 쉽게 공유할 수 있게 된다. 이야기를 수정하고 다듬는 과정이 반복된다. 타인이 우리 이야기를 공유하고 확증하면서 이야기는 한결 매끄럽게 다듬어지면서 명료하고 단순해진다. 사람들은 점차 이야기를 수월하게 이해하고 공감하게 된다. 이러한 단순화 과정은 내러티브가 널리 공유되는 파급효과를 일으키는 데 꼭 필요한 요소다.

나는 코로나19가 불러온 경제적 불평등에 관한 내러티브를 직접 목격했다. 내가 처음에 어설프게 지어낸 '재택근무로 인한 자신감 격차'라는 표현보다 간단하고 기억하기 쉬운 'K자형 회복'이 훨씬 더 많은 공감을 불러일으키며 널리 회자됐다.[8]

감정이 극단으로 치달을수록(긍정적인 감정이든 부정적인 감정이든) 이야기는 단순해질 뿐만 아니라 명시적으로 또는 암묵적으로 '당연'하다는 표현으로 시작하는 경우가 많다. 그 이야기가 무엇이며 앞으로 어떤 일이 일어날지에 대해 거의 보편적인 합의가 이루어진다. 아주 단순한 '중요한 진실big truth'이 존재하는 것이다.

'억제'와 '전례 없는'이라는 두 표현은 매우 단순하지만 '중요한 진실'로서 최근에 널리 공유되며 강력한 지지를 받고 있다. 2008년 금융위기 직전에 '집값은 오르기만 할 뿐'과 '주택이 최고의 투자처'라는 중요한 진실도 그러했다. 이 네 가지 이야기는 모두 그 당시에 '당연'하다는 말을 앞세웠으며 중학생도 알아듣는 내용이었다. 중요한 진실은 너무도 매력적이고 번지르르해서 누구나 이해할 수 있었고 계속 사실로 믿으려 했다.[9]

내러티브 평가하기

팀이나 집단의 상대적인 자신감을 평가할 때(그리고 그 집단이 선순환 또는 악순환의 어느 지점에 위치해 있는지를 가늠할 때) **내러티브를** 아래와 같이 네 가지 차원에서 살펴보면 도움이 된다.

- 공통된 견해가 얼마나 널리 퍼져 있는가?
- 공통된 견해가 얼마나 낙관적/비관적인가?
- 공통된 견해가 얼마나 복잡한가/단순한가?
- 사람들은 얼마나 단호하게 그 견해에 공감/반대하는가?

리먼 브라더스가 파산한 직후 주말에도 매우 비관적인 분위기가 팽배하게 이어졌다. 투자자와 언론은 시장 상황이 더 악화할 것이라는 전망을 쏟아냈다. 2021년 초, 자신감 스펙트럼의 반대쪽 끝에서 일론 머스크는 '무적'으로 여겨졌고 언론에서는 머스크를 추종하는 사람들을 '광적인 숭배 집단'에 비유했다.[10] 두 사례에서 대중은 단순하고 극단적인 내러티브에 열광하며 적극적으로 공유했다.

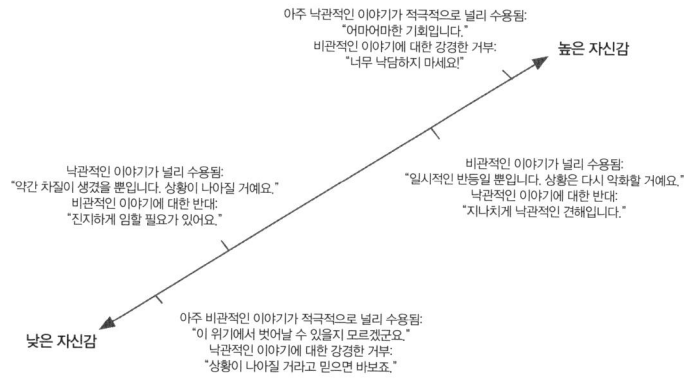

[그림 14.9] 자신감 스펙트럼을 따라 나타나는 대중적 내러티브

이를 종합하면 이야기의 폭과 깊이, 단순성, 강도는 우리가 무엇을 진실로 믿고 어떤 감정을 느끼는지에 대해 많은 것을 보여준다. 자신감과 내러티브가 (어느 방향이든) 극단적으로 흘러갈수록 이야기는 더욱 단순해지고, 그 이야기를 공유하는 사람이 많아진다. 그들은 이야기를 진실이라고 굳게 믿으면서 다른 사람들에게도 이야기를 받아들이라고 강요한다. 이에 동의하지 않는 사람은 외부인, 심하면 적으로 간주된다.

내러티브와 자신감의 전환점

선순환과 악순환은 단순한 내러티브를 조장하는 경향이 있다. 이러한 이야기는 열광적으로 신봉되고 공유된다. 그렇다면 이러한 주기가 영원히 지속되지 않는 이유는 무엇일까?

여기에는 두 가지 이유가 있다. 하나는 궁극적으로 현재 이야기에 충분한 의심을 불러일으키거나 이야기를 완전히 뒤집어버리는 중요한 무언가가 등장했기 때문이다. 예를 들어 교통사고를 겪고 나면 스스로 예전만큼 '좋은 운전자'가 아니라고 생각하게 되듯, 어떤 계기로 내러티브에 개입이 일어난다. 이전에 존재했던 균형이 흔들리고 어떤 사건이 발생하면서 새로운 균형이 확립된다. 그 사건이 충분히 의미 있는 것이라면, 그동안 아무리 잘 형성된 선순환이라도 순식간에 원점으로 돌아갈 수 있다. 톰 행크스에 관한 소식이 전해졌을 때도 이러한 변화가 일어났다. 대중은 순식간에 긴장의 중심에서도 왼쪽 하단으로 밀려났다.

주기가 단절되는 두 번째 이유는 포화 상태다. 연쇄 파급효과에 비유하자면, 주택 구매 의사와 능력이 있는 구매자가 마지막으로 시장에 진입하면서 주택 수요가 정점을 찍은 2006년처럼 이미 모든 사람이 내러티브에 영향을 받을 대로 받는 시점이 오기 마련이다.

그렇다면 여기서 의문점이 생긴다. 의심을 거두지 않던 사람조차 이야기를 받아들이게 만드는 것은 무엇일까? 왜 우리는 완전히 잘못된 순간에 '집값은 오르기만 할 뿐'과 '코로나19 억제'와 같은 극단적 내러티브에 자꾸 넘어가는 걸까?

선순환 또는 악순환이 종착점에 도달할 즈음에는 근본적인 이야기가 반복해서 사실로 입증된다. 이 경우를 보여주는 도표와 이야기 등 여러 '증거'가 있으면 집값이 오직 상승할 뿐이라고 믿기는 훨씬 쉽다. 나는 종종 수익이나 매출처럼 길게 우상향하는 지표가 있는 비즈니스 도표의 전지전능함이 과소평가되고 있다고 농담을 던지곤 한다. 주식과 원자재 가격 차트 같은 세로형 지표도 마찬가지다. 급격한 하락 가능성이 터무니없게 들릴 수 있다. 반론의 여지가 없다. 주기의 정점에는 주장을 검증하고 뒷받침하는 정보가 널려 있기 때문이다.[11]

이러한 확증의 근원에는 타인의 행동도 포함된다. 자신감, 이야기, 행동에 걸쳐 균형이 존재한다. 2006년에는 주택시장의 판도가 크게 뒤집혔고, 사람들이 주택을 사고팔아 막대한 돈을 벌었다는 이야기가 곳곳에서 들려왔다. 부동산으로 돈 버는 방법에 관심이 없는 사람은 소외됐다.

주기의 종착점에 가까워질수록 미묘한 변화가 일어난다. 현재 추세와 그에 따르는 영향력이 끝없이 이어질 것이라는 극단적 감정이 종종 터무니없이 과장된 형태로 이야기 자체에 내재되어 있다.

우리는 주택시장의 정점에서 주택 가격이 항상 올랐을 뿐만 아니라 상승세가 멈추지 않고 영원히 계속 이어질 것이라고 믿었다. 그 순간 우리는 현재 추세와 그와 관련해 공유된 내러티브를 먼 미래로 확장하여 열심히 추정하고 있었다. 주택 가격은 앞으로도 계속 상승할 것이라고 확신했다. 그러나 주택 위기로 시장이 바닥을 쳤던 2009년에는 주택 가격에 대해 정반대의 전망을 제시했다. 우리는 집값이 이미 급락했음에도 추가 하락을 막을 길이 없다고 믿었다.

선순환의 고점과 저점에서는 극단적인 내러티브 추세 외삽narrative trend extrapolation(주어진 데이터에서 나타나는 추세를 활용해 주어진 범위 밖의 미래 값을 예측하는 방법—옮긴이)이 똑같이 일어난다.

겉보기에 무한정으로 공급되는 '확증'과 내러티브를 진실로 굳게 믿는 군중이 모이면 우리는 행동을 취하지 않을 수 없어진다. 물론 고점에서 매수하고 저점에서 매도한다. 우리는 저항하지 못한다. 마음속에 그리는 미래의 이익(또는 손실)은 분명하고 엄청나다. 자신감과 이야기가 극도로 맞물리면 우리는 균형을 찾기 위해 행동에 나선다.

앞서 대중적인 내러티브를 분석할 때 고려해야 할 네 가지 질문을 나열한 바 있다. 그러나 무엇보다 중요한 다섯 번째 질문이 남아있다.

- 내러티브의 추세 외삽이 얼마나 **극단적인가**?

대중적인 이야기는 일관되게 진화한다. 이야기는 '불가능'과 같은 단어가 가득한 저항적 뿌리로 시작하여 '할 수 있다', '할 것이다'로 변화하고 궁극적으로 '영원히 해야 한다'로 진화한다. 주택 가격은 물론이고 최근에는 전기자동차에서도 이러한 현상이 나타나고 있다. 우리는 한 집단을 이뤄 심리적 양극단에서 영원히 지속될 것으로 여기는 이야기를 지나치게 사실로 믿고 과도하게 단순화한다.

내가 '이야기'라고 말한 점에 주목하기를 바란다. 아무리 훌륭한 제품이어도 훌륭한 이야기가 담기지 않으면 성공할 수 없다. 우리는 사물에 자신감을 갖는 것이 아니다. 우리가 갖는 자신감은 우리에게 중요한 것과 관련된 이야기에서 비롯된다. 테슬라를 떠올려보자. 테슬라는 자동차 자체보다는 자동차가 상징하는 의미와 미래에 관한 이야기가 더 중요했다. 일론 머스크는 이야기의 대가로서 할리우드 배우에 버금갈 정도로 긍정적으로든 부정적으로든 '대중의 관심을 사로잡는 매력'이 있다.

리더의 운명이 이야기에 달려 있으므로 리더는 내러티브의 중요성을 인식해야 한다. 특히 이야기의 극단적인 요소는 극적인 변화를 예고하는 강력한 반대 지표가 되므로 제품 주기만큼이나 이야기 주기에도 많은 주의를 기울여야 한다. 리먼 브라더스와 베어 스턴스를 비롯해 여러 월스트리트 은행의 경영진은 기록적인 수익과 성과 보너스에 도취한 나머지 자사 수익 보고서는 물론이고 주택과 모기지 시장 관련 내러티브에 나타난 수많은 위험신호를 놓치고 말았다. 다들 집값은 오르기만 한다는 '중요한 진실'만을 믿고 그에 따라 행동했다.

나는 대중적인 내러티브에 자주 쓰이는 표현들이 점점 더 강도를 높여 과장된 추세를 반영하기 시작할 때 특히 주의 깊게 살펴본다. 긍정적인 추세가 오랫동안 지속되고 사람들이 그 추세가 계속될 것이라며 극도의 자신감을 보일 때 '멈출 수 없는', '난공불락' 같은 단어가 종종 기사 헤드라인을 장식하고, '끊임없는'이 '수그러들지 않는'을 압도한다. 이러한 단어들이 잡지 표지나 신문 1면에 크고 굵은 글씨로 등장할 때면 나는 귀를 쫑긋 세운다. 이 표현들은 대중이 현재 추세를 지나치게 자신하고 있음을 경고한다.

예를 들어 2014년 1월 27일 자 〈타임〉의 표지에는 "누가 힐러리를 막을 수 있을까?"라는 제목이 실렸다. 당시 힐러리 클린턴 장관의 인기가 절정에 달했을 때였다.[12] 마찬가지로 2007년 11월 〈포브스〉 표지에 실린 "누가 휴대전화 업계의 왕좌를 차지할 수 있을까?"라는 헤드라인은 극적으로 뒤집힐 노키아의 운명을 예고했다.[13] 자신감 스펙트럼의 반대쪽 끝에서는 또 다른 일이 벌어지고 있었다. 2011년 10월 1일 〈이코노미스트〉는 상당히 암울한 기사를 실었다. 표지에는 커다란 소용돌이 이미지와 그 가운데에 붉은 글씨로 "두려워하라"라는 문구도 넣었다. 이 기사의 부제는 "정치인들이 더 과감하게 행동하지 않는 한 세계 경제는 계속 블랙홀로 빨려 들어갈 것이다"였다.[14]

하지만 정반대 상황이 벌어졌다. 얼마 지나지 않아 세계경제가 반등했다.

극단적인 추세 외삽이 매체를 통해 널리 분명하게 전달되고 아무도 반박하지 않으면 경기순환의 끝이 가까워졌을 수 있다. 최고경영진과 정책 입안자들은 영리하게 이 같은 흐름에 주의를 기울여야 한다. 〈타임〉, 〈포브스〉, 〈이코노미스트〉 표지에 실린 무적의 표현과 절망의 표현은 흥미롭게도 정반대 지표가 되어 놀라움을 준다.

마지막으로 2020년 3월을 되돌아보자.

'전례 없는'이라는 단어는 우리 감정을 고스란히 담아내는 동시에 극도로 빠르게 낮아지는 자신감에 대한 경고를 광범위하게 드러냈다. 우리는 모두 이 상황이 전례 없는 상태로 지속될 것이라고 믿었다. 늘 그렇듯이 자신감이 거의 바닥을 찍었을 때 극단적으로 비관적인 이야기를 추정하고 재앙을 상상했다.

2020년 3월 22일, 〈월스트리트 저널〉에 실린 헤드라인 "은행과 투자자들의 경고, 최악의 글로벌 매도세는 아직 오지 않았다"에 반박한 구독자는 거의 없었다고 해도 과언이 아니다.[15] 크레디트 스위스, 골드만삭스, 뱅크 오브 아메리카 등 주요 금융회사들이 여전히 얼마나 시장의 하락을 예상하는지 자세히 보여주는 도표가 함께 기사에 실렸다. 그러자 구독자들은 모든 필요한 증거가 마련됐고 검증도 마쳤다고 생각했다. 대중의 시선에서 시장 상황은 앞으로 더 악화할 뿐이었다.

몇 시간 후 주식시장은 바닥을 쳤다. 시장이 급락하기 시작하자마자 악순환의 소용돌이가 돌연 사그라들었다. 당시 상황이 더 나빠질 것이라고 믿었던 사람들은 모두 악순환이 일어날 거라 믿었다. 게다가 그들은 그 감정에 휩쓸려 실제 행동으로 옮겼다. 주식을 매도하려 했던 사람들은 모두 이미 다 매도해버린 뒤였다.

9.11 테러, 리먼 브라더스 파산 직후와 마찬가지로 '전례 없는'은 종말의 시작이 아니라 최악의 상황이 이미 지나갔음을 의미했다.

■

우리는 매일 대중적인 이야기에 둘러싸여 산다. 잠시 시간을 내어 이야기에 귀를 기울이면 우리의 감정과 사분면 위치, 심지어 다음에 취할 만한 행동까지 가늠할 수 있다. 극단적인 이야기를 지나치게 믿는 태도는 심리와 행동이 극적으로 반전될 시기가 다가온다는 경고신호다. 이는 눈에 잘 띄는 귀중한 단서다.

덧붙이는 글: 각자의 내러티브와 자신감

이 장에서는 대체로 우리가 타인에게 널리 공유하는 이야기를 다루었다. 발사대로 돌아가기 전에 우리가 스스로에게 전하는 이야기에 관해 몇 가지 생각을 밝히고자 한다.

우리는 자신감이 최고조에 달할 때 스스로를 무적이라고 여기고, 자신감이 최저점에 이를 때 스스로를 쓸모없는 존재라고 생각한다. 심리적으로 극단에 있는 군중과 비즈니스 리더들과 마찬가지로, 우리는 내러티브의 정확성과 쉽게 공감을 불러일으키는 힘을 혼동하지 않도록 각별히 주의해야 한다. 과장된 자기 과시와 파국을 이끄는 자멸적 사고에는 내재된 위험이 있다. 후자의 경우 특히 그렇다. 내가 학생들에게 말하

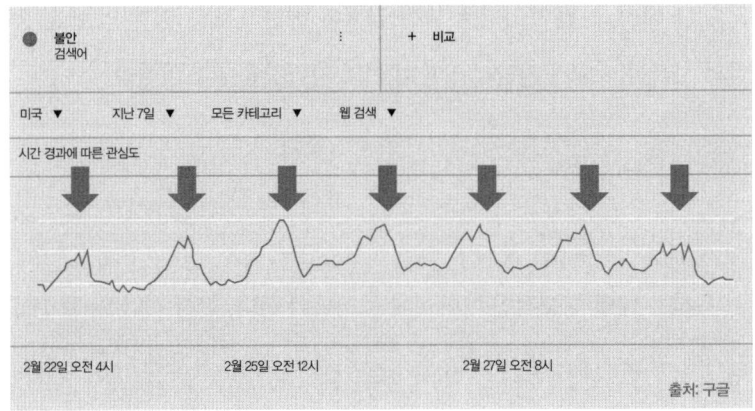

[그림 14.10] '불안'에 관한 일주일 구글 트렌드 도표

는 표현을 빌려 오자면, 우리는 긴장할 때 자연스레 언짢은 목소리가 나오게 된다.

이러한 경향은 구글 트렌드 데이터에서 확인할 수 있다.

[그림 14.10]에서 보듯, 매일 밤 새벽 1시에서 2시 사이에 '불안anxiety'이라는 단어의 검색어 관심도가 최고조에 이른다. 우리가 매일 느끼는 긴장 수준에도 자연스러운 주기가 있다. 세상에는 한밤중에 걱정하느라 잠에서 깨는 사람이 생각보다 많다.

'불안'이 정점을 찍은 직후의 트렌드를 보여주는 관련 도표를 따로 첨부하지 않았지만, '마리화나 담배 마는 법', '가까운 술집', '명상하는 법', '포르노' 같은 검색어에서도 비슷한 정점을 확인할 수 있다. 앞서 언급했듯, 감정은 행동을 유발한다. 우리는 안전지대를 벗어날 때 긴장을 해소할 방법을 찾게 된다.

하지만 더 큰 문제는 '불안'에 대한 검색이 정점에 달할 때 '난 뚱뚱한가', '난 멍청한가', '난 못생겼나' 같은 검색도 덩달아 증가한다는 점이다.

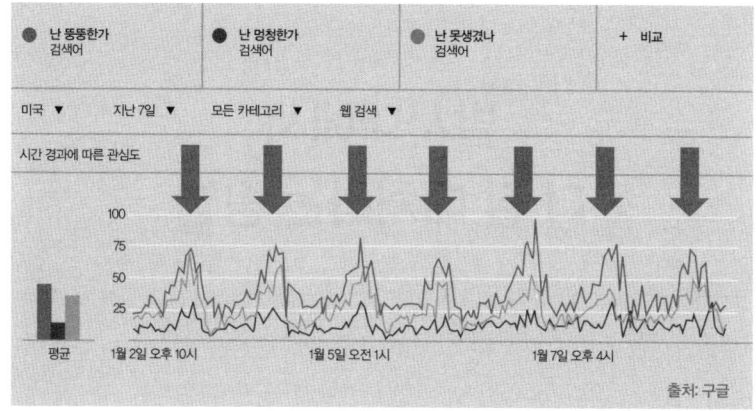

[그림 14.11] 자신을 비난하는 이야기들의 일주일 구글 트렌드 도표

우리는 자신감이 떨어질 때 스스로에게 최악의 적이 되어버린다.

이는 자신감과 이야기라는 주제에서 다소 벗어나 있지만, [그림 14.11] 같은 도표는 스스로 취약하다고 느낄 때 자기 자신을 어루만져야 한다는 점, 그리고 직원 만족도가 아닌 직원 자신감이 중요한 이유를 상기시키는 귀중한 자료다. 직장에서 자기 의심은 그렇게 생각하는 이유를 공유할 때 금세 집단적 의심으로 확대된다. 스트레스를 받는 직원들은 자신이 상사에게 일을 잘하는 직원으로 인정받고 있는지, 새로운 직장을 찾아야 할지 고민하며 밤을 지새우기 쉽다.

'나는 해고될까'라는 검색어가 정점을 찍는 시기도 실제로 모두 한밤중에 발생한다.

15

발사대에서
더 잘 대처하는 방법

안전지대에서 의사결정은 너무도 쉽게 이뤄진다. 그곳에서 우리는 확신과 통제감을 느낀다. 좋든 나쁘든 행동하기 전에도 무슨 일이 일어날지 알 수 있다. 긴장의 중심에서는 생각보다 행동이 앞서면서 거의 정반대되는 경험을 하게 된다. 그곳에서 우리는 매우 감정적이고 충동적인 모습을 보인다. 극도로 취약하다고 느끼면 그로 인해 어떤 조치를 취해야 한다는 극심한 긴박감에 휩싸이고, 이는 신중한 대처가 아닌 충동적 반응으로 이끈다. 신중한 의사결정을 고려할 틈이 없다.

발사대는 안전지대와 긴장의 중심 사이에 놓여 있다. 발사대에서 모든 신중한 의사결정이 이뤄지지만, 이를 알아차리기는 쉽지 않다. 통제는 가능해도 확신이 없는 상태에서 잠재적인 결과를 고려하고 저울질해야 한다. 우리가 그리는 하나의 미래를 정해야 한다.[1] 하나의 이야기가 필요하다. 앞 장에서 내러티브를 논하며 살펴봤듯이, 우리는 기분과 분위기를 반영하는 이야기를 선택할 가능성이 가장 크다.

발사대에서 내리는 재무적 의사결정

발사대에서 재무적인 의사결정을 내릴 때 상대적 자신감은 이야기와 우리가 상상하는 결과에 막대한 영향을 미친다. 나는 학기 초마다 학생들에게 모든 재무적 결정이 자신감 사분면의 왼쪽 상단 영역에서 이뤄진다는 점을 상기시킨다. 투자하거나 돈을 빌리는 선택은 모두 불확실성 속에서 의사결정을 내리는 것과 관련이 있다. 오늘 내린 결정이 미래의 어느 순간에 우리가 상상하는 결과를 불러올지는 알 수 없다.

결과적으로 우리는 다음과 같은 투자 결정을 내리게 된다. 자신감이 생기면 향후 주식시장이 상승할 것이라고 상상하고, 결국 우리가 그리는 긍정적 미래에 이익을 얻기 위해 현재 주식을 매수한다. 똑같은 절차가 반대로도 작용한다. 우리는 취약하다고 느끼면 주식시장이 하락할 것이라고 상상하고, 결국 미래에 예상되는 손실을 피하기 위해 현재 주식을 매도한다.

간단히 말해, 우리는 안전지대와 긴장의 중심에서 어떤 일이 일어날 가능성을 각기 다르게 생각하는데, 그 확률을 어떻게 평가하고 할당하느냐는 발사대에서 느끼는 방식에 따라 달라진다[그림 15.1].

자신감이 넘치고 앞날을 밝게 생각하면 안전지대의 오른쪽 상단 끝부분을 상상한다. 마찬가지로 자신감이 부족하고 앞날이 불확실하며 무력감을 느낄 것으로 예상하면 긴장의 중심 깊숙이 빠질 수밖에 없다고

[그림 15.1] 발사대 의사결정과 그 결과 확률의 템플릿

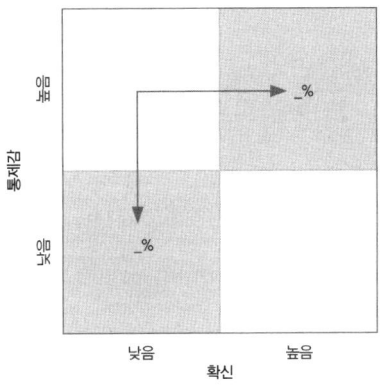

여긴다. 우리는 두 경우에 모두 상상한 대로 행동한다.² 불확실한 상황에서는 언제나 상상한 결과에 이끌려 선택을 내린다.

이러한 행동은 투자를 넘어 다른 분야로도 확장된다. 매일 비즈니스 리더들이 내리는 수많은 의사결정을 떠올려보자. 신입 사원 채용부터 신제품 출시, 신규 사업 인수에 이르기까지 모든 의사결정에는 긍정적으로 상상한 결과가 필요하다. 긍정적인 상상이 없다면 비즈니스는 결코 앞으로 나아가지 못한다. 위험을 감수하는 일도 없을 것이다.

이는 인생에서 내리는 다른 선택에도 동일하게 적용된다. 스키를 타고 언덕을 내려가든 결혼식장에 들어가든, 우리 결정은 우리가 상상하는 자신감 넘치는 미래를 반영한다. 우리가 현재를 살기 위해 노력하는 만큼 우리 의사결정은 미래의 결과에 대한 상상을 나타낸다.

의사결정을 내릴 때 [그림 15.1]에서 요구되는 정확한 비율을 객관적으로 계산하는 사람은 거의 없다. 의사결정 전문가이자 전 프로 포커 선수인 애니 듀크Annie Duke의 조언대로, 두 가지 결과의 확률과 조건 변

화에 따른 상대적 보상을 엄격하게 이성적으로 평가하고 재평가까지 하면서 내기를 하는 사람은 드물다.[3] 대신 확신과 통제감을 반영한 상상 속 미래를 따르려 한다. XYZ 회사의 미래가 밝다고 생각되면 그 회사의 주식을 매수한다. 반대로 미래가 어둡다고 생각되면 주식을 매각한다. 이야기가 의사결정을 주도하는 셈이다.

더욱 엄격하고 신중하게 객관적인 접근 방식을 취하지 않는 데 대해 여러 변명을 늘어놓을 수 있다. 이를테면 예상값을 할당하는 과정이 더디다거나, 기술을 갖추지 않았다거나, 그럴 시간이 없다는 이유를 댈 수도 있다. 우리는 굳이 필요하지 않다면 시스템 2 사고방식을 쓰지 않으려 한다.

게다가 우리는 주식시장이 오르기만 한다거나, 게임이 플레이어에게 불리하게 조작되어 있다거나, 수성이 역행하는 기간에 이상한 일이 일어난다는 등 이전부터 쌓아온 믿음과 편견을 많이 갖고 있다. 특히 대부분의 재무적 결정과 같이 본질적으로 복잡한 선택을 할 때 결국에는 과거에 자신과 타인에게 효과가 있었거나 효과가 없었던 방법으로 단순화하게 된다.

마지막으로, 프라이밍 priming (선행 사건이나 자극이 정보의 해석에 영향을 주는 현상—옮긴이)이 있다. 잘생기고 성공한 사람들이 반려견과 함께 호화로운 요트에 앉아 행복하게 시간을 보내는 모습을 화려하게 담아낸 투자관리 광고는 오래전에 시장에 돈을 투자한 덕분에 현재 그 보상을 누리고 있다는 이야기를 전한다. 우리가 이 광고를 보지 않더라도 술집에서 친구들의 이야기를 듣거나, 일반 투자자가 트위터에 공유하는 투자 관련 핀트윗 FinTwit을 읽거나, 틱톡에 공유하는 투자 관련 핀톡 FinTok 동영상을 시청할지도 모른다. 이렇게 얻어낸 모든 정보는 이성적이고 객관적인 선택을 신중하게 내리는 데 방해된다.

나쁜 습관을 버리고 더 나은 습관으로 대체하며 의사결정 방식을 바꾸려면 본능에 반하는 방식으로도 사고방식을 바꿀 수 있어야 한다. 다시 말해, 우리는 의도적으로 신중한 태도를 보여야 한다. 빠르지만 게으른 시스템 1 사고방식을 선호할지라도 더 느리고 노력을 기울여야 하는 시스템 2 사고방식을 사용해야 하는 것이다.

이는 개인이 의사결정을 내릴 때도 충분히 어려운 접근 방식이다. 게다가 집단의 의사결정, 더 나아가 군중의 의사결정에서 시스템 2 사고방식으로 전환하기는 거의 불가능하다. 공통된 행동은 시스템 1 사고방식을 요구하고 반영한다. 앞서 설명했듯이, 어떤 조치가 널리 받아들여지려면 친숙하고 바람직하고 수월하며 진실처럼 느껴져야 한다.

군중은 좋든 싫든 항상 충동적인 시스템 1의 의사결정에 기댄다. 우리는 이러한 경향을 바꾸지 못해도 확실히 파악하고 이해할 수는 있다. 이를 토대로 군중의 의사결정 과정이 우리 선택에 어떻게 적용되는지도 알 수 있다.

우리의 확신과 통제감(그리고 자신감 사분면상의 위치)을 예민하게 자각하면 우리가 상상하는 결과가 어떻게 왜곡될 수 있는지 더 잘 이해하게 되고, 그에 따라 우리 선택이 어떻게 잘못될 수 있는지도 알게 된다.

이를 잘 보여주는 사례로는 2006년 주택 매수자들이 매수에 할당한 상대적 결과 확률을 들 수 있다[그림 15.2].

주택 가격의 오랜 상승 추세, 낡은 집을 근사하게 개조해 되파는 사람들이 거둔 재무적 성과에 쏟아진 언론의 관심, 높은 소비자 자신감을

[그림 15.2] 발사대 의사결정과 그 결과 확률의 템플릿

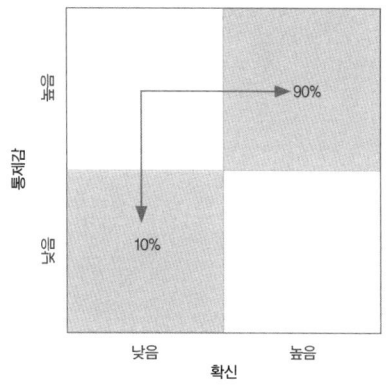

고려할 때 주택 매수자들은 주택 매매로 큰돈을 벌 수 있을 것으로 낙관했다. 긴장의 중심에 갇힐 가능성은 거의 제로에 가까워 보였다. 주택 매수자들은 각자 상상한 결과를 토대로 재무적 의사결정을 내렸고, 이들의 상상은 들뜬 시장 분위기를 고스란히 반영했다.

2008년 말에는 똑같은 상황이 정반대로 벌어졌다. 주택 위기가 닥치면서 시장이 바닥을 쳤을 때 주택 구매자들은 집값이 더 떨어질 것이라고 확신했다. 주택 시장이 정점에 달했을 때보다 주택 가격이 훨씬 낮아졌지만 주택 구매에 관심을 보이는 사람은 거의 없었다. 잠재적인 주택 매수자들은 비관적인 전망에 사로잡혀 긴장의 중심에 높은 확률을 부여했고 그에 따라 행동했다. 그들은 집값이 훨씬 저렴해진 시기에 오히려 주택 매수를 피하고 위험을 감수하지 않으려 했다.

경험이 풍부한 비즈니스 리더라면 이와 다르게 행동할 것이라고 여겨지지만, 최고경영진과 이사회실에서도 동일한 행동 패턴이 나타난다. 주요 채용 결정부터 인수합병에 이르기까지 경영진은 자신감이 어떤 역

할을 할지 인식하지 못한 채 자신이 상상하는 결과에 이끌려 의사결정을 내린다. 이들은 자신감이 높으면 지나치게 긍정적인 결과를 상상하므로 자연스레 너무 많은 위험을 감수하고, 자신감이 낮으면 좀처럼 위험을 감수하지 않으려 한다는 사실을 인식하지 못한다.

안전지대나 긴장의 중심에서 나타날 결과에 대해 높은 확률을 부여할수록 틀릴 가능성이 커진다는 점을 비즈니스 리더와 투자자는 알아야 한다. 우리는 일상적으로 좋은 결과든 나쁜 결과든 상상하는 결과를 과도하게 확신하는 경향이 있다. 결과적으로 정확히 잘못된 순간에 너무 많은 위험을 감수하게 되거나 아무 위험도 감수하지 않으려 한다.

확신을 객관적인 심리척도로 활용하기

우리는 앞으로 펼쳐질 일에 대해 확신을 품을 때마다 이러한 확신이 미래 예측의 정확성보다 자신감 수준을 훨씬 많이 반영한다는 점을 인식할 필요가 있다. 따라서 이때 확신이 맞는지 다시 고려하고, 실제 결과가 상상과 크게 다를 수 있다는 가능성을 확실히 열어놓는 편이 현명하다. 다른 결과를 상상조차 할 수 없을 때 부족한 상상력 자체를 일종의 경고신호로 여겨야 한다.

자신감 스펙트럼의 반대편 극단도 마찬가지다. 우리는 미래가 불확실하다고 확신할 때 미래에 일어날 일보다 우리 감정에 관한 정보를 더 많이 드러낸다. 미래는 본질적으로 알 수 없다. 미래는 언제나 불확실했으며 앞으로도 늘 불확실할 것이다. 우리가 품는 확신만이 바뀔 것이며, 이는 상대적 자신감 수준에 대해 알아야 할 모든 정보를 말해준다.

그러나 여기에는 한 가지 문제가 있다. 직감에 기대어 방향을 잡으려면 감정이 논리적이라고 제안하는 것과 반대로 행동하려 애써야 한다. 예컨대 끔찍한 미래가 예상될 때는 훨씬 더 많은 재무적 위험을 감수하고, 환상적인 미래가 펼쳐질 것이라고 확신할 때는 훨씬 적은 위험을 감수해야 한다.

유독 자기감정을 객관적으로 바라보지 못하는 사람이 있다. 잠재적으로 더 효과적인 대안은 전체적인 맥락에서 자신을 완전히 배제하고 타인이 표현하는 확신만을 평가하는 것이다.[4]

나는 투자자들을 대할 때마다 이 과정을 거친다. 예를 들어 무차별적인 매도세가 나타나면 당사자들이 주가 하락을 확신하고 있음을 알 수 있다. 트위터를 비롯한 여러 소셜미디어 사이트에서 매도 관련 이야기가 기삿거리가 되어 널리 확산되고 회자되면 투자심리가 빠르게 저점에 가까워지고 있다고 볼 수 있다. 다들 주식을 팔아치우고 싶은 충동을 느낄 때 나는 정반대되는 행동을 권한다. 잘 선전된 매도세와 '혼란에 빠진 시장'을 조명한 특집기사는 상대적으로 매수자에게 큰 이점을 제공한다. 이러한 시점은 불편하게 느껴지지만, 더 많은 위험을 감수하기에 이상적인 순간이 된다.

인식 왜곡과 자신감 사분면

지금까지 4개의 똑같은 크기로 나눈 자신감 사분면을 살펴봤다. 사분면은 자신감 체계를 소개하는 데 유용하지만, 실제로 세상을 똑같은 크기로 구분해 바라보는 사람은 거의 없다. 우리가 느끼는 확신과 통제감은 자체적으로 현재 우리의 자신감 수준을 반영한다. 사분면에서 다른 영역 대비 안전지대가 얼마나 크게 느껴지는지는 자신감 수준에 따라 달라진다. 자신감 수준은 실제 주변 세계를 왜곡되게 인식하도록 만들 뿐만 아니라 상상 속 세계를 바라보는 우리의 '관점'까지 왜곡한다. 자신감이 충만한 타자의 눈에는 야구공이 더 크게 보이듯, 우리는 모두 자신감이 있을 때 안전지대를 더 넓고 크게 인식한다.

다소 지나치게 단순화할 위험은 있지만, 상대적 확신과 통제라는 측면에서 우리가 자신감을 가질 때 주변 세계를 바라보고 사분면 영역의 상대적 크기를 그리는 방식은 다음과 같다.

자신감이 있을 때 우리가 상상하는 세계관은 실제보다 더 큰 확신에 차 있고 더 많은 통제력을 발휘할 수 있다. 이러한 세계관에는 실질적인 이점이 있다. 자신감이 생기면 시스템 1 사고방식을 더 많이 사용할 수 있어 심리적으로나 정신적으로 여유가 생기고, 귀중한 에너지와 시간을 절약하여 다른 필요한 일에 소비하도록 해준다. 자신감은 더 편안한 마음을 갖도록 도와주며, 이를 통해 우리는 위험을 감수하고, 성장하고, 확장할 수 있다. 이러한 이점은 인류의 생존에도 큰 영향을 미친다. 자신감 있는 세계관은 번식과 양육을 장려한다.

신경내분비학 전문가 로버트 새폴스키 같은 연구자들은 인생에 대한 확신과 통제감을 느낄 때 육체적, 정신적 건강상 얻는 이점이 많다는 사실을 밝혀냈다.[5] 궁극적으로 인류는 [그림 15.3]과 같이 인생이라는 잔에 물이 절반 이상 채워져 있고 앞으로도 계속 채워질 것이라고 믿는 세계관에 의존한다.

하지만 이것이 의사결정 측면에서 어떤 의미가 있는지 생각해보자.

[그림 15.3] **자신감 사분면**

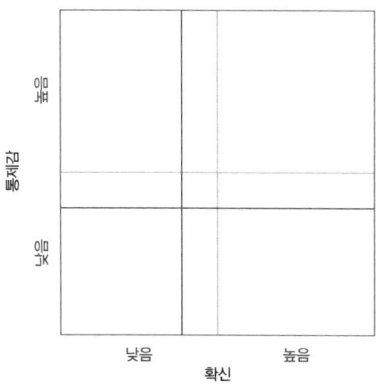

[그림 15.3]을 자세히 들여다보면 축이 이동하면서 이전에는 발사대, 승객석, 심지어 긴장의 중심이었던 일부 영역이 낙관주의 중심의 안전지대에 추가됐음을 알 수 있다. 우리는 이제 이러한 사분면 영역에서 실제보다 더 많은 확신과 통제감을 느끼고, 결과적으로 자신도 모르게 더 많은 위험을 감수하게 된다.

자, 자신감이 과도하여 인생에 대해 실제보다 훨씬 많은 확신을 품고서 충분히 통제할 수 있다고 믿는 사람에게도 똑같은 방식을 적용해보자. 안전지대가 발사대를 거의 차지하고 있다. 이러한 세계관을 가진 사람은 상황이 더 나아질 수 있다는 잘못된 믿음에 근거하여 대부분의 의사결정을 내리게 된다. 긴장의 중심이 차지한 영역의 크기는 상대적으로 아주 작다. 다음에 나오는 [그림 15.4]의 세계관을 가진 사람은 실패를 상상조차 하지 못한다. '이 세상의 왕'이나 다름없다. 이들은 복권에 당첨될 것이라고 굳게 믿을지도 모른다.

2006년 주택 매수자와 모기지대출기관의 행동을 살펴보면, 이들은

[그림 15.4] 자신감이 과도한 사람의 관점에서 바라본 사분면

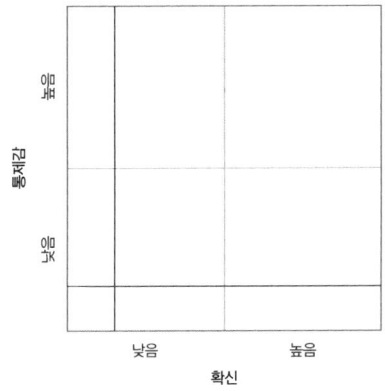

[그림 15.4]에 나오는 세계관을 공유했을 가능성이 크다. 앞서 제시했 듯, 이 그림은 이들이 주거용 주택 위기를 미처 예상하지 못한 이유를 설명하는 데 도움이 된다.

하지만 위기가 한창이던 2009년 초, 당사자들의 세계관은 완전히 뒤집혔다.

성공과 실패의 확률이 뒤집힌 것 같았다. 아무도 위험을 감수하려 하지 않았다. [그림 15.5]처럼 사람들이 안전지대의 크기를 너무나 작게 상상하고 있는데 어떻게 위험을 감수할 수 있겠는가?

위험을 감수하지 않으려는 사고방식은 결국 리먼 브라더스의 파산으로 이어졌다. 파산 직전에 대출기관과 거래처, 기존 주주, 정부 등 누구도 리먼 브라더스를 구하려 하지 않았고, 그저 상황이 악화할 것으로 내다봤다.

파산은 늘 '상황이 악화할 뿐'이라는 사고방식을 불러온다. 출구라고는 감히 상상조차 할 수 없는 거대한 긴장의 중심이 사분면을 집어삼킨

[그림 15.5] 자신감이 지나치게 부족한 사람의 관점에서 바라본 사분면

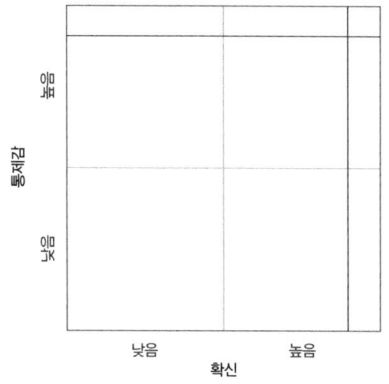

다. 일반적으로 절망감이 팽배할 때 이러한 현상을 간과하기 쉽다. 우리는 극도의 불확실성과 무력감을 느끼게 된다. 그뿐만 아니라 긴장의 중심에서도 왼쪽 하단 구석으로 몰린 우리의 현재 위치와 향후 안전지대에서 자리하고 싶은 지점 사이의 거리가 좀처럼 닿을 수 없을 만큼 너무 멀리 떨어져 있다고 인식하기도 한다.

안전하다고 느낄 때도 똑같은 원리가 역으로 적용된다. 무력감과 불확실성이 현재 감정과 심리적으로 동떨어져 있어 그러한 감정으로 바뀔 가능성이 희박하다고 생각하기 쉽다.

자신감 사분면의 왜곡을 평가하는 방법

나는 산업과 시장, 또는 아침 뉴스 헤드라인을 접할 때 먼저 빈 자신감 사분면부터 그린다[그림 15.6].

그다음 연이어 질문을 던져본다. 사분면에서 현재 사람들이 상상하는

[그림 15.6] 빈 사분면 템플릿

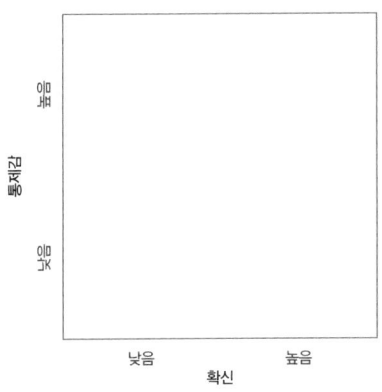

축의 위치는 어디인가? 현재 나타나는 행동은 당사자들의 세계관과 그들이 상상하는 미래를 고려할 때 무엇을 시사하는가? 한 달 전 또는 1년 전 축의 위치는 어땠는가? 그 이후로 행동이 어떻게 달라졌는가? 당사자들의 자신감은 개선됐는가, 아니면 악화됐는가?

현재 세계관을 이해하면 당사자들이 자기 의사결정의 결과를 어떻게 바라보는지, 또 어떤 위험을 감수할 의향이 있는지 통찰할 수 있다. 이러한 정보를 토대로, 특히 향후 안전지대나 긴장의 중심이 확대되거나 축소되면 사람들의 선택이 어떻게 달라질지 가늠해보면 이들이 다음에 취할 행동을 더 잘 예측할 수 있다. 사분면 위에서 십자선을 이리저리 움직이며 여러 시나리오를 만들어보자. 그러면 '예상치 못한 사건'이 발생하더라도 놀라지 않고 그것이 미칠 영향에 대비할지, 아니면 지켜볼지 고려할 수 있다. 2020년 3월, 나는 이러한 접근 방식을 통해 학생들과 함께 봄방학을 앞두고 짐을 꾸렸다. 팬데믹이 확대되어 자신감이 더 떨어지게 되면 대학이 문을 닫을 것이라고 예상했기 때문이다. 당분간 대학 캠퍼스에 돌아오지 못할 수 있으니 상황이 악화할 경우를 대비해 미리 짐을 챙겨놓았다. 이는 비교적 작고 간단한 행동으로, 이 행동 때문에 손해를 볼 일도 거의 없었다.

나는 사분면의 오른쪽 상단과 왼쪽 하단 구석을 파고들어 그곳에서 예상되는 구체적인 조치와 행동을 모색한다. 그리고 자신감 스펙트럼의 양 끝에 나타나는 최상의 시나리오와 최악의 시나리오가 어떤 양상일지 정의한다. 극단적으로 과도한 자신감과 강력한 '언제 어디서나 우리'라는 사고방식은 어떤 결과를 초래할까? 반대로 극단적으로 부족한 자신감과 '지금 이곳의 나'라는 사고방식은 어떤 결과를 초래할까? 무적이라고 느낄 때와 패배감을 느낄 때 행동이 어떻게 달라질까?

2022년 봄, 러시아가 우크라이나를 침공하자 원자재 가격이 급등했다. 그렇다면 식량 가격이 급등하고 식량 부족 문제가 확산되면 어떤 영향을 미칠까? 긴장의 중심이 갑자기 확장되어 고객, 공급업체, 직원들이 특정 행동을 보인다면 기업은 어떻게 대비해야 할까?

대부분의 기업은 시나리오 플래닝scenario planning(미래에 일어날 수 있는 다양한 가능성을 미리 상상하고, 그에 따라 전략이나 대응 방안을 준비하는 계획 수립 방법으로 경영 전략 기법 중 하나다—옮긴이)을 수행할 때 재무적 영향과 매출, 수익, 자본의 변화에 초점을 맞춘다. 이러한 분석은 일반적으로 사람들의 행동에 영향을 미치는 다양한 요인들을 고려하지 않는다. 자신감이 상승하거나 하락할 때 사람들의 선호, 의사결정, 행동이 어떻게 달라질지도 다루지 않는다. 결국 실제 원인과 현실에서 그 원인이 갖는 중요성에 대한 이해 없이 단순히 결과만 제시할 뿐이다.

앞서 언급했듯, 자신감은 매우 주관적이지만 자신감 강도에 따라 동반되는 특정 행동은 객관적으로 파악할 수 있다. 예를 들어 광범위한 기업 입찰전과 주택 경매는 자신감이 아주 높은 시기에만 일어난다. 이러한 행동은 자신감 탄력성이 정점에 이르렀음을 보여준다. 입찰전과 경매는 참여자들이 계속 가격이 오를 것이라고 믿는다는 것을 나타낸다. 이는 구매자들이 급하게 그 추세를 앞질러 추종하고자 하는 극단적 심리를 시사한다. 입찰전과 경매는 초대형 항공기 수요와 비슷하다. 집단 심리가 최정점에 달하고 수요가 초대형 항공기에 버금가는 규모로 늘어날 때 입찰전과 경매가 벌어진다. 모든 사람이 추세가 지속되는 것을 넘어 가속화될 것으로 예상하기 때문이다.

2007년 여름, 로열 뱅크 오브 스코틀랜드와 바클리즈Barclays가 네덜란드의 대형 은행 ABN 암로ABN AMRO 인수전에 뛰어들었다. 이는 유럽 은행 CEO들의 자신감이 매우 높다는 신호로 해석할 수 있었다.[6] 인수 대상이 초대형 은행이었고, 입찰 기업들이 공격적으로 인수전에 뛰어들었다. 내게 이러한 상황은 참여 업체들이 자신감 사분면의 오른쪽 상단 구석으로 빠르게 접근하는 경고신호로 보였다. 하지만 업체들의 눈에는 그저 거대한 안전지대만 보였다. 그들은 온통 유니콘과 무지개가 가득한 아름다운 풍경을 상상했다.

업체들의 행동을 관찰하고 이들이 사분면에서 어느 위치에 속한다고 생각하는지를 파악하고 나니 합병의 성공 가능성을 가늠하기 어려웠다. 극단적으로 높은 자신감이 형성된 상황에서 최종 인수 기업은 안타깝게도 과도한 인수 금액을 지불한 후 너무도 큰 대가를 치르게 된다. 다른 입찰전과 마찬가지로, 결국에는 입찰전에서 차순위를 차지한 기업이 승자 기업보다 훨씬 앞설 가능성이 크다.

실제로 우려한 일이 벌어졌다. ABN 암로를 인수한 로열 뱅크 오브 스코틀랜드는 2008년 금융위기 때 몰락하며 정부의 구제금융을 받아야 했고, '영국을 파산시킬 뻔한 은행'이라는 오명을 썼다.[7] 한편 인수전에서 차순위에 올랐던 바클리즈는 리먼 브라더스 사업부를 푼돈으로 인수할 수 있었다.

자신감 스펙트럼의 반대쪽 끝부분에서도 비슷한 행동 패턴이 나타난다. 팬데믹이 한창이던 2020년 3월, 나는 앞에서 소개한 [그림 15.5]와 동일한 도표를 사용하고, 4장에서 공유한 개인, 비즈니스 리더, 정책 입안자들이 내리는 충동적 의사결정을 모아놓은 긴 목록을 함께 제시하여 앞으로의 상황을 낙관할 이유가 있다고 밝혔다. 나는 당시 상황과 사람들의 심리를 객관적으로 고려하고, 깊이 침체된 분위기에서 나타날 법한 행동을 미리 생각하고 파악함으로써 극단적인 감정을 제거할 수 있었다. 사람들은 엄청난 하락 위험과 제한된 상승 가능성을 전망했지만, 나는 정반대되는 전망을 제시했다. 위기는 자신감이 낮을 때만 발생한다. 나는 앞으로 자신감이 반등할 가능성이 크다고 바라보며 낙관적인 전망을 독려했다.[8]

공포는 대체로 객관적인 감정의 척도로서 비슷한 단서를 제공한다. 이는 사분면의 십자선이 오른쪽 상단 구석을 향해 격렬하게 이동하여 긴장의 중심이 모든 사람의 안전지대를 집어삼킬 만큼 급격히 확장되고 있음을 알려준다. 나는 시장의 공포를 목격할 때마다 시장이 어느 수준에서 바닥을 칠지는 몰라도 그 순간이 조만간 찾아올 것이라고 고객에게 말한다. 집단 공황은 지속되기 어려울 뿐만 아니라 사분면의 십자선도 가장자리 영역에 도달하기 전까지만 움직일 수 있기 때문이다.

자신감이 부족할 때

나는 앞서 초대형 안전지대를 표시한 [그림 15.4]가 지나친 자신감을 지닌 사람이 바라보는 세상을 보여준다고 언급했다. 아마도 독자는 이러한 해석에 놀라지 않았을 것이다. 대부분은 무언가에 대해 지나친 자신감을 품고 너무 많은 위험을 감수하거나 지나친 확신으로 자신이 통제하고 있다고 믿다가 상상했던 일이 실현되지 않으면서 대가를 치른 경험이 있을 것이다. 반드시 승진하겠다고 확신했는데 실패한 적이 있는가? 우리는 뒤늦게 스스로 잘못 판단했음을 깨닫는다. 우리의 상상 속 거대한 안전지대는 사실상 존재하지 않았다. 대신 우리는 그동안 상상하지 못했던 긴장의 중심에 도달했고, 그 영역은 생각보다 훨씬 컸다.

우리는 지나친 자신감 개념을 받아들이면서도 그에 상응하는 정반대 개념인 자신감 부족의 가능성은 받아들이기 어려워한다. 긴장의 중심이 거대하게 자리 잡은 [그림 15.5]가 **자신감 부족을 반영할 수 있다는** 생각이 그리 달갑지 않은 것이다. 우리가 삶에 대한 확신과 통제력을 과대평가할 수 있듯, 마찬가지로 지속적으로 과소평가할 수 있다는 점은 그다지 직관적으로 와닿지 않는다. 막상 팬데믹이나 주택 시장 붕괴 같은 위기가 닥치면 우리가 과도한 불확실성과 무력감을 느끼고 있다는 지적이 그다지 와닿지 않는다. 그러한 상황에서는 누구든지 그렇게 느낄 수밖에 없었다며 자기 합리화를 한다. "당연히 그렇게 느낄 만했어. 집값이 반등할지, 효과적인 백신이 곧 출시될지 어떻게 알 수 있었겠어?"

당시에는 알 수 없었다. 하지만 자신감이 부족한 탓에 상황이 악화하는 것에만 집중했고, 앞으로 상황이 나아질 수 있다는 가능성을 열어두지 않았다. 그 순간에는 안전지대가 존재할 수 있다는 사실조차 믿지 못했다. 우리는 파국을 맞았고, 앞서 언급한 폐쇄적 사고방식의 희생양이 되었다. 이미 분위기는 가라앉았고, 머릿속에 그리던 끔찍한 결과가 현실이 될 것이라고 확신했기 때문에 실제로 최악의 상황이 지나갔다는 사실을 인식하지 못했다.

우리는 자신감 스펙트럼의 양 끝에서 과잉 반응을 할 수 있음을 명심해야 한다. 즉 양 끝에서 자신감이 지나치게 넘치거나 지나치게 부족할 수 있으며, 자신감이 낮을 때는 낙관적인 주장에 귀 기울이기 어렵고 자신감이 높을 때는 비관적인 주장에 귀 기울이기 어렵다는 점을 인지할 필요가 있다. 두 경우 모두 똑같이 자기 패배적인 행동이라는 점도 알아야 한다. 자신감이 지나치면 너무 많은 위험을 감수하게 되고, 자신감이 부족하면 반대로 필요 이상으로 위험을 회피하게 된다. 우리는 실현되지 않을 최악의 시나리오를 미리 상상하느라 기회를 포착하지 못한다.

자신감 부족은 일상적으로 예측 가능한 방향으로 발생한다. 우리는 항상 위기가 닥쳤을 때 이를 경험한다. 극도의 불확실성과 무력감을 느끼면 자연스레 다시 위험을 감수하기를 주저하게 된다. 자신감이 지나친 탓에 위기가 발생했다면 소극적인 태도는 더욱 심해진다. 그러면 우리 이야기는 자기 비난과 수치심으로 채워진다.

무언가를 처음으로 경험하면 자신감이 부족할 수 있다. 새로운 장소를 여행하거나 새로운 사람을 만나거나 새로운 활동을 시도할 때 잠재적인 위험을 과대평가하곤 한다. 아직 새로운 경험을 비교할 기준이 없으면 상상력을 발휘하여 '만약'의 상황을 떠올린다.

자신감이 자연스레 떨어질 시기를 알면 부족한 자신감을 극복하는 데 도움이 될 수 있다. 큰 성공을 거두면 과신하기 쉬우므로 위험을 줄이는 데 주의를 기울여야 하는 것과 마찬가지로, 위기와 실패, 처음 겪는 상황에서는 위험을 좀 더 감수하도록 용기를 북돋아야 한다.

자신감이 지나치거나 부족해지지 않도록 취할 수 있는 다른 조치들도 있다. 하나는 그 무엇도 확신할 수 없다는 점을 인식하는 것이다. 미래는 본질적으로 알 수 없다. 앞을 내다본다는 생각은 모두 상상에 불과하다. 우리가 끊임없이 상상한다는 사실을 절대 잊어서는 안 된다. 상상하는 결과가 끔찍하든 장밋빛이든 우리의 자신감 수준이 그 상상 속에 분명히 반영된다는 사실도 명심해야 한다. 우리 예측은 사실보다는 감정에 좌우되는 경우가 훨씬 많다. 상상과 다른 결과와 가능성을 떠올리지 못하는 것은 본질적으로 자신감이 지나치거나 부족한 상태에 있음을 시사한다.

중요한 의사결정을 내리기 전에 [그림 15.7]을 살펴보자.

그림 속 빈칸들을 유난히 높거나 낮은 비율로 채울 때마다 스스로 착각하고 있을 가능성이 크다는 점을 인지해야 한다. 발사대에서 실제 의사결정을 내릴 때 기대 확률이 50대 50인 결과에서 멀어질수록 자신감이 너무 지나치거나 너무 부족할 가능성이 크다는 점을 상기하는 것이 좋다.

이는 의사결정을 너무 단순하게 다루는 방법처럼 느껴지기도 한다. 하지만 우리는 자신감이 극단으로 치달을 때 가장 자기 징벌적인 결정을 내리기 쉽다. 이야기가 가장 시끄럽고 격렬해지면 잘못된 일을 정확히 잘못된 시간에 하겠다고 옹고집을 부리게 된다. 극단적인 상상에 굴복하는 것이다. 우리는 최고점에서 과매수하고 최저점에서 투매한다. 주택 버블이 정점에 달할 때 가능한 한 제일 큰 집을 사들이고, 금융위기

[그림 15.7] **발사대 의사결정의 결과 확률 템플릿**

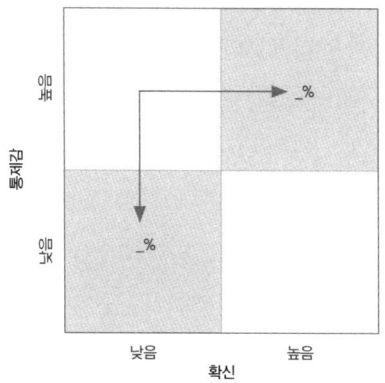

가 닥쳐 시장이 바닥을 찍을 때 투자 포트폴리오를 전액 현금화한다. 이는 개인에게만 국한된 패턴이 아니다. 최고경영진도 똑같은 패턴을 따른다.

극단적인 심리 상태에서 내린 선택의 규모가 너무 크고 특히 시기가 좋지 않은 경우, 그것이 장기적인 성과에 큰 영향을 미친다는 점을 과소평가하기 쉽다. 정점에서 내린 결정은 우리의 힘을 빼고, 바닥에서 내린 결정은 발목을 잡는다. 이처럼 충동적이고 상당히 감정적인 선택을 피하는 것만으로도 결과의 변동성을 크게 줄이면서 장기적으로 성과를 개선할 수 있다.

■

발사대는 자신감 사분면에서 결과를 알 수 없어 신중한 선택을 내려야 하는 영역이다. 미래를 예측하기 위해 빈칸을 채워야 하는 상황에서는 발사대에서 전개되는 이야기가 의사결정에 중요한 영향을 미친다.

더 나은 선택을 하려면 이야기가 우리 자신을 얼마나 많이 반영하는지 알아야 한다. 즉 다가올 미래보다 우리가 느끼는 감정이 더 많은 것을 말해준다는 사실을 기억해야 한다. 발사대에서 위험을 감수할 때는 극도의 확신이 담긴 이야기를 신중하게 다뤄야 한다.

나오며

사분면 위에 그려지는
나의 서사에 주목하라

우리는 이 책에서 많은 내용을 다루었다. 확신과 통제감이 변화함에 따라 우리가 개인의 삶과 소비, 비즈니스와 조직을 위해 내리는 선택에 어떤 영향을 미치는지 다양한 관점에서 살펴봤다. 실제 사례 연구와 예시를 토대로, 행동을 이해하고 다양한 환경에서 우리의 반응을 예측하게 해주는 새로운 체계도 탐구했다.

부동산은 결국 입지가 제일 중요하다. 상대적으로 좋은 학군과 대중교통 접근성이 부동산 가치와 주택 매매를 좌우한다. 마찬가지로, 자신감 사분면에서 어디에 입지해 있느냐가 우리가 가장 중요하게 여기는 것과 상황이 힘들거나 수월하게 느껴지는 정도를 결정한다. 위치는 생각하는 방식과 주변 세계에 대한 인식, 행동, 이야기에도 영향을 미친다. 우리가 집단으로 움직여 사분면의 다른 영역으로 이동하게 되면 그 변화는 비즈니스, 금융시장, 정치, 사회 전반에서 일어나는 일들에도 영향을 미친다. 수십 년 전 아버지의 지도책에 표시된 국가들처럼 사분면의 각 위치는 저마다 고유한 문화와 규범을 갖고 있다.

우리는 때때로 다음 목적지를 선택하게 된다. 일부러 위험을 감수하거나, 다른 사람들의 선례를 따르며 기꺼이 발사대나 승객석으로 이동하기도 한다. 하지만 그러한 선택권을 갖지 못할 때가 훨씬 많다. 그럴 때는 무의식적으로 이동하게 된다.

긍정적인 비자발적 변화는 대체로 눈에 띄지 않는다. 선순환이 우리를 사분면의 오른쪽 상단 구석으로 이끌 때 긍정적인 변화는 아주 작은 단위로 일어난다. 매주 판매실적이 소폭으로 개선되거나, 축구 경기장에서 벤치에 앉아 있는 시간이 줄어들고 필드를 뛰는 시간이 몇 분 더 늘어나는 등 작은 성취를 이루면서 자신감이 미묘하게 상승한다. 덕분에 기분이 좋아지고 자신감이 늘어나지만, 잠시 일을 멈추고 그 이유를 떠올려보는 시간은 갖지 않는다.

때로는 예상치 못한 사건이 우리를 안전지대에서 거칠게 밀어내기도 한다. 교차로에서 측면으로 충돌사고를 당하거나, 암 진단을 받거나, 일자리를 잃을 수도 있다. 긴장의 중심으로 내몰리면 다시 안전지대로 돌아갈 길을 찾아야 한다.

좋든 싫든 간에 현실의 삶은 우리를 사분면의 이곳저곳으로 움직이게 만든다. 사분면에서 내가 원하는 위치가 아닐지라도 자기 위치를 알고 나면 경쟁우위를 점할 수 있어 유리하다. 특히 안전지대가 아닌 환경은 순간적으로 낯설고 불편하게 느껴지지만, 어느 영역에 있다는 것을 알기만 해도 확신이 생긴다. 위치에 대한 정보는 앞으로 닥칠 위험과 문제에 대비하고 경각심을 갖는 데도 도움이 된다. 민간항공기 조종사나 응급의학과 의사처럼 우리도 살면서 경험하는 착륙 실패와 응급 상황에 대비할 수 있다. 감정을 알아차리고, 패턴을 파악하고, 계획을 세우고, 절차를 연습하면 확신과 통제감을 되찾을 수 있다.

완전하고 무결한 실행을 추구하며 위기를 피하는 데 모든 에너지를 쏟아붓기보다는 반드시 실수를 저지르고 앞으로 위기가 닥칠 수 있음을 인정하는 편이 낫다. 사분면의 왼쪽 하단 구석에서 보내는 시간은 인생에서 매우 자연스러운 과정이다. 우리는 이러한 순간을 예상할 수 있고, 또 예상해야 한다.

이를 염두에 두고, 사분면의 어떤 위치에 있든 항상 자신감을 가지려 하기보다는 회복탄력성을 갖추는 데 힘써야 한다. 즉 사분면의 어디에 위치하든 안전지대로 되돌아갈 수 있는 인내력과 회복력을 갖춰야 한다. 이는 말처럼 쉬운 일은 아니다. 하지만 나는 연구를 진행하면서 사람들이 자신감 사분면을 인생에 성공적으로 적용하는 모습을 관찰했고, 이를 토대로 인생의 수많은 우여곡절을 헤쳐 나갈 수 있는 몇 가지 방법을 찾았다.

첫째, 일상생활을 하거나, 특정 과제를 수행하거나, 새로운 도전에 나설 때 사분면에서 자기 위치를 추적해보자. 그러면 우리가 사분면 곳곳을 얼마나 많이 이동하고, 어떤 종류의 사건과 경험이 확신과 통제 수준을 높이거나 낮추는지 점차 알게 될 것이다. 자기 자신을 평가할 때 자신감이 지나치거나 부족할 수 있고, 스스로 생각하는 사분면의 위치가 실제 위치가 아닐 수도 있으며, 한곳에 영원히 머무르지도 않을 것이라는 점을 인식해야 한다. 도전을 두려워해서도 안 된다. 자신감이 넘칠 때는 자신을 더 면밀히 살피고, 자신감이 떨어질 때는 자신에게 더 관대해지자.

둘째, 자기 자신에게 들려주는 이야기는 거울에 비치는 감정일 뿐 사실이 아니라는 점을 인식해야 한다. 한 걸음 물러서서 이야기를 객관적으로 바라볼 필요가 있다. 사분면에서 이동하는 경로에 따라 이야기가 어떻게 변화하는지 지켜보자.

특히 극단적인 분위기와 이야기에 휩쓸리지 않도록 주의해야 한다. 회복탄력성이 있으면 가장 강렬한 본능에 맞서 싸울 수 있다. 자신감이 최고조에 달할 때 조심스럽고 비관적인 태도를 내보이고, 자신감이 바닥일 때 낙관적인 태도로 위험도 감수할 수 있게 된다.

셋째, 확신과 통제감은 행동으로 실행할 수 있는 것임을 기억하자. 확신과 통제감 중 하나 또는 둘 다 잃어버리면 되찾기 쉽지 않을 때도 있지만 조치를 취해 되찾을 수 있다. 취약성을 제거하려면 능동적으로 대처해야 한다. 타인을 따를지라도 주도적으로 행동할 수 있어야 한다.

넷째, 현재에 집중하자. 자신감을 회복하기 전까지는 긴장의 중심에 어떻게 왜 도달하게 되었는지 되짚어보거나 앞으로 일어날 일에 대해 최악의 경우를 상상한다고 해서 얻을 수 있는 것은 거의 없다. 앞으로 나아가는 데 쏟아부어야 할 시간과 에너지를 낭비하는 꼴이다. 앞으로 나아가려면 다음에 가고 싶은 장소와 그곳에 도달하는 방법을 알아내고 거기에 집중해야 한다.

마지막으로, 깊이 절망하게 되는 순간에는 긴장의 중심을 거쳐 안전지대로 되돌아간 경험을 떠올리자. 우리는 이미 인생에서 최악의 날을 성공적으로 극복하고 살아남은 적이 있다. 그 과정에서 안전지대로 돌아가는 데 필요한 귀중한 기술을 개발하고 경험을 쌓았다. 이제 그 기술을 적용할 차례라는 사실을 잊지 말아야 한다. 우리는 과거의 위기 속에서 겪은 끔찍한 일만을 떠올릴 때가 너무 많다. 그 경험을 토대로 얻은 교훈과 끔찍한 일을 겪었음에도 앞으로 나아가며 성장한 방식을 떠올려보자.

이러한 비법들은 개인적인 삶뿐만 아니라 다양하게 적용될 수 있다. 나는 〈포춘〉에서 선정한 500대 기업의 리더와 소상공인, 기업가, 코치, 부모, 간호사, 교사, 생활 지도사, 의사, 심지어 마케터까지도 다른 사람들이 확신과 통제감을 되찾도록 돕는 데 이러한 조언들을 활용하는 모습을 지켜봤다. 결국 어떤 역할을 맡았든 진정으로 성공하는 사람들은 타인의 취약한 감정을 효과적으로 제거하고 회복탄력성을 높이도록 돕는 이들이다. 그들은 타인이 사분면 중 어디에 있는지 파악하고 공감하며 안전지대로 돌아갈 수 있도록 영감을 주고 동기를 부여할 줄 안다. 성공이 자신감에서 비롯되는 것이 아니라, 자신감이 없을 때 어떻게 행동하고 무엇을 성취하는지에 따라 결정된다는 점을 이해하는 사람들이다.

이제 당신 차례다. 이 책은 인생에서 마주하게 될 다양한 자신감 환경과 그곳에서 경험할 잠재적 함정과 도전, 기회를 설명하는 지도책 또는 안내서라 할 수 있다. 당신 자신의 여정을 더욱 잘 헤쳐 나가는 데, 그리고 당신이 사분면 중 어디에 있든 주변 사람들의 여정을 돕는 데도 이 책이 유용한 도구가 되기를 바란다.

감사의 글

자기 자신을 안전지대 밖으로 밀어내어 5F를 끌어내는 경험 한 가지를 든다면 그것은 바로 책을 쓰는 작업일 것이다. 나는 감사하게도 사분면의 모든 영역을 거치는 여정에서 시간과 재능, 지혜를 아낌없이 내어준 친절한 사람들을 많이 만날 수 있었다. 많은 이들의 전문적인 연구는 내 생각의 틀을 잡고 이 책을 구성하는 데 도움이 되었다. 상당수가 바쁜 일정을 쪼개어 나와 이야기를 나누고 온갖 질문으로 가득한 내 이메일에 답장을 보내주었다.

또한 나는 개인별 실제 경험과 사분면 지도를 토대로 자신감과 의사결정의 연관성을 더욱 폭넓게 이해할 수 있었다. 특히 응급실, 조종실, 공장 등 다양한 현장에서 겪은 이야기를 공유해준 많은 이들에게 감사드린다.

학생들에게도 감사를 전하고 싶다. 학생들이 내게 배운 것보다 내가 그들에게 배운 것이 훨씬 많았다.

이 책의 편집자이자 지금은 친한 친구가 된 노아 슈워츠버그Noah Schwartzberg에게는 '고맙다'라는 말로는 부족할 것 같다. 책 표지에 내 이름이 적혀 있지만, 이 책의 모든 페이지에 노아의 손길이 담겨 있다. 노아는 이 책의 여정을 함께하기에 완벽한 파트너였다.

나는 이 책의 서문에서 아버지와 세계지도책을 펼쳐본 추억을 공유했다. 우리 집 식탁에는 이 지도책 외에 책 한 권이 더 있었다. 바로 어머니의 영어 사전이었다. 내가 낯선 단어의 뜻을 몰라 헤맬 때면 어머니는 사전에서 단어를 찾아보라고 하셨다. 어머니는 항상 답을 찾고 새로운 것을 익힐 방법이 있다고 믿으셨고, 80대가 된 지금도 여전히 배우신다. 최근에는 그림을 그리기 시작하셨다. 우리 형제에게 평생학습의 특별한 본보기가 되어주신 어머니께 감사드린다.

이 책을 쓰는 여정에 딸 몰리, 아들 베넷과 함께할 수 있어서 얼마나 즐거웠는지 모른다. 둘은 완벽한 표현이든 절실히 필요한 웃음이든 내게 시기적절하게 필요한 것을 제공해주었다. 둘의 회복탄력성과 인내심을 지켜보노라면 겸손한 마음이 든다.

마지막으로 아내 재닛에게도 고마움을 전한다. 재닛은 지난 40여 년간 나와 결혼 생활을 하고 우정을 쌓으면서 안전지대에서 벗어나 도전을 이어가도록 격려하고, 매번 긴장의 중심에서 벗어날 길을 찾도록 도와주었다. 내가 그녀의 남편이 된 것은 정말 행운이었다. 우리는 거실에 앉아 새벽까지 이야기를 나누거나 저녁 식사를 하고 공연을 관람하는 등 특별한 여정을 함께했고 앞으로도 늘 함께할 것이다.

◈ 참고 자료 ◈

들어가며

1. 로버트 새폴스키,《행동》(문학동네, 2023).
2. Meryl P. Gardner, Brian Wansink, Junyong Kim, and Se-Bum Park, "Better Moods for Better Eating? How Mood Influences Food Choice," *Journal of Consumer Psychology* 24, no. 3 (July 2014): 320–35.
3. "2016 General Election: Trump vs. Clinton," *HuffPost*, accessed October 26, 2016, https://elections.huffingtonpost.com/pollster/2016-general-election-trump-vs-clinton [inactive]; Andrew Dugan, "U.S. Economic Confidence Index Stays at -12," Gallup, October 25, 2016, https://news.gallup.com/poll/196655/economic-confidence-index-stays.aspx.
4. 음악과 사회적 분위기 사이의 연관성을 광범위하게 다룬 로버트 프레처의 저서는 다음과 같다. *The Wave Principle of Human Social Behavior and the New Science of Socionomics* (Gainesville, GA: New Classics Library, 1999), 245–48, *Socionomic Studies of Society and Culture: How Social Mood Shapes Trends from Film to Fashion* (Gainesville, GA: Socionomics Institute Press, 2017). 후자는 비틀스와 프랭크 시나트라 등 인기 가수를 다룬 100페이지가 넘는 사회경제학 연구를 담았다. 음악 정서와 주식시장의 연관성을 살펴본 연구자들도 있다. 예를 들어 Alex Edmans, Adrian Fernandez-Perez, Alexandre Garel, and Ivan Indriawan, "Music Sentiment and Stock Returns Around the World," *Journal of Financial Economics* 145,

no. 2, part A (August 2022): 234–54, available at SSRN: https://dx.doi.org/10.2139/ssrn.3776071.

01 | 자신감 시각화

1. National Geographic Society, *Atlas of the World*, 5th ed. (Washington, DC: National Geographic Society, 1981).
2. "Shared Solution," National Geodetic Survey, OPUS: Online Positioning User Service website, accessed August 14, 2022, www.ngs.noaa.gov/OPUS/getDatasheet.jsp?PID=BBCD57&style=modern.
3. Paul Hannon and Saabira Chaudhuri, "Why the Economic Recovery Will Be More of a 'Swoosh' Than V-Shaped," *Wall Street Journal*, updated May 11, 2020, www.wsj.com/articles/why-the-economic-recovery-will-be-more-of-a-swoosh-than-v-shaped-11589203608.
4. Peter Atwater, "The WFH Confidence Divide," LinkedIn, March 30, 2020, www.linkedin.com/pulse/wfh-confidence-divide-peter-atwater. 이 용어를 처음 만들고 사용을 허락해준 소셜미디어 금융전문가 @IvanTheK에게 감사의 인사를 전한다.

02 | 일에 적용하는 자신감 사분면

1. 뉴잉글랜드 복잡계 연구소New England Complex Systems Institute는 식량 부족과 사회 불안 사이의 연관성을 살피는 방대한 연구를 수행했으며, 관련 내용은 다음 링크에서 확인할 수 있다. "Food Crisis," New England Complex Systems Institute, accessed February 2, 2022, https://necsi.edu/food-crisis. 아랍

의 봄과 관련해서는 다음 논문을 추천한다. Marco Lagi, Karla Z. Bertrand, and Yaneer Bar-Yam: "The Food Crises and Political Instability in North Africa and the Middle East," NECSI (August 15, 2011), available at SSRN: http://dx.doi.org/10.2139/ssrn.1910031.

2. Justin McCarthy, "U.S. Economic Confidence at Highest Point Since 2000," Gallup, January 23, 2020, https://news.gallup.com/poll/283940/economic-confidence-highest-point-2000.aspx.

3. McCarthy, "U.S. Economic Confidence."

4. Bernie DeGroat, "Confident Consumers Confront Coronavirus," Michigan News press release, University of Michigan, February 28, 2020, https://news.umich.edu/confident-consumers-confront-coronavirus.

5. Peter Atwater, "Confidence and the Coronavirus," LinkedIn, March 8, 2020, www.linkedin.com/pulse/confidence-coronavirus-peter-atwater. 이 글은 팬데믹이 확산되는 시기에 작성한 첫 번째 시리즈로, 자신감 사분면을 사용하여 팬데믹과 사람들의 감정 사이에 어떤 연관성이 있는지 살펴봤다.

6. Jeffrey M. Jones, "U.S. Economic Confidence Shows Record Drop," Gallup, April 17, 2020, https://news.gallup.com/poll/308828/economic-confidence-shows-record-drop.aspx.

03 | 자신감 스펙트럼: 승리와 패배

1. Johnny Fulfer, "Panic of 1857," *Economic Historian*, January 6, 2022, https://economic-historian.com/2020/07/panic-of-1857.

2. *The Economic Outlook: Hearing Before the Joint Economic Committee*, 110th Cong. (March 28, 2007) (testimony of Ben S. Bernanke, chairman of the Federal Reserve of the United States), www.federalreserve.gov/newsevents/

testimony/bernanke20070328a.htm.
3. Andy Marker, "The Most Useful Crisis Management Examples: The Good, Bad, and Ugly," *Smartsheet*, August 19, 2020, www.smartsheet.com/content/crisis-management-examples.
4. 9/11 Commission, *The 9/11 Commission Report: Final Report of the National Commission on Terrorist Attacks Upon the United States* (Washington, DC: U.S. Government Printing Office, 2004), available at www.govinfo.gov/content/pkg/GPO-911REPORT/pdf/GPO-911REPORT.pdf.
5. Amanda Kelly, "James Burke: The Johnson & Johnson CEO Who Earned a Presidential Medal of Freedom," Johnson & Johnson, December 12, 2017, www.jnj.com/our-heritage/james-burke-johnson-johnson-ceo-who-earned-presidential-medal-of-freedom.

04 | 자신감이 낮은 환경

1. Office of Mary Barra, "Coronavirus Update," General Motors Corporation, March 13, 2020, https://news.gm.com/newsroom.detail.html/Pages/news/us/en/2020/mar/0312-coronavirus.html.
2. "McDonald's Provides Update on COVID-19 Impact to the Business and Reports First Quarter 2020 Comparable Sales," McDonald's, press release, April 8, 2020, https://corporate.mcdonalds.com/corpmcd/our-stories/article/covid19-business.html.
3. American Airlines Newsroom, "American Airlines Announces Additional Schedule Changes in Response to Customer Demand Related to COVID-19," American Airlines, press release, March 14, 2020, https://news.aa.com/news/news-details/2020/American-Airlines-Announces-

Additional-Schedule-Changes-in-Response-to-Customer-Demand-Related-to-COVID-19-031420-OPS-DIS-03/default.aspx.

4. "General Motors Fortifies Balance Sheet in Response to COVID-19," General Motors, press release, March 24, 2020, https://investor.gm.com/news-releases/news-release-details/general-motors-fortifies-balance-sheet-response-covid-19.

5. "General Motors Fortifies Balance Sheet in Response to COVID-19," General Motors, press release.

6. 애덤 투즈, 《셧다운》(아카넷, 2022).

7. "What Happens to Your Body during the Fight or Flight Response?" *Health Essentials* (blog), Cleveland Clinic, December 9, 2019, https://health.clevelandclinic.org/what-happens-to-your-body-during-the-fight-or-flight-response.

8. Kriti Gupta, "Bubble Expert Grantham Addresses 'Epic' Stock Euphoria," *Bloomberg*, June 22, 2021, www.bloomberg.com/news/articles/2021-06-22/bubble-expert-jeremy-grantham-addresses-epic-equities-euphoria.

05 | 시야 선호

1. 사회경제학에서 초기 단계에 있는 연구 분야는 투자자의 심리와 정치적, 사회적, 문화적 행동 사이에 나타나는 흥미롭고 중요한 연관성이다. 사회경제학 연구소Socionomics Institute의 저서와 연구에 관한 자세한 정보는 다음 링크에서 확인할 수 있다. https://socionomics.net.

2. Akane Otani, "Staying In Worked during the Stock-Market Rout. Dining Out Didn't," *Wall Street Journal*, February 27, 2020, www.wsj.com/

articles/staying-in-worked-during-the-stock-market-rout-dining-out-didnt-11582799400.

3. Miguel Bustillo and David Kesmodel, "'Local' Grows on Wal-Mart," *Wall Street Journal*, August 1, 2011, www.wsj.com/articles/SB10001424052702304223804576448491782467316.

4. 이 책은 2000년대 초 미국에서 부동산 광풍이 불던 시기에 출간됐다. 토머스 L. 프리드먼,《세계는 평평하다》(창해, 2005).

5. 2014년 5월, 나는 윌리엄 앤 메리 칼리지에서 '미국의 고질적인 자신감 부족 사례'라는 주제로 TEDx 강연을 진행하면서 시야 선호의 기본 원칙인 '지금 이곳의 나'를 설명했다. 내 강연을 들은 메이슨 경영대학원Mason School of Business의 마케팅 교수 마이클 룩스Michael Luchs는 이 강연이 야아코브 트로프Yaacov Trope와 니라 리버먼Nira Liberman이 개발한 해석 수준 이론CLT을 떠오르게 한다고 말했다. CLT는 심리적 거리와 사고의 추상성 또는 구체성 사이에 어떤 연관이 있는지 설명하는 개념이다. 나는 CLT를 알지 못했지만, 이 개념을 들여다보면서 연관성을 찾을 수 있었고 가설성hypotheticality이라는 중요한 차원을 간과했다는 사실도 깨달았다. 시야 선호는 CLT의 원칙을 확인할 뿐만 아니라 CLT에 자신감과 관련하여 가변성이 있음을 시사한다.

6. Jung-Yi Yoo and Jang-Han Lee, "The Effects of Valence and Arousal on Time Perception in Individuals with Social Anxiety," *Frontiers in Psychology* 6, art. 1208 (August 17, 2015), https://doi.org/10.3389/fpsyg.2015.01208.

7. 내가 이 책을 거의 다 썼을 즈음, 코로나19로 인해 달라진 시간 감각을 조명한 기사가 나왔다. Josh Zumbrun, "Why Dates and Times Seem to Lose Their Meaning," *Wall Street Journal*, October 7, 2022, www.wsj.com/articles/why-dates-and-times-seem-to-lose-their-meaning-11665135002.

8. Dennis Proffitt and Drake Baer, *Perception: How Our Bodies Shape Our Minds* (New York: St. Martin's Press, 2020), 41.

9. 희소성이 의사결정에 영향을 미치는 다양한 방식을 보여주는 훌륭한 자료가 있다. 센딜 멀레이너선, 엘다 샤퍼, 《결핍은 우리를 어떻게 변화시키는가》(빌리 버튼, 2025).

10. Rana Foroohar, "From 'Just in Time' to 'Just in Case,'" *Financial Times* (London), May 4, 2020, www.ft.com/content/f4fa76d9-aa11-4ced-8329-6fc8c250bc45.

11. Amy Gamerman, "The Walk-In Kitchen Pantry Is the New Designer Shoe Closet," *Wall Street Journal*, December 2, 2020, www.wsj.com/articles/the-walk-in-kitchen-pantry-is-the-new-designer-shoe-closet-11606940431.

12. Joe Minihane, "Destination Trouble: Can Overtourism Be Stopped in Its Tracks?" *CNN*, July 2, 2019, www.cnn.com/travel/article/how-to-stop-overtourism/index.html.

13. David Koenig, "American Airlines CEO: We'll Never Lose Money Again," September 28, 2017, www.usatoday.com/story/travel/flights/todayinthesky/2017/09/28/american-airlines-ceo-well-never-lose-money-again/715467001.

14. "American Airlines Reports Fourth-Quarter and Full-Year 2020 Financial Results," American Airlines Newsroom, press release, January 28, 2021, https://news.aa.com/news/news-details/2021/American-Airlines-Reports-Fourth-Quarter-and-Full-Year-2020-Financial-Results-CORP-FI-01/default.aspx.

15. Joe Weisenthal, "New Mattress Has Built-In Safe!" *Business Insider*, February 18, 2009, www.businessinsider.com/get-a-mattress-with-a-built-in-safe-2009-2.

06 | 긴장의 중심에서 더 잘 대처하는 방법

1. 이 글은 이 책의 저자가 쓴 글이지만, 비행 경험은 피터 로비슨이 2022년 7월 11일 저자와 나눈 인터뷰에서 확인해준 내용이다. 피터 로비슨의 저서는 다음과 같다. *Flying Blind: The 737 MAX Tragedy and the Fall of Boeing* (New York: Doubleday, 2021).
2. Olga Rudenko, "The Comedian-Turned-President Is Seriously in Over His Head," *New York Times*, February 21, 2022, www.nytimes.com/2022/02/21/opinion/ukraine-russia-zelensky-putin.html.
3. Lily Kuo, "Meet the Former Comedian Who Just Turned Italian Politics Upside Down," *Quartz*, February 26, 2013, https://qz.com/56844/beppe-grillo-the-former-comedian-who-just-turned-italian-politics-upside-down.
4. 나시르 가에미,《광기의 리더십》(학고재, 2012).
5. Nassir Ghaemi, "Volodymr Zelenskyy: Can Comedians Be Great Crisis Leaders?" *Psychology Today*, March 14, 2022, www.psychologytoday.com/us/blog/mood-swings/202203/volodymr-zelenskyy-can-comedians-be-great-crisis-leaders.

07 | 자신감이 높은 환경

1. "FedEx History," FedEx Corporation, accessed June 10, 2022, www.fedex.com/en-us/about/history.html.
2. "FedEx Corporation 1995 Annual Report," FedEx Corporation, accessed June 10, 2022, https://s21.q4cdn.com/665674268/files/doc_financials/annual/1995/1995annualreport.pdf.

3. 짐 콜린스의 《좋은 기업을 넘어 위대한 기업으로》(김영사, 2002)는 미국에서 2001년 10월에 처음 출간됐다. 비즈니스 리더를 대상으로 쓴 책들이 대개 그러하듯, 이 책도 운명이 극적으로 뒤집히기 직전인 사람들을 신격화하는 경향이 있다.
4. 리드 호프먼, 크리스 예, 《블리츠스케일링》(쌤앤파커스, 2020).
5. Dennis Proffitt and Drake Baer, *Perception: How Our Bodies Shape Our Minds* (New York: St. Martin's Press, 2020), 6-7.
6. Georges Ugeux, "The FTX Collapse: Why Did Due Diligence, Regulation, and Governance Evaporate?" *CLS Blue Sky Blog*, November 30, 2022, https://clsbluesky.law.columbia.edu/2022/11/30/the-ftx-collapse-why-did-due-diligence-regulation-and-governance-evaporate.
7. "The King of Con-men," *The Economist*, December 22, 2012, www.economist.com/christmas-specials/2012/12/22/the-king-of-con-men.
8. Jane Frankenfeld, "Shitcoin," Investopedia.com, updated June 24, 2021, www.investopedia.com/terms/s/shitcoin.asp.
9. Associated Press, "Bernanke: Subprime Mortgage Woes Won't Seriously Hurt Economy," *CNBC*, May 17, 2007, www.cnbc.com/id/18718555.

08 | 자신감과 인지적 편안함

1. Dennis Proffitt and Drake Baer, *Perception: How Our Bodies Shape Our Minds* (New York: St. Martin's Press, 2020), 86-97.
2. 대니얼 카너먼, 《생각에 관한 생각》(김영사, 2012).
3. Keith E. Stanovich and Richard F. West, "Individual Differences in Reasoning: Implications for the Rationality Debate," *Behavioral and Brain Sciences* 23, no. 5 (October 2000): 645-65.

4. Stephen Silver, "The Story of the Original iPhone, That Nobody Thought Was Possible," *Apple Insider*, June 29, 2018, https://appleinsider.com/articles/18/06/29/the-story-of-the-original-iphone-that-nobody-thought-was-possible.
5. 대니얼 카너먼, 《생각에 관한 생각》(김영사, 2012).
6. Erin Blakemore, "'Songs to Do CPR To' Playlist Could Be a Lifesaving Soundtrack," *Washington Post*, November 10, 2018, www.washingtonpost.com/national/health-science/songs-to-do-cpr-to-playlist-could-be-a-lifesaving-soundtrack/2018/11/09/c544aa58-e1f9-11e8-b759-3d88a5ce9e19_story.html.
7. Stef Schrader, "Think Your Car Door Sounds Nice and Solid When It Slams? It's Faked," *TheDrive*, August 19, 2020, www.thedrive.com/news/35871/think-your-car-door-sounds-nice-and-solid-when-it-slams-its-faked.
8. Marie Kondo, *Spark Joy: An Illustrated Master Class on the Art of Organizing and Tidying Up* (Berkeley, CA: Ten Speed Press, 2016).
9. Peter Atwater, "After Years of Abstraction, Things Are Getting Real for Markets," *Financial Times* (London), January 11, 2022, www.ft.com/content/8eaef215-e055-4dd2-b124-bf7e5e070fc9.

09 | 안전지대에서 더 잘 대처하는 방법

1. "Rebuilding a Giant: Mary Barra, CEO, General Motors," *New Corner*, June 5, 2015, www.new-corner.com/rebuilding-a-giant-mary-barra-ceo-general-motors.
2. Tesla price chart, *Yahoo! Finance*, accessed May 4, 2022, https://finance.

yahoo.com/chart/TSLA.

3. Robert F. Bruner, "Hugh McColl and Nationsbank: Building a National Footprint Through M&A," Darden Case No. UVA-F-1420, October 16, 2003, available at SSRN: https://dx.doi.org/10.2139/ssrn.909747.

4. Noam Scheiber, "H. Wayne Huizenga, Owner of Teams and a Business Empire, Dies at 80," *New York Times*, March 23, 2018, www.nytimes.com/2018/03/23/obituaries/h-wayne-huizenga-entrepreneur-and-team-owner-is-dead-at-80.html.

5. Rob Price, "People Are Creating Massive Lines Outside Apple Stores to Score an iPhone X (Days Before Launch)," *Inc.*, November 2, 2017, www.inc.com/business-insider/massive-lines-iphone-x-apple-store-people-queue-days-tim-cook.html.

6. "Signet Banking Corporation," Virginia Museum of History and Culture, accessed May 20, 2022, https://virginiahistory.org/research/research-resources/finding-aids/signet-banking-corporation.

7. "I Feel That I Am Making Daily Progress," Quote Investigator, accessed June 1, 2022, https://quoteinvestigator.com/2014/02/12/casals-progress.

8. 제프리 라이커, 《도요타 인재 경영》(비즈니스북스, 2009).

9. Matt Egan, "Wells Fargo Dumps Toxic 'Cross-selling' Metric," CNN, January 13, 2017, https://money.cnn.com/2017/01/13/investing/wells-fargo-cross-selling-fake-accounts/index.html.

10. Halah Touryalai, "The Bank That Works," *Forbes*, January 25, 2012, www.forbes.com/sites/halahtouryalai/2012/01/25/wells-fargo-the-bank-that-works/?sh=2d7f09e6718e.

11. Reuters Staff, "Lehman Demotes CFO Callan, Names New COO," Reuters, June 12, 2008, www.reuters.com/article/businessNews/

idUSN0521169620080612.

12. Antony Currie, "Erin Callan Puts Nail in Lehman Coffin," Reuters, March 25, 2016, www.reuters.com/article/idUS79983182720160325.

13. "Lehman Brothers Holdings Inc. Reported Third-Quarter Profit Fell 3 Percent," *New York Times*, September 18, 2007, www.nytimes.com/2007/09/18/business/worldbusiness/18iht-18lehman.7548319.html.

10 | 확신이 높고 통제가 낮은 환경

1. Dan Lamothe and Shane Harris, "Afghan Government Could Fall Within Six Months of U.S. Military Withdrawal, New Intelligence Assessment Says," *Washington Post*, June 24, 2021, www.washingtonpost.com/national-security/afghan-government-could-fall-within-six-months-of-us-military-withdrawal-new-intelligence-assessment-says/2021/06/24/42375b14-d52c-11eb-baed-4abcfa380a17_story.html.

2. Ruby Mellen, "Two Weeks of Chaos: A Timeline of the U.S. Withdrawal from Afghanistan," *Washington Post*, August 10, 2022, www.washingtonpost.com/world/2022/08/10/afghanistan-withdrawal-timeline.

3. Susannah George, Missy Ryan, Tyler Pager, Pamela Constable, John Hudson, and Griffe Witte, "Surprise, Panic and Fateful Choices: The Day America Lost Its Longest War," *Washington Post*, August 28, 2022, www.washingtonpost.com/world/2021/08/28/taliban-takeover-kabul.

4. Brooks Barnes, "Disney Brings Back Bob Iger After Ousting Chapek as CEO," *New York Times*, November 20, 2022, www.nytimes.

com/2022/11/20/business/disney-robert-iger.html; Heather Haddon, "Howard Schultz Is Back as Starbucks CEO. Here's His To-Do List," *Wall Street Journal*, April 3, 2022, www.wsj.com/articles/howard-schultz-is-back-as-starbucks-ceo-heres-his-to-do-list-11648994580.

5. Christopher Bingham, Bradley Hendricks, Travis Howell, and Kalin Kolev, "Boomerang CEOs: What Happens When the CEO Comes Back?," *MIT Sloan Management Review*, September 17, 2020, https://sloanreview.mit.edu/article/boomerang-ceos-what-happens-when-the-ceo-comes-back.

6. Dawn Kopecki, "Can Brian Moynihan Save Bank of America?," *Bloomberg*, September 8, 2011, www.bloomberg.com/news/articles/2011-09-08/can-brian-moynihan-save-bank-of-america#xj4y7vzkg.

7. Lisa Fickenscher, "Bed Bath & Beyond CEO Is Pushed Out as Sales Plummet," *New York Post*, June 29, 2022, https://nypost.com/2022/06/29/bed-bath-beyond-ceo-mark-tritton-ousted-as-sales-plummet.

8. William Langewiesche, "The Lessons of ValuJet 592," *The Atlantic*, March 1998, www.theatlantic.com/magazine/archive/1998/03/the-lessons-of-valujet-592/306534.

9. "ValuJet grounded," CNN, June 17, 1996, www.cnn.com/US/9606/17/valujet.grounded.

10. Dominic Gates, "Boeing 737 MAX Can Return to the Skies, FAA Says," *Seattle Times*, November 18, 2020, www.seattletimes.com/business/boeing-aerospace/boeing-737-max-can-return-to-the-skies-says-faa; Chris Isidore, "Boeing's 737 Max Debacle Could Be the Most Expensive Corporate Blunder Ever," CNN Business, November 17, 2020,

www.cnn.com/2020/11/17/business/boeing-737-max-grounding-cost/index.html.

11 | 자신감 탄력성

1. 석유 가격은 친숙하게 느껴진다. 주유할 때마다 어디서든 언제든 가격을 쉽게 확인할 수 있을 만큼 석유는 우리에게 매우 친숙한 고도로 상품화된 제품이다. 우리는 유가가 언제 변동하는지 잘 알고 있다.
2. 유가 변동이 소비자 심리에 미치는 영향을 매우 흥미롭게 살펴보는 연구가 있다. Carola Binder and Christos Makridis, "Gas Prices and Consumer Sentiment," Gallup, August 13, 2020, https://news.gallup.com/opinion/gallup/317282/gas-prices-consumer-sentiment.aspx; Emily Badger and Eve Washington, "Why the Price of Gas Has Such Power over Us," *New York Times*, October 25, 2022, www.nytimes.com/2022/10/25/upshot/gas-prices-biden-midterms.html.
3. Annie Gasparro, "More Shoppers Buy Store Brands, Eating Into Big Food Companies' Sales," *Wall Street Journal*, July 23, 2022, www.wsj.com/articles/more-shoppers-buy-store-brands-eating-into-big-food-companies-sales-11658581202.
4. "British Airways Retires Entire 747 Fleet After Travel Downturn," *BBC News*, July 17, 2020, www.bbc.com/news/business-53426886.
5. 이것은 비단 나만의 생각이 아니다. 전 연준 의장 앨런 그린스펀은 남성 속옷 판매량을 예의 주시한 것으로 유명하다. 그는 남성 속옷의 판매량 감소가 잠재적 경기침체를 경고한다고 믿었다. Nichole Goodkind, "Is a Recession Coming? Alan Greenspan Says the Answer Is in Men's Underwear," CNN, March 26, 2022, www.cnn.com/2022/03/26/economy/recession-

underwear-alan-greenspan/index.html.

6. Peter Atwater, "After Years of Abstraction, Things Are Getting Real for Markets," *Financial Times* (London), January 11, 2022, www.ft.com/content/8eaef215-e055-4dd2-b124-bf7e5e070fc9.

7. @SentimenTrader, "Last week, U.S. options traders opened 94.8 million new equity and ETF contracts. The smallest of traders buying call options—pure speculation—accounted for 20.5 million of those. At 21.6% of total volume, that's a record high," Twitter, December 5, 2020, 9:05 a.m., https://twitter.com/sentimentrader/status/1335235220551962627.

8. Robert R. Prechter, Jr., *The Wave Principle of Human Social Behavior and the New Science of Socionomics* (Gainesville, GA: New Classics Library, 1999).

9. 사회경제학 연구소는 변화하는 사회 분위기가 경제, 금융, 정치, 사회, 문화 분야의 의사결정에 미치는 분명한 영향을 문서로 기록한 방대한 연구보고서들을 소장하고 있다. 관련 자료는 https://socionomics.net에서 확인할 수 있다.

10. "Russia vs. Ukraine: See One Indicator That Predicted the Invasion a Month in Advance," Elliott Wave International, accessed July 15, 2022, www.elliottwave.com/European-Markets/Will-Russia-Invade-Ukraine-Yes-Suggests-This-Indicator.

11. Peter Atwater, *Moods and Markets: A New Way to Invest in Good Times and in Bad* (New York: FT Press, 2012), 107.

12. Brian Melley, "Chipotle Agrees to Record $25 Million Fine Over Tainted Food," AP News, April 21, 2020, https://apnews.com/article/business-ap-top-news-us-news-boston-los-angeles-3cce663eeeb0654c5334ae08a5b25b3c.

13. Brett Molina, "Family Dollar Recall: Rodent Infestation That Closed 404

Stores Cost Company $34 Million," *USA Today*, March 4, 2022, www.usatoday.com/story/money/shopping/2022/03/04/family-dollar-recall-rodent-infestation/9375195002.

14. Peter Atwater, "The Critical Importance of Confidence Diversification to Today's Investment Portfolios," LinkedIn, August 12, 2021, www.linkedin.com/pulse/critical-importance-confidence-diversification-todays-peter-atwater.

15. Jesse Felder, "Welcome to the Everything Bubble," *The Felder Report*, May 13, 2015, https://thefelderreport.com/2015/05/13/welcome-to-the-everything-bubble/.

16. Peter Atwater, "Bubble Bursting Shows the Need for 'Confidence Diversification,'" *Financial Times* (London), August 23, 2022, www.ft.com/content/ad458a6c-6cd6-4452-a64f-7541588d9e51.

17. Ben Johnson (@MstarBenJohnson), "From @BankofAmerica Global Research: YTD annualized return for the 60/40 portfolio is the worst in 100 years," Twitter, October 14, 2022, 10:31 a.m., https://twitter.com/MstarBenJohnson/status/1580929309023563777.

18. John Authers, "There's No Hiding from the Bad News This Time," Bloomberg, June 13, 2022, www.bloomberg.com/opinion/articles/2022-06-13/markets-have-nowhere-to-hide-from-this-terrible-inflation-report.

19. 앞서 언급했듯 채권 가격과 수익률은 반대 방향으로 움직인다. 금리가 상승하면 채권 가격은 하락하고, 반대로 금리가 하락하면 채권 가격은 상승한다.

12 | 승객석에서 더 잘 대처하는 방법

1. Michael Wolff, "Harvey Weinstein: Everyone Knew," *GQ* (UK), December 1, 2017, www.gq-magazine.co.uk/article/harvey-weinstein-everyone-knew.
2. Brooks Barnes, "Weinstein Company Files for Bankruptcy and Revokes Nondisclosure Agreements," *New York Times*, March 19, 2018, www.nytimes.com/2018/03/19/business/weinstein-company-bankruptcy.html.
3. Peter Robison, author of *Flying Blind: The 737 MAX Tragedy and the Fall of Boeing* (New York: Doubleday, 2021), interview with the author, July 11, 2022.
4. "History & Inception," MeToo Movement, accessed July 24, 2022, https://metoomvmt.org/get-to-know-us/history-inception.

13 | 통제가 높고 확신이 낮은 환경

1. "About Us," Spanx, accessed November 16, 2021, https://spanx.com/pages/about-us.
2. Clare O'Connor, "How Sara Blakely of Spanx Turned 5,000 into 1 Billion," *Forbes*, March 14, 2012, www.forbes.com/global/2012/0326/billionaires-12-feature-united-states-spanx-sara-blakely-american-booty.html.
3. Clare O'Connor, "Top Five Startup Tips from Spanx Billionaire Sara Blakely," *Forbes*, April 2, 2012, www.forbes.com/sites/clareoconnor/2012/04/02/top-five-startup-tips-from-spanx-billionaire-sara-blakely.

4. Edward Ludlow, "Ford Sees $8.2 Billion Gain on Its Investment Following Rivian's IPO," Bloomberg, January 18, 2022, www.bloomberg.com/news/articles/2022-01-18/ford-sees-8-2-billion-gain-on-investment-following-rivian-s-ipo.
5. Thomas Gryta and Chip Cutter, "Farewell Offshoring, Outsourcing. Pandemic Rewrites CEO Playbook," *Wall Street Journal*, November 1, 2021, www.wsj.com/articles/pandemic-rewrites-ceo-rulebookputting-reliability-before-efficiency-11635779679.

14 | 우리 내면 신호가 전하는 이야기

1. Jeran Wittenstein, "'Unprecedented' Has Become Corporate America's Go-To Descriptor," *Bloomberg*, April 22, 2020, www.bloomberg.com/news/articles/2020-04-22/-unprecedented-has-become-corporate-america-s-go-to-descriptor.
2. Andrew Ross Sorkin, Jason Karaian, Sarah Kessler, Michael J. de la Merced, Lauren Hirsch, and Ephrat Livni, "Behold the Highest-Paid C.E.O.s," Dealbook, *New York Times*, June 11, 2021, www.nytimes.com/2021/06/11/business/dealbook/ceo-highest-pay.html.
3. Johan Bollen, Huina Mao, and Xiao-Jun Zeng, "Twitter mood predicts the stock market," *Journal of Computational Science* 2, no. 1 (March 2011): 1–8, https://doi.org/10.48550/arXiv.1010.3003.
4. Rachel Weiner, "Obama Unveils New Campaign Slogan: 'Forward,'" *Washington Post*, April 30, 2012, www.washingtonpost.com/blogs/the-fix/post/obama-unveils-new-campaign-slogan-forward/2012/04/30/gIQA3SrbrT_blog.html.

5. "Home $weet Home," *Time*, June 13, 2005, http://content.time.com/time/covers/pacific/0,16641,20050613,00.html.

6. Dominick Mastrangelo, "Ingraham on Fox News, Jan. 6: We Know How to 'Cater to Our Audience,'" *The Hill*, June 8, 2022, https://thehill.com/blogs/pundits-blog/media/3516029-ingraham-on-fox-news-jan-6-we-know-how-to-cater-to-our-audience.

7. 전문가들은 종종 전염병처럼 퍼져나가는 내러티브에 대해 논한다. 전염병과 내러티브는 비슷한 점이 있기는 하지만, 이러한 비유는 이제 막 생겨난 내러티브를 향한 자연스러운 저항과 널리 공유되는 이야기를 받아들이려는 열렬한 의지를 간과한다. 내러티브는 바이러스와 같다. 우리의 체내 면역력은 바이러스 발병 초기에 치열하게 맞서 싸우지만, 바이러스가 확산되면 결국 무너지고 만다.

8. Peter Atwater, "The WFH Confidence Divide," LinkedIn, March 30, 2020, www.linkedin.com/pulse/wfh-confidence-divide-peter-atwater.

9. Peter Atwater, *Moods and Markets: A New Way to Invest in Good Times and in Bad* (New York: FT Press, 2012), 58–59.

10. Matthew Rozsa, "The Cult of Elon Musk: Why Do Some of Us Worship Billionaires?," *Salon*, April 29, 2022, www.salon.com/2022/04/29/the-of-elon-musk-why-do-some-of-us-worship-billionaires.

11. 최근 영국 채권 수익률은 이를 실시간으로 보여주는 사례라 할 수 있다. 지난 40년 동안 채권 수익률이 꾸준히 하락했기 때문에 누구도 금리 상승을 예상하지 못했다. 물론 2022년처럼 급격한 상승은 상상조차 못 할 일이었다. Greg Ip, "As Bond Investors' Bets Blow Up, They Might Usher In Era of Higher Rates," *Wall Street Journal*, October 13, 2022, www.wsj.com/articles/as-bond-investors-bets-blow-up-they-might-usher-in-era-of-higher-rates-11665658801.

12. Popularity: "Favorability: People in the News," Gallup, accessed August

14, 2022, https://news.gallup.com/poll/1618/Favorability-People-News.aspx#3;magazine cover: "Can Anyone Stop Hillary?," *Time*, January 27, 2014, http://content.time.com/time/covers/0,16641,20140127,00.html.
13. Stipe, "Forbes in 2007: Can Anyone Catch Nokia?," Nokiamob.net, December 11, 2017, https://nokiamob.net/2017/11/12/forbes-in-2007-can-anyone-catch-nokia.
14. "Be Afraid," *The Economist*, October 1, 2011, www.economist.com/leaders/2011/10/01/be-afraid.
15. Anna Hirtenstein and Akane Otani, "The Worst of the Global Selloff Isn't Here Yet, Banks and Investors Warn," *Wall Street Journal*, March 22, 2020, www.wsj.com/articles/the-worst-of-the-global-selloff-isnt-here-yet-banks-and-investors-warn-11584877018.

15 | 발사대에서 더 잘 대처하는 방법

1. 우리는 미래를 떠올릴 때마다 상상한다. 상상이 환상처럼 보일지 모르지만, 미래는 언제나 알 수 없는 것이다. 우리는 *반드시* 상상해야 한다.
2. 투자를 결정하고 나면 발사대에서 승객석으로 이동하게 되는데, 투자할 때 이러한 현상을 과소평가하기 쉽다. 투자수익률은 회사 경영진이나 다른 투자자 등 타인의 행동에 좌우되며, 우리가 매도를 선택하기 전까지는 타인의 선택에 따라 수혜자 또는 피해자가 될 수 있다. 이러한 수동적 현상은 인덱스펀드에 투자하거나 펀드매니저에게 투자를 일임하고 자금을 맡길 때 더욱 극심해진다.
3. 애니 듀크,《결정, 흔들리지 않고 마음먹은 대로》(에이트포인트, 2018).
4. 이는 투자할 때 특히 중요하다. 시장가격은 군중의 자신감을 반영한다. 궁극적으로 우리가 매수를 통해 돈을 벌지, 아니면 잃을지는 타인의 행동에 달려 있다.
5. 로버트 새폴스키,《행동》(문학동네, 2023).

6. Julia Werdigier, "Royal Bank of Scotland Begins Bidding War for ABN AMRO," *New York Times*, April 25, 2007, www.nytimes.com/2007/04/25/business/worldbusiness/25iht-abn.1.5433568.html.

7. Sean O'Grady, "*The Bank That Almost Broke Britain*, Review: A Timely Look at the Financial Crisis," *Independent* (UK), October 2, 2018, www.independent.co.uk/arts-entertainment/tv/reviews/the-bank-that-almost-broke-britain-review-bbc-2-two-rbs-fred-goodwin-a8564891.html.

8. Nathan Warters, "W&M's Atwater, a Decision-Making Expert, Says 'Optimism Will Return,'" William & Mary News Archive, March 13, 2020, www.wm.edu/news/stories/2020/wms-atwater,-a-decision-making-expert,-says-optimism-will-return.php.

보이지
않는 것을
보는 법

초판 1쇄 인쇄 2025년 7월 10일
초판 1쇄 발행 2025년 7월 23일

지은이 피터 애트워터
옮긴이 송이루
펴낸이 최순영

출판1 본부장 한수미
와이즈 팀장 장보라
편집 선세영
디자인 함지현

펴낸곳 ㈜위즈덤하우스 **출판등록** 2000년 5월 23일 제13-1071호
주소 서울특별시 마포구 양화로 19 합정오피스빌딩 17층
전화 02) 2179-5600 **홈페이지** www.wisdomhouse.co.kr

ISBN 979-11-7171-405-6 03320

- 이 책의 전부 또는 일부 내용을 재사용하려면 반드시 사전에 저작권자와 ㈜위즈덤하우스의 동의를 받아야 합니다.
- 인쇄·제작 및 유통상의 파본 도서는 구입하신 서점에서 바꿔드립니다.
- 책값은 뒤표지에 있습니다.